미드웨이

미드웨이
CARRIER COMBAT

어느 조종사가 겪은
태평양 함대항공전

프레더릭 미어스 정탄 옮김 권성욱 감수

교유서가

일러두기

1. 이 책은 Frederick Mears, *Carrier Combat* (Doubleday, Doran, 1944)를 번역한 것이다.

2. 각주와 박스의 보충설명은 감수자가 작성하였다.

3. 단순거리는 미터법대로 표기하되 미군 상용 단위(포탄 무게, 구경, 해상거리나 비행 고도 등)는 원어 표기를 병기하였다.

딕 재커드와 제이미 덱스터에게
이 책을 바친다.

앞으로 5분이면 모든 공격대가 출격을 끝내는 것이다. 운명의 5분! 함교에서 출격을 신호하는 호령이 전성관으로 전해졌다. 비행장이 흰색 깃발을 흔들었다. 비행갑판의 선두에 늘어섰던 전투기의 1번 기가 하늘로 붕 날아올랐다. 그 순간이었다. "적기 급강하!" 견시가 소리쳤다. 나는 뒤돌아보았다. 새까만 급강하 폭격기가 세 대. 아카기를 향해 돌진해 오고 있었다. "아차 당했구나." 적기의 폭음이 지나가는 울림. 이어서 쾅 하는 소리가 났다. 맞았구나 하는 순간 또 한번 쾅 하고 울렸다. 함교에서 앞쪽을 바라보니 그곳에서도 엄청난 검은 연기가 솟구쳤다. 카가가 당했구나. 왼쪽을 보니 소류도 서너 군데 검은 연기를 토해내면서 타고 있었다. 아니! 소류도 당했구나. 순간 눈시울이 뜨거워졌다. 정말로 그것은 한순간의 일이었다.

이 긴박하고 극적인 장면은 한국에도 『대망』으로 잘 알려진 일본 소설가 야마오카 소하치의 『태평양 전쟁』 한 대목이다. 미 항공모함을 발견했다는 소식에 허둥지둥 비행기에서 폭탄을 떼어내고 어뢰로 교체한 뒤 비로소 항모의 비행갑판 위를 차례차례 내달리는 일본 함재기들, 그 와중에 저 높은 상공에서 마치 먹이를 발견한 매떼처럼 항모를 향해 맹렬히 내려오는 미군의 SBD 돈틀리스 급강하 폭격기 편대. 폭탄이 갑판에 직격하자 막 날아오를 참이었던 비행기가 폭발하여 잔해가 하늘로 솟구치고 갑판에 쌓여 있던 폭탄과 항공유들이 유폭을 일으키면서 아카기, 카가, 소류 3척의 항모가 한순간 불덩이가 되는 광경.

이것이 진주만 기습 당시 1차 공격대를 진두지휘했으며 진주만 기습의 성공을 알린 암호 '도라 도라 도라'를 송신하여 세계적인 유명인사가 된 후치다 미쓰오 대좌(당시 중좌)가 말한 이른바 '운명의 5분'이었다. 그는 미드웨이에서도 항모 아카기의 비행대장이었지만 막상 작전 며칠 전 급성 맹장염에 걸려 당일 출격하지 못한 채 아카기의 함교에 남아서 부하들의 출격과 미군의 습격, 그리고 일본 기동부대가 전멸하는 모습을 지켜보았다. 패전 후 그가 쓴 미드웨이 회고록은 공전의 히트를 쳤고 그가 언급한 '운명의 5분'은 미드웨이 해전의 상징이 되었다. 야마오카의 소설 『태평양 전쟁』은 물론이고 이후의 다양한 창작물들, 1976년 미국에서 제작한 고전영화 〈미드웨이〉를 비롯해 비교적 최근에 만들어진 일본 영화 〈연합함대 사령장관 야마모토 이소로쿠〉에서도 그대로 재현되었다.

후치다는 5분만 더 있었으면 모든 함재기들이 발진을 완료했을 것이며 미드웨이 해전의 승리는 미국이 아니라 일본이 차지했을 것이라고 주장했다. 그 짧은 5분이 미드웨이의 운명을 가르게 되었다는 것이다. 이 회고록의 긴장감 넘치고 드라마틱한 묘사는 오랫동안 수많은 사람들의 관심과 흥미를 끌었지만, 근래에 와서는 많은 부분이 사실과 다르다며 비판을 받고 있다. '운명의 5분' 따위는 처음부터 없었다는 것이다. 돈틀리스가 폭격을 시작했을 때 함재기들은 갑판 위에서 출격중이었던 것이 아니라 그 아래 격납고에서 한창 폭탄과 어뢰를 교체하고 있었다. 항모 3척이 격침당한 진짜 이유는 빈약한 방어력과 형편없는 대미지 컨트롤 능력 때문이었다. 후치다의 말처럼 일본 함재기들이 출격을 완료하려면 고작 5분이 아니라 적어도 30분에서 1시간은 있어야 했다. 돈틀리스가 좀더 늦게 나타났어도 결과는 똑같았다는 이야기다.

미드웨이 해전은 제2차 엘알라메인 전투, 스탈린그라드 전투와 더불어 2차 대전의 향방을 결정한 대표적인 전환점 중 하나로 꼽힌다. 절체절명의 위기에 많은 조종사들이 하나로 뭉쳐서 월등히 우세한 적군 항공력의 공세를 막아냈다는 점에서는 영국 본토 항공전과 비슷하다. 그러나 영국 본토 항공전이 1940년 7월부터 10월까지 4개월에 걸쳐 진행되었으며 일진일퇴의 치열한 인내심 싸움이었다면, 미드웨이 해전은 1942년 6월 4일 단 하루 벌어졌고 미군의 승리는 치밀한 사전 준비와 일본군의 실수가 겹쳐지기는 했어도 상당 부분 행운이 따라준 덕분이라는 사실 또한 부정할 수 없다. 야마모토의 오판과 방만한 전략, 불필요한 병력 분산 탓에 미드웨이에서 양측의 전력은 일본군이 압도적으로 우세했을 것이라는 막연한 인식과는 달리 백중지세에 가까웠다. 항모 숫자는 4대 3으로 미군이 열세했지만, 미드웨이가 불침항모 역할을 한 덕분에 항공기는 오히려 미군이 30퍼센트나 더 많았다. 그 대신 질적으로는 오랜 실전과 경험으로 단련된 일본군이 확실히 우위였다.

미드웨이와 항모 3척에서 출격한 미군 폭격기들은 새벽부터 끈질기게 일본 함대에 파상공세를 퍼부었지만 그때마다 엄청난 손실을 입고 격퇴되었다. 후치다의 '운명의 5분'이 과장된 서술이라고는 해도 엔터프라이즈에서 출격한 맥클러스키 소령의 제6급강하폭격기대대가 제때 일본 함대 상공에 나타나지 않았거나 일본 함재기들이 한발 먼저 미군 항모를 습격했다면 이후의 승패는 어떻게 흘러갔을지 모른다. 일본 함대가 예전과 같은 일방적인 승리를 거두지는 못하더라도 최소한 더 적은 피해를 입고 미군에게 더 많은 피해를 입힐 수는 있었다. 미 태평양함대 사령관 니미츠가 미드웨이에 투입한 항모 3척 (요크타운, 엔터프라이즈, 호넷)은 당시 태평양에서 운용 가능한 미 항모 전력의 전부였다. 새러토가는 본토에서 수리중이었고 렉싱턴은 산호해 해전에서 침몰했기 때문이다. 얼마 뒤 대서양에서 와스프가 가세하기는 했지만 만약 미드웨이에서 요크타운 외에 나머지 두 척도 침몰하거나 큰 타격을 입었더라면 미 해군으로서는 치명타가 되었을 것이다. 니미츠는 결코 도박을 하진 않았지만 이 싸움에 모든 것을 건 셈이었다.

미드웨이 해전에서 일본 해군은 최강 전력인 항모 4척을 한꺼번에 잃었지만 그렇다고 당장 미 해군이 유리해진 것은 아니었다. 미 해군도 항모 1척과 많은 함재기를 잃었을 뿐더러, 일본 해군에게는 여전히 정규 항모 2척(쇼카쿠, 즈이카쿠)와 경항모 4척이 남아 있었다. 과달카날 해전 직전에는 정규 항모 2척(히요, 준요)이 전열에 참가했다. 하지만 미드웨이 해전 이전에는 일본 해군이 월등히 우세했다면 미드웨이의 승리 덕분에 미 해군은 비로소 일본 해군과 대등하게 싸워 볼 수 있게 되었다. 미드웨이 해전 두 달 뒤인 1942년 8월 7일 호주 대륙 동북쪽에 있는 솔로몬제도 남단의 작은 섬 과달카날을 놓고 새로운 전투가 시작되었다. 이 전투는 진주만 기습 이후 미군이 처음으로 시작한 반격이었다. 전투 자체는 국지전이었지만 양측 해군은 한 치도 물러설 수 없다며 모든 전력을 쏟아부었다. 5개월에 걸친 소모전에서 결국 미 해군이 승리를 거둠으로써 태평양 전쟁의 주도권은 완전히 미국에 넘어왔다. 게다가 1943년 가을부터 에식스급 신형 항모와 경항모들이 줄줄이 쏟아져나오자 미일 양측의 전력 차이는 엄청나게 벌어지기 시작했다. 1944년 6월 일본 해군은 마리아나제도에서 모든 항모 전력을 총동원하여 미드웨이 해전 이래 또 한번의 결전을 벌였다. 하지만 종이 한 장 차이의 승부였던 미드웨이 해전과 달리, 이 싸움에서는 미군 함재기들이 애송이나 다름없는 일본 함재기들을 상대로 이른바 '마리아나의 칠면조 사냥'이라는 일방적인 살육전을 벌였다. 이후의 싸움은 더이상 누가 이기고 지느냐의 문제가 아니라 그저 얼마나 버티느냐의 문제였다.

일본 해군에게 미드웨이의 패배는 필연이었던가, 아니면 우연이었던가. 일본 해군의 패배는 단순히 "무운이 따르지 않았"거나 나구모 사령관이 오판을 했기 때문이 아니라 일본 해군이 총체적인 난맥상을 안고 있었기 때문이었다. 전략 부재, 소통 부재, 처음부터 빈약했던 국력, 그 와중에 터무니없는 자만심과 상대에 대한 경시 등. 어떤 의미에서는 그전까지의 승리가 운이 좋았던 것이고 그 운이 미드웨이에서 다했다고 할 수 있다. 설령 미드웨이에서 운좋게 승리했다고 한들 어차피 시간문제일 뿐, 언젠가는 필연적으로 재앙이 닥칠 수밖에 없었을 것이다. 진주만 기습 이후 산호해 해전까지 6개월 동안 일본 해군은 연전연승을 거두었지만 쉴새없는 싸움과 무리한 확장으로 한계에 직면한 상황이었다. 설사 미드웨이 해전에서 일본 해군이 미 항모 부대를 격파했다고 해도 이들의 전력으로는 하와이는커녕 미드웨이섬 공략조차 장담할 수 없었다. 미드웨이섬은 손바닥만한 섬이지만 괌이나 웨이크섬과 달리 완전히 요새화되어 있었다. 수비대 또한 싱가포르의 영국군처럼 사기가 형편없는 오합지졸 식민지 군대가 아니라 잘 훈련된 미 해병대였고 마지막까지 싸울 자세가 되어 있었다. 그곳을 점령하는 일도 어려웠지만 지키는 일은 더욱 어려웠다. 일본의 병참선으로는 지탱할 수가 없었기 때문이다. 하물며 하와이를 공략하거나 더욱 먼 미 본토에 상륙한다는 것은 어불성설이었다.

미 해군이 미드웨이 해전에서 패배했어도 태평양 전쟁의 향방 자체에는 아무런 영향이 없었을 것이다. 어차피 일본이 미국을 이길 가능성은 처음부터 없었기 때문이다. 이 점은 일본 스스로도 알고 있었다. 게다가 미드웨이 해전이 시작되기 전 일본 해군은 이미 공세 종말점에 도달해 있었다. 그렇다고 해서 미드웨이 해전이 큰 의미가 없는가. 그저 당연한 수순에 지나지 않았던가. 미 해군은 미드웨이 해전에서 승리하며 처음으로 공세에 나설 수 있었다. 니미츠는 미드웨이에서 모든 전력을 총동원하여 건곤일척의 결전을 벌였다. 여기서 또 한번 패배했다면 미군의 사기는 한층 떨어졌을 것이며 니미츠는 더이상 도박성 있는 작전을 펼치는 대신 남은 전력이라도 지키는 쪽을 선택했을 것이다. 따라서 당연히 과달카날의 싸움도 없었으리라. 미 해군의 본격적인 반격은 적어도 1년쯤 늦어졌을 것이고 1943년 중반, 어쩌면 1944년 초에나 시작되었을 것이다. 1945년 5월 독일이 항복했을 때 태평양에서는 이제 겨우 사이판 공략에 나서고 있었을지도 모른다. 물론 태평양의 흐름과는 상관없이 맨해튼 계획은 차질 없이 진행되었을 것이고 역사대로 1945년 7월 16일 최초의 원자폭탄 실험 '트리니티'가 실현되었을 것이다. 하지만 미국이 원폭을 가졌다고 해도 그것을 일본 본토에 투하할 방법이 없었을 것이다. 원폭 '리틀보이'를 싣고 히로시마로 향했던 B-29 에놀라 게이가 출격한 티니안섬과 마리아나제도를 장악하려면 적어도 몇 달은 더 싸워야 했을 것이다. 그사이 얄타 회담에서 대일 참전을 약속한 소련군이 만주와 한반도, 일본 북부를 침공했을 것이다. 38선은 없었을 것이며 소련군은 별다른 방해 없이 손쉽게 한반도 전체를 차지했으리라.

어쩌면 원폭을 손에 넣은 트루먼이 소련의 참전을 막기 위해 일본 지도부와 협상을 벌였을 수도 있었다. 일본 지도부가 마지막까지 항복을 망설인 진짜 이유는 '국체호지', 즉 천황제의 존속 때문이 아니라 조선과 타이완을 내놓기를 원치 않았기 때문이었다. 그들 생각에 다른 점령 지역은 부득이 돌려줄 수밖에 없다고 해도 1차 대전 이전에 획득한 식민지는 마땅히 일본 제국의 일부이며 연합국도 이 사실을 인정해야 한다는 것이었다. 실제로 트루먼 행정부 내에서도 반공주의자들을 중심으로 조기 종전을 위해 일본과 조건부 협상을 해야 한다는 주장이 강력하게 제시되었다. 트루먼은 추축국의 무조건 항복을 못박은 루스벨트의 선언을 자신이 뒤집을 수 없다는 이유로 거부했지만, 전쟁이 끝날 기미가 보이지 않았다면 받아들였을지도 모른다. 미국의 승리로 해방을 쟁취한 우리 입장에서는 미드웨이가 운명을 결정해준 셈이다. 태평양 전쟁과 미드웨이 해전은 전쟁사만이 아니라 우리 역사에도 큰 영향을 준 중요한 싸움이었다.

미드웨이 해전은 아주 유명한 전투지만, 여전히 전쟁사 분야의 불모지인 한국에서 이와 관련된 책은 손에 꼽을 정도이다. 대개는 2차 대전사의 일부로서 몇 페이지를 할애하여 간략하게 언급하는 데 지나지 않는다. 다행스럽게도 최근 일조각에서 출간된 『미드웨이 해전―태평양 전쟁을 결정지은 전투의 진실』은 미드웨이 해전 전후 상황과 그동안 잘못 알려진 오류들을 상세히 지적한 양서다. 국내 최초로 태평양 전쟁 전체를 관통하는 통사이자 퓰리처상 수상작인 존 톨

런드의 『일본제국패망사』도 근래에 글항아리에서 출간되었다. 교유서가에서 선보이는 본서 『미드웨이』는 태평양 전쟁을 다룬 또하나의 역작이다. 저자이자 주인공인 프레더릭 미어스 중위는 태평양 전쟁 초반의 가장 치열했던 싸움터를 몸소 헤쳐나온 베테랑이다. 해군 뇌격기 조종사였던 그는 진주만 기습 이후 미 해군의 주력 항공모함 중 하나인 호넷의 항공대에 배치되어 미드웨이 해전과 과달카날 전투에 참전했다. 전후에 학자들과 작가들이 책상에 앉아 쓴 역사서들, 우리가 영화나 TV로 즐기는 박진감 넘치는 전쟁 장면이 저자에게는 픽션이 아니라 현실이었으며 삶과 죽음의 경계였다. 그 안에 등장하는 많은 인물들은 실제로 저자와 생사를 함께한 전우들이었고 어쩌면 저자 자신일 수도 있었다. 저자는 조종사로서 가장 영예로운 훈장이라고 할 만한 수훈비행십자훈장도 수여받았으나 불운하게도 전쟁이 끝날 때까지 살아남지 못하고 1943년 6월 28일 남태평양 상공에서 장렬히 전사했다.

이 책은 진주만 기습부터 미드웨이 해전과 과달카날 전투를 거쳐 저자가 귀국길에 오를 때까지의 기나긴 여정을 다루고 있다. 그가 모처럼 고향에 돌아온 것은 진주만 기습으로부터 딱 1년째 되는 날이었다. 저자가 온몸으로 체감해야 했던 치열한 전투 묘사는 영화의 한 장면처럼 생생하여 손에 땀을 쥐게 한다. 또한 출격한 뒤 영원히 돌아오지 못하는 동료들을 하릴없이 기다리는 모습은 보는 이가 안타까울 정도이다. 항모에서의 일상생활, 뇌격기 전술과 관련된 다양한 설명 또한 여느 책에서는 보기 어려운 흥미로운 읽을거리이다.

　조만간 〈인디펜던스 데이〉, 〈2012〉 등 할리우드 재난영화의 대명사인 롤런드 에머리히 감독의 블록버스터 영화 〈미드웨이〉가 개봉될 예정이다. 전쟁영화 마니아로서 벌써부터 기대가 앞선다. 영화 관람에 앞서 미드웨이 해전의 배경과 흐름을 이해하는 데 이 책이 많은 도움이 되지 않을까 싶다.

권성욱

프레더릭 미어스 중위가 이 책을 탈고한 직후인 1943년 6월 28일, 그가 임무중에 전사했다는 비보가 있었다. 더불어 미어스 중위에게 수훈비행십자훈장[1]이 수여됐다는 소식도 전해졌다. 그가 훈장 수여자로 추천된 것은 생전이었으나 애석히도 훈장이 수여된 것은 사후였다.

---

[1] Distinguished Flying Cross: 1926년 7월 2일 제정된 전공훈장으로 '가장 영웅적이면서 특별한 공훈을 세운 파일럿'에게 수여된다. 미국 최초로 대서양 횡단비행에 성공하여 국민적 영웅이 된 찰스 린드버그, 미 공군의 아버지라고 불리는 헨리 아널드 공군 원수, 닐 암스트롱을 뒤따라 달 표면에 두번째 발자국을 남겼던 아폴로 11호의 파일럿 버즈 올드린이 이 훈장을 수여받았다.

수훈비행십자훈장을 수여하며

미어스 중위는 1942년 10월 3일과 5일 솔로몬제도에서 일본군과의 공중전을 통하여 무공과 혁혁한 전과를 보여주었기에 이 훈장을 수여합니다. 과달카날에 침입하는 적함에 맞서 뇌격기 3대가 출격했을 때 미어스 중위는 500파운드(227킬로그램) 폭탄 네 발로 일본군 순양함 1척을 명중시키고 구축함 1척에 타격을 가했습니다. 그는 이틀 후 산타이사벨섬의 레카타만 공습에도 출격했습니다. 목표 지점에 무사히 도달한 항공기 9대 중 하나에 속했던 미어스 중위는 폭탄 투하장치가 고장난 악조건과 적기 및 적군 해안포대의 가공할 방공망을 뚫고 기총사격으로 적군의 지상시설을 맹렬히 폭격했습니다. 그는 용맹무쌍함과 뛰어난 비행술로 두 차례의 전투비행에서 도합 3대의 적기를 격추했습니다.

미합중국 대통령

(해군장관 프랭크 녹스 대독)

태평양 전쟁 초반 일본제국 판도(1941년 12월~1942년 6월)

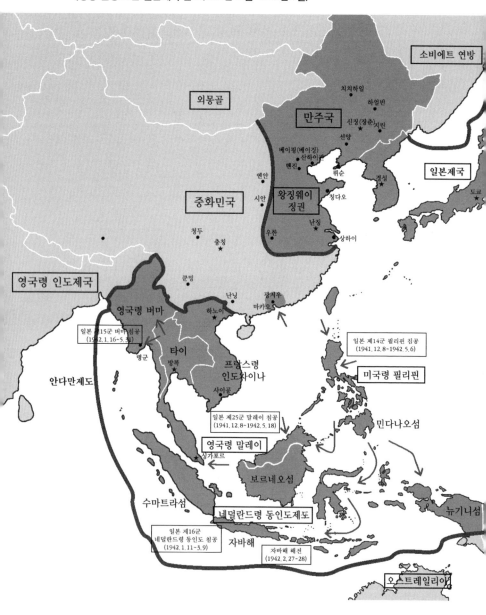

알류산 침공작전
(1942. 6. 3~6. 6)

알류산열도

사할린섬

쿠릴열도

미 항모 호넷
둘리틀 폭격
(1942. 4. 18)

미드웨이

나구모 기동함대
진주만 기습
(1941. 12. 7)

미드웨이 해전
(1942. 6. 4)

하와이제도

진주만

마리아나제도

캐롤라인제도

웨이크섬 점령
(1941. 12. 23)

웨이크섬

괌 점령
(1941. 12. 10)

트럭섬 ★

마셜제도

솔로몬제도

과달카날 전투
(1942. 8. 7~1943. 2. 9)

산호해 해전
(1942. 5. 4~5. 8)

통가제도

일본군의 알류샨(AL)-미드웨이(MI) 공략부대 출동과
미 해군의 미드웨이 출동(1942년 5월 27일~6월 4일)

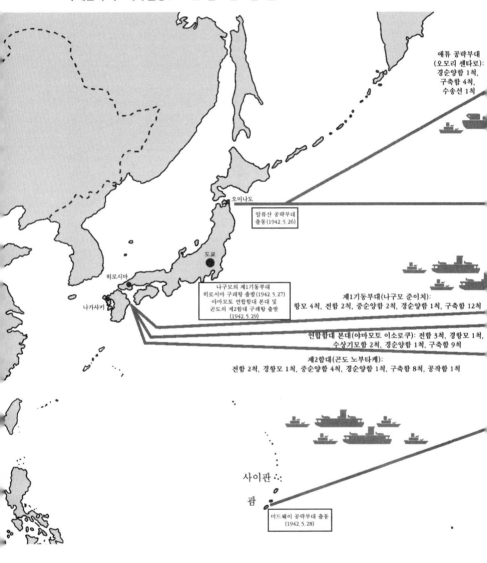

애큐 공략부대
(오모리 센타로):
경순양함 1척,
구축함 4척,
수송선 1척

오미나도

알류샨 공략부대
출동(1942. 5. 26)

도쿄

히로시마

나구모의 제1기동부대
히로시마 구레항 출발(1942. 5. 27)
야마모토 연합함대 본대 및
곤도의 제2함대 구레항 출발
(1942. 5. 29)

나가사키

제1기동부대(나구모 준이치):
항모 4척, 전함 2척, 중순양함 2척, 경순양함 1척, 구축함 12척

연합함대 본대(야마모토 이소로쿠): 전함 3척, 경항모 1척,
수상기모함 2척, 경순양함 1척, 구축함 9척

제2함대(곤도 노부타케):
전함 2척, 경항모 1척, 중순양함 4척, 경순양함 1척, 구축함 8척, 공작함 1척

사이판

괌

미드웨이 공략부대 출동
(1942. 5. 28)

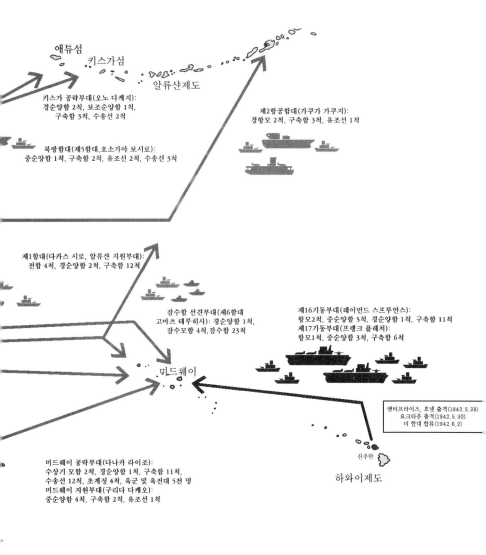

애튜섬

키스가섬

알류샨제도

키스가 공략부대(오노 다께지):
경순양함 2척, 보조순양함 1척,
구축함 3척, 수송선 2척

제2항공함대(가쿠가 가쿠지):
경항모 2척, 구축함 3척, 유조선 1척

북방함대(제5함대,호소가야 보시로):
중순양함 1척, 구축함 2척, 유조선 2척, 수송선 3척

제1함대(다카스 시로, 알류샨 지원부대):
전함 4척, 경순양함 2척, 구축함 12척

잠수함 선견부대(제6함대
고마츠 테루히사): 경순양함 1척,
잠수모함 4척,잠수함 23척

제16기동부대(레이먼드 스프루언스):
항모 2척, 중순양함 5척, 경순양함 1척, 구축함 11척
제17기동부대(프랭크 플레처):
항모1척, 중순양함 3척, 구축함 6척

미드웨이

앤터프라이즈, 호넷 출격(1942.5.28)
요크타운 출격(1942.5.30)
미 함대 합류(1942.6.2)

진주만

미드웨이 공략부대(다나카 라이조):
수상기 모함 2척, 경순양함 1척, 구축함 11척,
수송선 12척, 초계정 4척, 육군 및 육전대 5천 명
미드웨이 지원부대(구리다 다께오):
중순양함 4척, 구축함 2척, 유조선 1척

하와이제도

미드웨이 해전 상황(1942년 6월 4일~6일)

엔터프라이즈-호넷 혼성
돈틀리스 40대 히류 공습(17:00)
히류 피격(17:05)

야마모토 작전 중지
명령(6.5 02:55)

히류 침몰(6.5 09:00)

히류 제1차 공습부대 출격(10:57)
2차 공습부대 출격(13:30)

소류 침몰(19:20)
가가 침몰(19:25)
아카기 침몰(6.5 05:00)

가가

히류

아카기

소류

하워드 애디 대위의
PBY 일본 기동부대
최초 발견(05:45)

월드런 소령의 제8뇌격비행대(VT-8,
린지 소령의 제6뇌격비행대(VT-6,
매시 소령의 제3뇌격비행대(VT-3,
맥클러스키 소령의 제6급강하폭격
/제6정찰비행대(VS-6, 돈틀리스
가가, 소류, 아카기 순으로 피격

B-26 4대, 어벤저 6대 공습(07:10)
로프턴 핸더슨 소령의 돈틀리스 16대 공습(07:55)
월터 스위니 대위의 B-17 15대 공습(08:10)

엔터프라이즈-호넷 혼성 돈틀리스 42대
구리타 함대 소속 중순양함 모가미,
미쿠마 공습(6.6 12:00)
미쿠마 침몰(6.6 19:30)

도모나가 폭격대
미드웨이 폭격
(06:30~06:43)

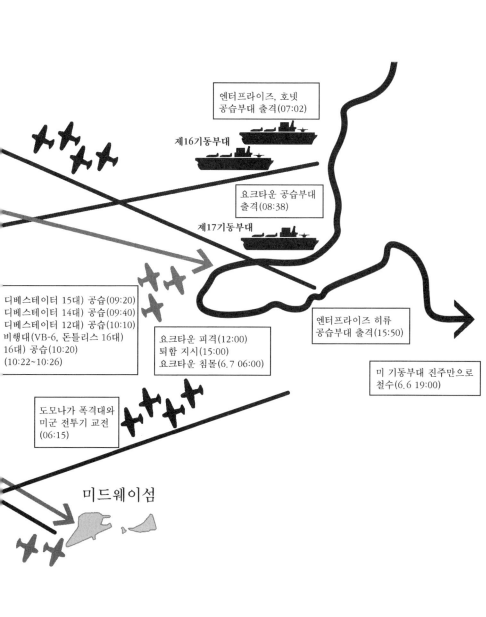

엔터프라이즈, 호넷
공습부대 출격(07:02)

제16기동부대

요크타운 공습부대
출격(08:38)

제17기동부대

디베스테이터 15대) 공습(09:20)
디베스테이터 14대) 공습(09:40)
디베스테이터 12대) 공습(10:10)
비행대(VB-6, 돈틀리스 16대)
16대) 공습(10:20)
(10:22~10:26)

요크타운 피격(12:00)
퇴함 지시(15:00)
요크타운 침몰(6.7 06:00)

엔터프라이즈 히류
공습부대 출격(15:50)

미 기동부대 진주만으로
철수(6.6 19:00)

도모나가 폭격대와
미군 전투기 교전
(06:15)

미드웨이섬

차례

1. 허를 찔리다

샌디에이고 노스아일랜드 해군항공기지 내 하급장교 숙소, 널찍한 휴게실 여기저기에 미 해군 비행사인 젊은 장교들이 늘어져 있었다. 화창한 일요일 아침이었다. 그들은 카펫에 누워서 신문 만화란을 보기도 했고, 라디오에 귀를 기울이거나 앉아서 담배를 피우며 일광욕을 즐기거나 혹은 가죽 의자에서 세상모르고 곯아떨어져 있었다. 몇몇은 간밤의 일에 관해 얘기를 나누었으나 대부분은 딱히 하는 일 없이 빈둥거렸다.

그날은 1941년 12월 7일이었다.

그날 아침 휴게실에는 대학 육상 선수이자 전투기 조종사인 해리 마치가 있었다. 이후 내가 마지막으로 보았을 때 그는 일본군 제로 전투기 2대와 공중전을 벌이고 있었다. 몬태나주의 그레이트폴스 출신으로 미드웨이에서 일본 군함을 공격하던 모습을 마지막으로 실종된 급강하 폭격기 조종사 짐 셸턴도 있었다. 항공모함에 있던 몇 주

샌디에이고 코로나도 북쪽 끝의 노스아일랜드 해군항공기지(정중앙)와 만 건너편의 샌디에이고 (위) 항공사진(1947년)

동안 오매불망 애인인 '깜찍이 내털리' 얘기만 주야장천 해대던 플로리다 소년 빌 피트먼, 적도 부근에서 모함으로 귀함하지 못하고 실종된 시애틀의 제이미 덱스터, 뻐드렁니 흉내를 내고 일본인처럼 말하며 재미있어하던 뛰어난 풋볼 선수 제리 스테이블린, 하와이주 오아후섬의 다이아몬드헤드[2] 화산 근처에서 하프루프(루프는 수평비행 상

2　하와이주 오아후섬 와이키키 남동쪽에 있는 높이 232m의 화산. 왜 '다이아몬드헤드'라고 부르게 되었는지는 의견이 분분하다. 섬을 방문한 선원들이 수정을 다이아몬드로 착각하여 붙인 이름이라는 설도 있고, 분화구 꼭대기가 햇빛을 받아 다이아몬드처럼 빛나기 때문에 그리 부르게 되었다는 설도 있다.

태에서 조종간을 앞으로 당겨서 수직 방향으로 원을 그리는 과정으로, 임멜만 선회나 스플릿 에스 등의 다른 기동으로 연결하기 위해 루프의 전반 혹은 후반 절반만 실행하는 것을 하프루프라 한다―옮긴이) 기동을 하다가 불의의 사고를 당한 텍사스 출신의 행크 슈나이더, 산호해에서 14일 동안 고무보트에 의지해 살아남은 톰 더킨, 과달카날에서 전사한 빌 와일먼, 급강하 폭격기의 에이스로 우리 중에 가장 쾌활했으며 일본 항공모함 아카기의 비행갑판 한복판에 1000파운드(453킬로그램) 폭탄을 명중시켰고 이후 USS 와스프에서 최후를 맞은 캔자스주 맨해튼 출신의 딕 재커드. 우리가 이야기하는 모든 주제와 모든 사람들에 큰 관심을 보여주었던 덴버 출신의 베테랑 조종사 제리 리치. 워싱턴 주 스포캔 출신으로 언제나 코로나도에서 여자들과 염문을 뿌렸고 지금은 태평양 어딘가에서 싸우고 있을 해리 프레더릭슨.

　내가 기억하지 못하는 다른 전우들도 있다. 아마도 예외 없이 그 날 아침 휴게실에서 빈둥거렸을 그들은 이듬해 태평양에서 격전을 마주해야 할 운명이었다. 우리는 모두 진일보한 항공모함 훈련단의 일원이었고 당시 항모비행전대에 합류하기 전 특별 지침에 따라 복무하고 있었다.

　오전 11시경(태평양 표준시)이었다. 라디오에서 흘러나오던 꿈결 같은 오르간 연주가 갑자기 중단되었다. 흥분한 뉴스 진행자가 하와이 공습에 관한 첫 속보를 전했다. 우리가 알게 된 사실이라고는 "미확인 항공기들이 진주만을 공습했다"는 것뿐이었다.

　이 오슨 웰스(1915~1985, 미국의 저명한 영화감독. 1938년 그가 제작한 허버트 웰스 원작의 라디오 드라마 〈우주전쟁〉은 너무 생생해서 많은 시청자들이 실제로 화성인이 지구를 침공했다고 믿었을 정도였다—옮긴이)풍의 발표를 접한 우리는 처음엔 헛헛한 웃음으로 동요를 드러냈다. 그러나 곧 우리의 타고난 회의주의가 힘을 발휘했다.

"어느 얼간이들이 와이키키 해변에 연막탄을 떨어뜨린 거겠지." 누군가 과감하게 말했다.

"육군 항공기들이 또 길을 잃은 거라고. 이번에는 폭탄을 잘못 떨어뜨린 게 아닌가 싶어."

"어쩌면 일본군 사령관이 회까닥 돌아서 공격대를 보냈는지 모르지, 뭐."

우리가 단번에 진실을 파악할 수는 없었다. 게다가 남은 오전 내내 혼란스럽고 상반되는 얘기들이 휘몰아쳤기에 더더욱 그랬다. 계속된 속보들로 대략 윤곽이 잡힌 것은 미확인 항공기들이 진주만의 해군 함정과 히컴 공군기지, 카네오헤 해군항공기지, 호놀룰루의 주거지역, 스코필드 병영을 공습함으로써 미군 350명(실제로는 미군 사망자 2335명에 부상자 1143명이었다—옮긴이)이 사망했다는 정도였다. 소규모 낙하산부대가 하와이제도의 한 곳에 내려왔다는 속보도 이어졌다. 라디오 방송은 앞으로 있을 보도 검열을 암시했다. 이런 뉴스들이 라디오에서 연이어 나오는 동안, 우리는 서서히 하와이에 대한 대규모 공습이 실제로 일어났다는 것을 실감했다.

불현듯 우리 중에서 일본에 관해 조금이라도 아는 사람은 전무하다는 사실이 떠올랐다. 일본 전투기와 조종사의 수준은 어느 정도인

남서쪽에서 촬영한 진주만 항공사진. 중앙에 포드섬 해군항공기지 그 너머 해군 공창이 있고 왼쪽 위에 히컴 기지가 보인다. (1941년 10월 30일)

가? 일본 해군력은 또 어느 정도일까? 앞으로 어디서 어떤 전투를 벌여야 하나? 군용기와 군함이 부족한 우리는 겉보기에도 비참하리만큼 준비가 안 된 반면, 일본의 전력은 막강했다. 우리는 착륙하려고 플랩을 내린 상태에서 기습을 받은 셈이었다.

우리는 긴 잠에서 깨어나듯 지금까지 생각지 못한 많은 사실들을 서서히 깨달아갔다. 태평양 지역의 시차, 알래스카의 중요성, 공수 병력이 담당해야 하는 광활한 면적, 호주가 처한 곤경. 일본인을 뻐드렁니에 카메라를 든 우스꽝스러운 놈들 정도로 여기던 우리의 인식은

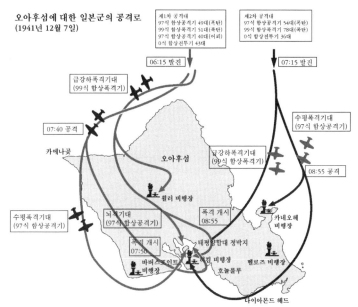

오아후섬에 대한 일본군의 공격로
(1941년 12월 7일)

제1차 공격대
97식 함상공격기 49대(폭탄)
99식 함상폭격기 51대(폭탄)
97식 함상공격기 40대(어뢰)
0식 함상전투기 43대

제2차 공격대
97식 함상공격기 54대(폭탄)
99식 함상폭격기 78대(폭탄)
0식 함상전투기 36대

06:15 발진

07:15 발진

급강하폭격기대
(99식 함상폭격기)

07:40 공격

수평폭격기대
(97식 함상공격기)

카에나곶

오아후섬

급강하폭격기대
(99식 함상폭격기)

08:55 공격

윌러 비행장

수평폭격기대
(97식 함상공격기)

뇌격기대
(97식 함상공격기)

폭격 개시
08:55

카네오헤
비행장

폭격 개시
07:50

태평양함대 정박지

히컴 비행장

벨로즈 비행장

바버스포인트
비행장

호놀룰루

다이아몬드 헤드

일본군 진주만 공격대의 공습 경로. 07시 55분부터 두 시간 동안 평화롭던 오아후섬은 쑥대밭이 되었다. 90여 년 전 페리 제독이 함포로 일본을 강제 개항하여 근대화의 길로 끌어낸 대가를 치른 셈이었다.

일본군 항공기에서 촬영한 공습 장면

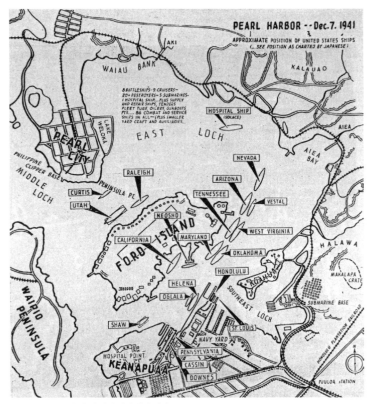

진주만 공습 당시 미 함정의 대략적인 위치

바뀌기 시작했다. 여전히 이 새로운 적을 똑똑하고 용감한 적수로는 생각지 않았지만.

　이제 우린 어떡해야 하나 의구심이 들기 시작했다. 렉싱턴급 항공모함 USS 새러토가는 샌디에이고 해군기지에 정박중이었고, 해군이 우리 모두를 그 항공모함에 태워 하와이제도로 보낼 거라는 게 우리의 예상이었다. 반면 요크타운급 항공모함 USS 엔터프라이즈는 제211 해병 전투비행대를 웨이크섬까지 수송한 뒤 돌아오는 중이었다. 회항 예정일인 6일보다 늦은 8일에 진주만으로 입항한 덕에 공습 피해를 입지 않았다.

점심식사를 끝낸 1시경, 그러니까 전원 군복을 입고 비행 본부로 집결하라는 명령을 받을 때까지도 우리가 아는 한 즉각적인 대응은 없었다. 일요일은 대개 휴일이라서 비번일 경우 평상복 착용이 허용되었다. 그러나 그때부터 육상에서도 군복을 입어야 한다는 걸 깨달았다.

격납고에서 대기하라는 명령을 받은 우리는 전투기 사이를 걸어다니면서 더글러스 SBD 돈틀리스 급강하 폭격기에 신형으로 보이는 500파운드 폭탄을 적재하는 항공 탄약관리병들을 지켜보았다. 우리는 여전히 어리둥절한 채 반신반의하고 있었다. 기습에 관해 명쾌한 설명이 없다는 것, 이 모든 문제가 내일까지도 순조롭게 해결되지 않으리라는 것이 믿기지 않았다.

오후 내내 라디오에서 전한 여러 뉴스에 따르면 일본은 하와이를 공격하고 웨이크섬을 점령했다.[3] 또한 일본이 괌을 폭격하고 포위했으며 홍콩을 공격했고 보르네오와 호주에 지상군을 투입했다는 소

---

3   실제로 웨이크섬이 함락된 날은 12월 23일이었다. 태평양에서 미군의 주요 거점 중 하나인 괌이 이렇다 할 전투 없이 12월 10일 일본군이 상륙하자마자 백기를 들었던 것과는 달리, 웨이크섬에서는 치열한 전투가 벌어져 12월 11일 일본군의 첫번째 상륙을 막아냈다. 일본군은 항모 2척과 중순양함 6척의 엄호 아래 12월 21일 재차 상륙을 시도했고 결국 섬을 함락시켰다.

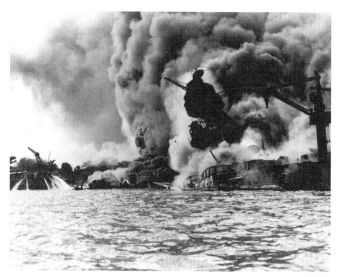

진주만 공습, 화염 속에 침몰하는 USS 애리조나(BB-39). 이날 애리조나는 4발의 폭탄을 맞았고 1511명의 승무원 중 1177명이 전사했다.

진주만 공습, 불타는 USS 버지니아에서 생존자들을 구출하는 장면

진주만 공습, 불길에 휩싸인 포드섬 6번 격납고

진주만 공습, 포드섬 기지에서 수병들이 구축함 USS 쇼(DD-373)의 폭발을 지켜보고
있다.

식도 있었다. 우리는 무엇을 믿어야 할지 갈피를 잡지 못했다. 모든 육군과 해군 장병들은 소속 부대와 긴밀히 접촉하라는 명령문이 하달됐다.

저녁이 되면서 일본군의 작전이 자신들 정부의 결정에 따라 이루어졌음이 확실시되자, 뉴스 해설자들은 내일 미국이 전쟁을 선포하리라고 단언했다. 뉴스에 따르면 로스앤젤레스와 샌프란시스코, 태평양 연안의 일본인 거류지들을 감시중이었다. 또한 공습 탐지 장비를 가동했으며 정박중인 외항선들의 출항을 보류하는 한편 항해중인 선박 천여 척에는 회항 지시가 떨어졌다. 루스벨트 대통령은 긴급 각료회의를 소집했다.

우리는 사실상 이미 전쟁의 포화 속에 빠져 있었다. 불과 12시간 전 아침만 해도 나른한 휴게실에서 하품을 하던 앳된 청년들이 저녁에는 가능한 한 빠른 시간 내 전투에 능한 전사로 탈바꿈해야 하는 처지가 되었다.

다음날인 12월 8일 밤, 해병대의 길 슐렌더링 중위와 나는 샌디에이고의 영화관을 나와서 잠자리에 들기 전에 맥주나 한잔할 겸 도시가 내려다보이는 호텔의 칵테일 라운지를 향해 걸어갔다. 우리가 술을 마시며 드레스를 입은 피아노 연주자의 〈항구의 불빛Harbor Lights〉을 듣고 있을 때 느닷없이 정전이 되었다.

샌디에이고에 최초의 등화관제가 시행되고 있었다. 50대 내지 60대의 미확인 항공기들이 몇 시간 전 샌프란시스코 상공에 출현했기 때문이었다.

바텐더가 촛불을 켜서 바에 올려놓았다. 깜박거리는 어둠 속에서 우리는 도시를 내려다보았다. 불빛들이 무리지어 또는 점점이 하나씩 빛나는 것이 보였다. 미국의 대도시가 처음으로 전쟁의 검은 망토에 휘말린 모습을 보게 되니 인상적이었다. 길도 나도 동요하고 있었다. 우리는 창밖을 힐끔거리면서 영화관에서 수없이 봐왔던 장면처럼 사이렌 소리와 '쾅' 하는 둔중한 폭음이 들리지는 않을까 귀를 기울였다.

꺼지지 않은 불빛도 많았다. 특히 두 블록가량 떨어진 거리의 대형 네온사인이 눈에 띄었다. 등화관제는 부분적이어서 그다지 효과가 없었다.

술집 손님들은 대부분 침묵을 지키며 어둠 속으로 사라진 그들의 도시를 바라보고 있었다.

길과 나는 연락선을 타고 코로나도의 완전한 어둠 속으로 들어갔다. 달도 뜨지 않아서 칠흑처럼 어두웠다. 차량들은 아예 등을 켜지 않거나 제법 밝은 주차등만 켜고 거리를 따라 서행하다가 서로 간격이 좁혀지면 전조등을 깜박여 경고를 보냈다. 노스아일랜드 해군항공기지 위병소에서 해병대 초병이 우리를 멈춰 세우고 새로 발급받은 우리의 통행증을 갓 달린 붉은 손전등으로 검사했다.

다음날 아침에도 기지는 여전히 대기 상태였다. 우리 대부분은 비행을 하지 않았으나 최고참 장교 몇 명은 멕시코 국경 인근의 보조 착륙장을 이용하여 태평양 상공에서 초계비행을 하고 있었다. 그중 한 명이었던 래리 코머는 그날 2시 30분 해안 부근에 적군 순양함이 나타났다는 정보에 따라 출격했다고 전했다. 그들은 눈송이가 조종실을 스쳐가는 난기류 속에서 편대 비행을 했다. 폭풍 속에서 선박을 발견했으나 식별이 불가능했기에 8000피트(2.5킬로미터)까지 상승했다가 폭탄 투하 없이 일렬로 급강하했다. 편대장은 그 선박이 적군 소속이 아니라고 판단했다. 코머의 말에 따르면 복귀하자마자 다시 출격했던 모양이다. 해군이 그 같은 악천후 속에서 태평양 상공을 비행할 만큼 숙련된 조종사를 충분히 확보하지 못한 사실이 분명했다.

태평양 전쟁 개전 첫 주 동안 노스아일랜드 해군항공기지와 샌디에이고에서는 앞으로 시작될지도 모르는 전시 상황에의 대비가 한창이었다. 기지에서는 야간 등화관제 동안 영구적으로 빛을 차단하기 위해 격납고와 건물 대부분의 유리창에 검은 페인트를 칠했다. 수병과 해병 들은 방공호로 사용할 지그재그형 참호를 1.2미터 깊이로 파느라 분주했고, 그 결과 기지 전체가 들쭉날쭉한 자국으로 뒤덮였다. 원형 대공진지에는 모래주머니를 쌓고 일정한 간격으로 50구경 기관총을 설치했다. 긴장한 초병들은 특히 밤이면 연신 암구호를 물었다. 기지 외곽으로 100미터가량 떨어진 곳에 훈련기들이 산재해 있었고, 일선 항공기들은 폭격에 대비해 지저분한 주기장에 빽빽이 들어찼다.

샌디에이고만 너머에서는 민방위 대책회의가 시민들에게 가로등이 꺼지는 동안 집과 차량의 등화관제를 실시하고 저녁에는 가급적 외출을 삼가며 공습을 받더라도 침착하게 집안에 머물러달라고 요청하는 중이었다. 도시 전역에 울리는 화재경보가 곧 공습경보라는 점도 시민들에게 전달되었다.

전쟁 초기 태평양 연안에서 방어 조치를 하며 긴장을 고조시킨 데는 그럴만한 이유들이 있었다. 샌프란시스코와 로스앤젤레스 상공에 미확인 항공기들이 출현하여 방송에서 공습 공보가 발령되는 사례가 수없이 많았다. 해안에서는 일본군 잠수함에 상선이 피격됐다는 보고가 속속 전해졌다. 연안 도시와 농장의 일본인 집단이 공장 설비를 파괴하고 사보타주 위협을 가하고 있다는 뉴스도 들렸다.

그러나 전쟁이 시작되고 첫 주 내지 열흘이 지나자 흥분과 열기도 가라앉았다. 소동과 경보는 차례차례 오보로 판명났다. 시민들은 어차피 우리와 일본 사이에 놓여 있는 망망대해가 엄청나게 크다는 점을 떠올리기 시작했다. 덕분에 다들 마음을 놓고 조금은 느긋해졌다. 우리는 이제 시민들이 우리의 등을 두드리며 영웅 취급해주지도 않을뿐더러 "친구, 날 위해 한잔 들게"라고 말하지도 않는다는 것을 깨달았다. 톰 더킨의 말마따나 "예전처럼 돈을 내고 술을 마셔야 하는" 상황으로 돌아갔다.

우리도 전쟁에 지치기는 마찬가지였다. 전쟁은 실체가 없었다. 우리는 여전히 먹고 싶은 대로 먹었고 끌리는 영화를 보러 갔다. 벌러덩 누워서 평화로이 책을 읽고, 비번일 때는 매력적인 아가씨들과 술집에 앉아 있거나 춤을 추었다. 당시 우리는 항공비행전대 배치를 앞두고 6주간의 집중 훈련 과정을 기다리던 터라 비행도 거의 없었다. 그렇다보니 상관들은 일상적인 야간 자유시간을 허용했고, 태평양전쟁 발발 후 8일이 지나자 주말 외출도 가능해졌다.

진주만 피습 이후 제이미 덱스터, 그리고 다른 장교 두 명과 샌디에이고에서 저녁 시간을 보내고 귀대중이던 어느 토요일이었다. 교차로에서 신호대기를 받고 기다리는데 곧바로 아가씨 두 명이 탄 길고 멋진 패커드가 우리 차 옆에 섰다. 우리는 아가씨들과 잡담을 나누기 시작했다. 잠시 후 차를 세워둔 뒤 모두 패커드로 옮겨 탔다. 여자들은 멕시코 티후아나에 가자고 말했다. 국경을 넘어가는 건 규정 위반이었지만, 우리가 지금 꼭 가야 할 곳이 있다면 바로 티후아나라고 결정을 내리기까지는 그리 오래 걸리지 않았다.

국경을 넘는 데는 문제가 없었다. 정모를 벗어 패커드 바닥에 숨기고 소매를 말아올려 표장을 가린데다, 국경 수비대 앞에서는 토요일 밤 남색 유니폼을 차려입고 놀러 나온 고등학생들처럼—당시엔 나이를 속이는 것도 그리 어렵지 않았다—굴었기 때문이다.

티후아나 중심가의 네온 불빛 속으로 차를 몰고 간 우리는 주차를 한 뒤 거리를 따라 늘어선 멕시코식 싸구려 카바레 중에서 '알로하'라는 곳으로 우르르 몰려들어갔다. 카바레 안은 속된 말로 '난리 블루스'였다. 빈 테이블이 없어서 45분 동안 바에 선 채로 데킬라를 마시며 멕시코인들과 얘기를 나누었다. 그들은 우리가 누구이며 거기엔 왜 왔는지 모르는 눈치였으나 우리에게 아주 친절했다. 몇몇은 그때쯤 다시 내린 우리 소매의 표장을 보고 우리를 영국 공군으로 여기는 것 같았다. 그들 대부분은 전쟁을 딴 세상 이야기로 여겨서 그런 화제에는 전혀 반응하지 않았다. 우리가 말을 건 멕시코인들은 꾀죄죄하고 무기력해 보였지만 태평하고 천진한 모습으로 즐거운 시간을 보내고 있었다. 그들의 옷은 낡았고 종종 너덜거리기까지 했지만 옷뿐 아니라 외모에도 전혀 신경쓰지 않았다. 제복 차림이었던 우리는 왠지 너무 눈에 띄고 과한 인상을 주는 것 같아서 거북해졌다. 하지만 어렵사리 테이블을 잡고 경쾌한 몸놀림의 댄서를 보자 그런 기분은 사라졌다. 나는 나긋나긋하고 아담한 체구의 댄서에게 흙 묻은 치자꽃 한 송이와 술 한 잔을 보내며 우리 테이블로 초대했지만 그녀는 응하지 않았다. 국경 남쪽의 키 작은 갈색 친구들이 전쟁에서 우리에게 그리 큰 도움이 되진 않을 거라는 인상을 받고 돌아오긴 했으나, 전반적으로 우리의 멕시코 방문이 완전한 헛걸음은 아니었다.

크리스마스에서 이삼일 후 항공모함 훈련단 소속 20여 명이 롱비치에 가까운 산페드로와 터미널아일랜드로 파견 명령을 받았다. 우리 임무는 보우트 OS2U-2 킹피셔 정찰기를 이용해 대잠 초계비행을 하는 일이었다. 해병대 중위 잭 폴러와 나는 내가 산 낡은 포드 자동차로 해안을 따라 달렸다. 도중에 타이어가 두 개 펑크 난 것 외에는 큰 사고도 없었다. 해안선을 따라 올라가는 완만한 초록 비탈은 밝은 빛깔 지붕들로 점점이 수놓여 있어서 상상 속의 이탈리아와 그리스 해안선(내가 한 번도 본 적이 없던)을 떠올리게 만들었다. 부드러운 바닷바람이 롱비치에 가까워질 때까지 줄곧 상쾌한 기분을 선사했다. 하지만 롱비치의 언덕에는 석유 시추탑들이 세워져 있어서 달짝지근하고 메스꺼운 원유 냄새가 왈칵 풍겨왔다.

터미널아일랜드에서의 비행은 해협을 따라 잠수함을 수색하는 임무였다. 정찰기마다 100파운드(45킬로그램) 폭탄 2발과 기관총을 탑재하고 있었다. 우리 중에서 수면 위로 올라온 잠망경을 발견한 대원

보우트 OS2U-2 킹피셔 정찰기(1942년 초반 비행 모습)[4]

은 없었으나 고기 떼나 물속에서 어른거리는 그림자를 향해 폭탄을 투하한 것은 한 번 이상이었다. 정찰기 한두 대는 공해로 향하는 선박 무리와 호위함을 몇 시간씩 따라가기도 했다. 우리는 편대 비행으로 선박들 위를 계속 선회하면서 혹시 적군의 잠수함이 있는지 확인하느라 한 대씩 일일이 톺아보기도 했다. 그럴 때면 저 선박들은 어느 항구로 향하고 있을지 무척 궁금해지곤 했다. 귀대 시간이 되면 우리는 선박들 사이를 비행하며 날개를 흔들어 행운을 빌어주고 기

4 2차 대전 초반 미 해군이 운용한 함상용 수상관측기. 1938년에 개발되었으며 주로 대함 초계와 해상구조 임무에 투입되었다. 조종사 2명, 엔진 450마력, 최대속력 264km/h, 항속거리 1300km, M1919 7.62mm 브라우닝 중기관총 2정 및 폭탄 300kg 탑재.

롱비치의 더글러스사Douglas Aircraft
Company 공장에서 생산되는 C-47
수송기(1942년)

지로 돌아왔다.

터미널아일랜드에서 처음으로 조종한 정찰기는 대기속도계, 고도
계, 상승속도계에 결함이 많아서 나는 꽤 어려움을 겪었다. 어둠 속
에서 이륙하여 기수를 올리고 목표 해역으로 향하다가 대기속도계
를 흘깃 쳐다봤더니 30노트(55km/h)로 실속속도(失速速度)에도 한
참 못 미쳤다. "억!" 나는 조종실에서 튀어나갈 정도로 소스라치게 놀
랐다. 항공기는 일정한 속도를 유지하지 않는 한 절대로 비행할 수
없기 때문이다. 나는 침착하게 기수를 올리고 신속히 속도를 높였
다. 그런데도 대기속도계는 여전히 30노트를 가리키고 있었다. 나
는 비로소 고장났음을 깨달았지만 속도가 충분해 보이고 실속 징후
도 없다는 사실에 의지하여 비행기를 서서히 상승시키기 시작했다.
1000피트(300미터) 정도 상승했다고 생각했을 때 고도계는 200피트
(60미터), 상승속도계는 3000피트(900미터)를 웃돌고 있었다. 동트기

전의 어둠과 아직 해상비행 경험이 부족하다는 사실 때문에 내 혼란은 더 극심해졌다. 육상의 풍경과 해상의 그것은 사뭇 달랐다. 내가 조작중인 비행 도구라고는 선회경사계(항공기 선회시 정상 비행중인지 알려주는 계기—옮긴이)뿐이었지만 고도와 대기속도를 측정하려면 그것만으로는 무용지물이었다.

우리는 비행계기를 거의 절대적으로 믿도록 훈련받아왔다. 비행계기는 대개 정확한 반면 조종사가 의지하는 '육감'은 부정확하다고 여겨졌기 때문이다. 그러나 실속 가능성이 없다는 것을 확신한 직후 나는 지금까지의 훈련 습관을 버리기로 결심했다. 그리고 정상 작동중이던 엔진 계기를 이용하여 서서히 일정한 대기속도와 고도를 확보했다. 특히 다지관 압력(manifold pressure, 엔진 내의 기압으로 출력과 관련이 크다—옮긴이)과 분당회전수(rpm)를 유지하도록 스로틀(throttle, 연료 분사량을 조절하여 엔진 출력에 관여한다. 자동차의 액셀러레이터에 해당—옮긴이)과 프로펠러 피치(프로펠러가 1회전할 때 진행하는 거리—옮긴이)를 설정하고 수평비행을 위한 트림탭(trim tab)을 조정했다. 나는 교전중 맞닥뜨릴 돌발 상황에 대처하려면 실전 훈련이 필요하다고 느껴온 터라 그런 비상 상황을 체험할 수 있었던 게 기뻤다.

우리 모두 산페드로에서 유쾌한 휴가를 보냈다. 어째서인지 롱비치 여자들은 샌디에이고 여자들보다 더 군복에 매력을 느꼈다. 아마도 샌디에이고보다 여자가 더 많거나, 군인이 더 적거나, 아니면 적의 공격 가능성이 큰 지역 특성상 로스앤젤레스 인근 주민들이 전쟁을 더 실감하고 있어서였는지도 모르겠다. 어쨌든 우리는 밤의 유흥을

미 해군 뇌격기 TBD 데버스테이터의 조종석 내부

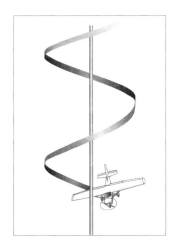

악화된 실속과 자동회전

즐기며 치맛자락과 향수의 매혹적이고 폭넓은 선택 앞에서 행복한 고민에 빠지곤 했다.

새해 전야에 해리 마치와 나는 다른 두 명, 즉 해병대의 켄 커크 중위와 피트 맥고슬린 중위와 함께 터미널아일랜드를 떠나 할리우드 탐험에 나섰다. 우리는 내심 영화의 도시에 차고 넘칠 싱그러운 신인 유망주나 아름답지만 가난에 지친 단역 여배우 몇 명쯤은 쉽게 만날 수 있지 않을까 기대했던 것 같다. 그런 호기심과 기대를 채울 만큼 멀리 가보지도 않았지만 말이다. 우리는 로스앤젤레스의 작은 모퉁이 술집에 들러 목을 축일 겸 술 몇 잔을 들이켰다. 술집 관리인이 우리에게 한두 잔을 사기도 했다. 술집에서 나온 뒤에는 가장 가깝고 가장 번지르르한 나이트클럽에 가기로 의기투합하고 본격적인 야간 작전에 돌입했다. 맨 먼저 입성한 각축장은 로스앤젤레스의 '플로렌틴 가든스'였다. 거액의 입장료를 내고 안으로 들어간 우리는 한동안 앉아서 조명에 맨살을 반짝이며 춤추고 있는 금발 여성들을 지켜보았다. 그러나 기질상 곧 지루함을 느끼고 칵테일 라운지로 자리를 옮겼다. 그런데 그곳은 사람들로 발디딜 틈도 없는데다 대부분이 혼자 온 여성들이라 우리는 그들과 합석한 모양새가 되었다. 우리 네명은 무수한 건초 더미 사이에 남겨진 당나귀들처럼 어느 쪽을 골라야 할지 우왕좌왕하고 있었다. 결국 우리는 칵테일 라운지에 서서 독한 술을 몇 잔 들이켜고 난 뒤 가장 가까이 있는 여자들을 선택했다.

나와 동행한 세 사람은 남태평양에서 수개월간 복무하고 온 터였다. 그들은 이구동성으로 남성의 존재감에 여성이 더해주는 다양한 즐거움을 음미할 줄 모르는 사람은 누구든 멍청이 중에 멍청이라고 말했다. 물론 그들이 그것 말고도 그리워했던 것이 더 있기는 했다. 이를테면 맛있는 음식, 술, 책, 최신 뉴스, 부모님 등등……. 그러나 그중에서 최고는 단연 여자였다.

샌디에이고로 복귀한 우리는 6주 집중 훈련 과정을 시작했다. 훈련 기종은 항공모함 함대에 배치될 더글러스 SBD 돈틀리스 급강하 폭격기였다. 우리는 블루 비행대와 레드 비행대로 갈렸다. 각각 18명의 조종사로 구성된 비행대가 하루에 6시간씩 일주일 내내 비행 훈련에 나섰다. 해상 150마일(240킬로미터)에 이르는 작전 수역을 비행함으로써 우리는 육지 밖으로 비행하는 데 익숙해졌다. 착함신호장교의 지시에 따라 좁은 활주로에 착륙하는 훈련을 통해 항공모함의 비행갑판에 착함하는 기술을 연마했다. 또한 전술 비행과 사격 훈련은 기관총 소리가 얼마나 요란한지를 알려주었다.

야간에는 배기 화염의 불빛에 의지하여 옆 항공기의 희미한 윤곽을 기준으로 위치를 유지하면서 편대 비행을 했다. 추가로 링크 트레이너(Link trainer, 지상에서 하는 계기비행의 연습 장치 — 옮긴이)를 이용한 계기비행 지상 모의 훈련도 받았다. 이후 실제 구름 속으로 상승했을 때에는 누운 자세의 배면 비행(항공기가 거꾸로 된 자세로 비행하는 기동 — 옮긴이) 과정에서 공황 상태를 경험하기도 했다. 계기들은 내가 깎아지른 경사를 오르는 중임을 가리키고 있었다.

몇 차례의 고도 비행 훈련중에 한번은 딕 뤼겐이 20000피트(6킬로미터) 상공에서 갑자기 산소 부족으로 정신을 잃었다. 다행히 그의 항공기는 균형을 잃지 않고 완만한 각도로 하강했다. 그의 의식이 돌아온 것은 17000피트(5킬로미터) 상공이었다. 그의 편대 동료기 조종사였던 조 샌더스는 뤼겐이 정신을 잃었는지조차 모르고 조종사 없는 항공기를 따라 편대 위치를 계속 유지했던 셈이다.

조종사에게 꼭 필요한 항공 장구인 산소마스크는 처음 몇 번은 사용하기 불편하다. 호흡을 편안히 해주기는커녕 오히려 더 갑갑하고 숨이 막히는 것 같다. 게다가 제대로 착용하지 않으면 필터를 통과한 먼지 입자가 조종사의 폐로 들어가기 십상이다. 마스크는 착용자의 코를 괴롭힌다. 통기공에서 나온 습기가 침과 함께 고무 재질의 전안부를 흥건히 적신다. 호흡 곤란은 조종사의 불안을 높이고, 거친 공기가 필터 측면으로 밀려나온다. 요약하자면 산소마스크는 창공 드높이 나는 즐거움을 상당 부분 빼앗아가긴 하나 고도에서 생존을 보장해준다.

우리는 급강하 폭격 훈련을 무수히 시행했다. 2주 후에는 매번 실패 없이 연막탄 모형을 60미터 크기의 고정 과녁에 떨어뜨릴 수 있게 됐다. 훈련을 통과하기 위해서는 직경 15미터 표적 안에 폭탄 네 발을 맞혀야 했다.

많은 사람들은 급강하 폭격 훈련이 조종사에게 퍽 짜릿한 경험이라고 생각할지 모르나, 실제로는 조종사는 비행 과정에서 수많은 세부 작업을 수행하느라 정신이 없다. 급강하하기 전에 스로틀, 프로펠러 피치, 과급기에 신경을 써야 하고 하강 속도를 줄이기 위한 다이브 플랩(dive flap, 급강하 플랩)과 각종 스위치 설정에도 신경을 써야

배면 비행

강하하는 SBD 돈틀리스

2차 대전 당시 미 공군이 훈련에 사용한 링크 트레이너(인디애나주 프리먼 공군기지, 1943년 1월)

한다. 곤두박질치는 긴 시간 동안 회전과 나선 강하를 계속하면서 표적이 가늠쇠(시야의 정중앙)에서 벗어나지 않게 집중해야 한다. 또한 바람에 따른 기체 편류를 계속 계산하고 시종일관 폭탄 투하 준비를 하고 있어야 한다. 그래도 지상을 향해 수직 강하하는 동안 경험하는 가속의 전율이 정신을 빼놓을 정도는 아니라서 대부분의 조종사들은 이 훈련을 즐기는 편이다.

그러나 실전에서의 급강하 폭격은 다른 이야기다. 기동중인 적함을 향해 강하하는 조종사들은 기계적인 비행 조작뿐 아니라 징크 기동(Jink, 불규칙하게 기체를 움직여 적의 기총 조준을 피하는 기동―옮긴이)으로 적기의 공격을 회피하고 적함의 대공포들을 교란해야 한다. 더욱이 폭탄 투하 지점은 적함이 앞으로 움직이게 될 지점이지 현재 있는 위치가 아니라는 점도 고려해야 한다. 급강하 폭격기들이 급강하 제동기를 사용하지 않는 경우가 종종 있는데 그 결과 속력은 더더욱 빨라진다. 게다가 급강하 폭격기들은 대체로 훈련 때보다 더 높은 고도에서 강하한다.

훈련 기간이 시작되면서 우리 6명은 코로나도의 어느 가옥으로 이주했다. 우리는 이 집을 '울프 팜(늑대 농장)'이라고 불렀다. 우리가 사용하는 이런 시설들을 마치 싸구려 술집이나 도박장처럼 표현하는 것에 신물이 났기 때문이다. 제이미 덱스터, 제리 리치, 브루스 에크, 해리 프레더릭슨, 밥 보펠 그리고 나 이렇게 여섯 명이 이 집에서 가정부 한 명과 뭐든 우리 능력으로 구할 수 있는 최고의 음식과 술을 준비해 조달해주는 심부름꾼 소년까지 두고 호화롭게 생활했다.

우리가 함대 배치를 받기 선 마지막 주에 동료들이 갑자기, 그것도 종종 통지를 받고 24시간 만에 전출되는 모습을 보았다. 송별회가 어김없이 열렸고, 우리 모두는 비행 임무가 허락하는 한에서 유쾌하게 석별의 정을 나누었다.

해병이었던 브루스 에크와 밥 보펠은 1월 말에 떠났다. 육상 선수 출신으로 훤칠한 금발이었던 브루스는 몸매와 외모가 출중한 전형적인 해병대 조종사였다. 그의 외모와 저돌적인 행동이 여자들에겐 거부할 수 없이 치명적인 매력인 것 같았다. 브루스는 '도쿄 압살'주(酒)로 코로나도에 작별을 고했다. 버번 위스키 두 잔, 럼 한 잔, 진 한 잔, 프랑스 베르무트 한 잔, 이탈리아 베르무트 한 잔으로 이루어진 그야말로 초강력 술이었다. 이 모두를 커다란 하이볼 잔에 붓고 얼음과 얇게 썬 레몬 한 조각을 곁들여 섞으니 놀랄 만큼 부드러운 반면 취기가 어찌나 강렬하게 올라오던지 이걸 마시고 나락으로 떨어질 여자가 한두 명이 아닐 듯했다. 브루스는 귀여운 아가씨를 코로나도에 한명, 샌디에이고에도 한 명 남겨두었다. 두 아가씨는 그와의 이별에 저마다 큰 비탄에 잠겼다. 우리는 그의 우정과 유머를 그리워했다. 브루스는 나중에 미드웨이에서 급강하 폭격기로 제로 전투기 2대를 공격하다가 전사했다.

결혼해서 울프 팜을 떠났던 밥 보펠은 일주일의 신혼생활 후에 신부를 남겨놓고 브루스와 함께 바다로 갔다. 다행히 그는 일 년이 채되지 않아서 다리에 부상을 입고 돌아왔다. 혼자서 20대가 넘는 제로 전투기에 쫓기다가 부상을 입었기 때문이다.

브루스와 밥이 떠난 직후, 해군 군의관과 결혼한 우리 누나가 두 아이들을 데리고 호놀룰루에서 나를 찾아왔다. 누나는 진주만에 무슨 일이 벌어졌는지 일언반구도 없었고 12월 7일에 있었던 자세한 상황도 얘기하지 않으려 했다. 나는 칵테일을 연거푸 권하면서 내가 들은 최악의 소문들을 슬쩍 꺼내보았지만 누나는 도통 입을 열지 않았다. 누나의 말에 따르면 수송선을 타고 온 승객들에게 어떤 얘기도 발설하지 말라는 엄한 지시가 내려진 모양이다. 전쟁의 참혹함이 뼛속 깊이 사무쳤던 누나는 다른 미국인들의 너무도 무심해 보이는 모습에 아연실색하고 있었다.

진주만 공습 이후 미 태평양함대 사령관에 부임한 체스터 니미츠 Chester W. Nimitz 제독은 일본에 빼앗긴 초반 주도권 때문에 고심하고 있었다. 니미츠 제독이 사령관 부임을 축하하는 아내에게 "그런데 그 태평양함대는 바닷속에 있소"라고 말할 정도로 진주만 공습 후의 미 해군력은 붕괴된 상태였다. 그래도 진주만에 침몰하지 않은 전력이 남아 있었다. 항공모함이었다. 미군 항공모함의 건재는 일본제국 해군 연합함대 사령장관인 야마모토 이소로쿠에겐 꺼림칙한 걱정거리였고 니미츠 제독에겐 반격의 발판이었다. 그 반격의 첫 시도가 마셜-길버트제도 공습이었다. 항공모함을 중심으로 한 호위함들로 제8기동부대Task Force 8와 제17기동부대Task Force 17가 편성됐다. 제8기동부대는 항공모함 엔터프라이즈를 중심으로 윌리엄 핼시 중장의 지휘하에 마셜제도를, 제17기동부대는 항공모함 요크타운을 중심으로 프랭크 J. 플레처 중장의 지휘하에 길버트제도를 각각 공습했다. 두 기동부대의 공습은 1942년 2월 1일 거의 동시에 실시되었다.

전투기 조종사인 짐 대니얼스 소위(James G. Daniels III, 1915~ 2004, 2차 대전과 한국전쟁에 참전했고 1970년 대령으로 예편했다―옮긴 이)가 2월에 교전 지역에서 돌아왔고, 그제야 우리는 그의 입을 통하 여 일본군이 점령하고 있던 마셜-길버트제도 공습에 관한 최초의 목 격담을 접할 수 있었다. 대니얼스는 제8기동부대에 속해 있었다. USS 엔터프라이즈의 함재기들은 동트기 전에 출격하여 일본군 격납고와

항공모함 USS 엔터프라이즈의 제8기동부대 소속으로 마셜제도의 윗제 환초Wotje Atoll를 포격 하는 순양함 USS 솔트레이크시티(1942년 2월 1일)

지상에 산재한 전투기들을 맹폭했다. 대니얼스는 700피트(200미터)까지 내려가 격납고에 폭탄을 투하했는데, 그 광경이 마치 격납고가 통째로 "공중으로 솟구쳐 박살나는" 것 같았다고 했다. 그는 곧바로 혼비백산하여 엄폐물을 찾아 달려가는 적군들을 겨누었고 나중에는 이륙에 성공한 일본군 전투기 한 대와 공중전을 벌였다. 일본군 전투기가 대니얼스를 계속 주시하며 선회하고 있었다. 두 전투기는 정면대결에 나섰으나, 승자는 사격 명중률이 높았던 대니얼스였다.

마셜-길버트제도 공습은 소규모 전투였다. 아군이나 적군 모두 그리 특기할 만한 점이 없었다. 하지만 항공모함 작전이라는 점에 국한

진주만 공습을 주도한 일본제국 해군 연합함대 사령장관 야마모토 이소로쿠

진주만 공습을 주도한 제1항공함대 사령관 나구모 주이치

엘리베이터(승강타)와 러더 조정 케이블

한다면 인상적인 부분이 한 가지 있었다. 항공모함이 최대한 여러 차례 공격대를 발진시키기 위하여 목표물과 채 30킬로미터도 떨어지지 않는 거리를 유지함으로써 적의 움직임을 거의 다 확인할 수 있었다는 사실이다.

일본군은 그날 오후 반격에 나섰다. 화염에 휩싸인 일본군 폭격기한 대가 미군 항공모함 갑판에 자살공격을 시도했으나 충돌 직전 함장이 극적으로 회피 기동에 성공했다.

대니얼스의 목격담에는 두 개의 러더(rudder, 방향타) 조정 케이블중 하나가 피격으로 끊어지고 나머지 하나에만 의지한 채 모함으로 돌아온 조종사의 묘기 같은 일화도 포함되어 있었다. 기동부대에 배치된지 얼마 되지 않은 한 조종사는 어둠 속에서 시계를 확보하지 못한데다 비행 경험이 미숙했던 터라 최초 출격에서 충돌 사고를 내기도 했다.

그의 이야기를 듣고 있노라니 정말로 미군 비행사들이 태평양 상공을 날고 있다는 실감이 났고, 우리의 훈련 열의도 그만큼 달아올랐다. 당시 우리는 모두 어서 전장으로 뛰어들고 싶어서 안달이 났던 것 같다. 방관자들은 '어서 가서 놈들을 쓸어버리라고' 조종사들을 독려하지만 전쟁의 냉혹한 참상을 제대로 이해하지 못하기에 하는 말이다.

미 해군 역사상 최악의 재앙이었던 진주만 기습

1941년 12월 2일 오후 5시 30분. 이미 일주일째 하와이를 향하여 비밀리에 항해중이던 일본 해군 제1항공함대 사령관 나구모 주이치南雲忠一 제독은 본국의 연합함대 사령부에서 보낸 전문을 수신했다. "니타카 야마 노보레(=イタカヤマノ ボレ, 니타카산에 올라라) 1208." 미일 협상이 결렬되었으니 당초 계획대로 12월 8일에 진주만의 미 태평양함대를 기습 공격하라는 의미였다. 작전이 취소될 경우의 명령은 "쓰쿠바 야마 하레(ツクバヤマハレ, 쓰쿠바산은 맑다)"였다. 12월 6일 오전 10시 30분, 연합함대 사령장관 야마모토 이소로쿠山本五十六 대장이 전보를 보냈다. "황국의 흥망이 이 원정에 달려 있으니 분골쇄신하여 각자 책임을 다하라." 이는 러일전쟁 당시 쓰시마 해전을 앞두고 연합함대 사령관이었던 도고 헤이하치로가 한 명언을 그대로 재현한 것이었다. 그러나 일본 해군 수뇌부는 진주만에서뿐 아니라 태평양 전쟁 내내 걸핏하면 '황국의 흥망'을 들먹였으며 특히 전쟁 중후반 이후 전세의 불리함과 자신들의 무모한 작전을 감추기 위해 이처럼 뻔한 말을 반복하는 식으로 애꿎은 장병들에게 사실상 집단 자살을 강요하기 일쑤였다.

현지 시간 12월 7일(도쿄 시간 12월 8일) 새벽 6시부터 15분에 걸쳐서 후치다 미쓰오 중좌가 지휘하는 1차 공격대 183대(전투기 43대, 급강하 폭격기 51대, 뇌격기 89대)가 출격했다. 그리고 1시간 35분 뒤인 오전 7시 50분 미 태평양함대가 정박해 있던 진주만을 급습했다. 완벽한 기습이었고 미 태평양함대와 육군 비행장들은 무방비 상태에서 집중 폭격을 당했다. 최초 공격 직후인 7시 53분 후치다는 기습 성공을 알리는 암호명 '도라 도라 도라'를 발송했다. 약 20분간 웨스트 버지니아, 유타, 애리조나 등의 전함들이 쏟아지는 어뢰와 폭탄 세례를 받았다. 오전 8시 20분에 1차 공격이 끝나고 35분 후인 8시 55분에는 시마자키 시게카즈 소좌가 지휘하는 2차 공격대 168대(전투기 36대, 급강하 폭격기 78대, 뇌격기 54대)가 폭격에 나섰다. 이들은 1차 공격대가 놓쳤거나 아직 숨통이 끊어지지 않은 목표들을 공격했다. 오전 9시 45분 일본 비행기들이 모두 철수하면서 평온했던 진주만의 일요일 아침을 아수라장으로 만든 공습은 끝났다.

1시간 55분에 걸친 진주만 기습은 막강했던 미 태평양함대를 불구로 만들었다. 전함 8척, 중순양함 2척, 경순양함 6척, 구축함 29척 중에서 주력 전함 4척과 구식 전함 유타, 부설함 오글라라가 침몰하고 전함 4척, 경순양함 3척, 구축함 3척, 수상기 모함 1척, 공작함 1척 등 대형과 소형 군함 18척이 대파되었다. 또한 항공기 188대가 파괴되고 군인과 민간인 2502명이 사망했으며 1382명이 부상을 입었다. 일본군의 손실은 항공기 29대(전투기 9대, 급강하 폭격기 15대, 뇌격기 5대)가 격추되고 55명이 전사했을 뿐이었다. 또한 진주만에 미리 잠입해 있던 일본 해군의 특수 잠항정 5척이 미군에 발각되어 모두 격침당했다.

전술적으로는 분명 대단한 전과였지만 연료 450만 갤런(약 2000만 리터)이 있던 저장 탱크, 해군 공창, 도크, 잠수함 기지 등 진주만의 거대한 항만시설과 인프라에는 큰 피해를 입히지 못했다. 일본 공격대는 가장 중요한 목표물인 전함과 항공 기지를 폭격하는 데만 신경썼기 때문이었다. 또한 연료 탱크를 파괴할 경우 검은 화염이 전함들을 가릴 수 있다는 점을 우려했다. 후치다 미쓰오는 나구모에게

3차 공격대를 출격시켜 항만시설까지 철저하게 파괴해야 한다고 주장했다. 하지만 나구모는 이미 기습 효과가 사라진 상황에서 미군의 본격적인 반격이 시작될 경우 손실이 늘어날 것이라 생각했다. 특히 귀중한 항모를 잃을까 우려하여 철수를 선택했다. 진주만에 보이지 않았던 미 항모를 찾아야 한다는 건의 또한 묵살되었다. 이 때문에 나구모는 당초 예상을 훨씬 뛰어넘는 대승을 거두어 국민적 영웅이 되었음에도 정작 본국으로 귀환한 뒤 '소극적이었다'는 연합함대 사령부의 혹독한 비난을 감수해야 했다.

그러나 나구모의 소극성은 그가 무책임하거나 비겁해서가 아니라 애초부터 야마모토와 연합함대 사령부의 모호한 작전 지시와 전략의 불분명함, 소통 부재에서 비롯되었기에 사령부의 비난은 책임 떠넘기기에 지나지 않았다. 이러한 애매모호함은 일본 해군의 고질적인 한계였고 몇 달 뒤 미드웨이에서 패전한 가장 큰 원인이 되었다. 미 태평양함대는 진주만 기습으로 주력 전함 8척 전부를 잃었지만 그중 6척을 복구하는 데 성공했다. 따라서 일본의 폭격으로 완전히 침몰한 전함은 애리조나와 오클라호마 2척에 불과했다. 게다가 항모 3척(새러토가, 렉싱턴, 엔터프라이즈)과 순양함들은 여전히 건재했다. 킴멜 제독을 대신해 신임 태평양함대 사령관이 된 니미츠 제독은 이들을 주력으로 삼아 반격 태세를 다듬고 대서양에서 항모들을 대거 불러들이는 등 전력을 강화했다. 진주만 기습으로 얻었던 일본의 우위는 한때로 끝나고 말았다.

진주만 기습 당시 미 해군 주요 함정들의 손실 현황

함종	함명	취역년	배수량	피해 상황	처분
전함	애리조나	1916년	33100톤	폭탄 4발(격침)	진주만 기념관으로 운영중
전함	오클라호마	1916년	27500톤	어뢰 5발(격침)	미 본토로 이양중 침몰
전함	웨스트버지니아	1923년	33000톤	폭탄 2발, 어뢰 7발 (격침)	수리 후 일선 복귀 (1944년 7월)
전함	캘리포니아	1921년	32300톤	폭탄 2발, 어뢰 2발 (격침)	수리 후 일선 복귀 (1944년 1월)
전함	네바다	1916년	27500톤	폭탄 6발, 어뢰 1발 (반파)	수리 후 일선 복귀 (1942년 10월)
전함	테네시	1920년	32300톤	폭탄 2발(반파)	수리 후 일선 복귀 (1942년 2월)
전함	메릴랜드	1921년	32600톤	폭탄 2발(반파)	수리 후 일선 복귀 (1942년 2월)
전함	펜실베이니아	1916년	32000톤	폭탄 1발(반파)	수리 후 일선 복귀 (1942년 2월)
표적함	유타	1911년	21800톤	어뢰 2발(격침)	비용 문제로 이양 포기
중순양함	헬레나	1938년	10000톤	어뢰 1발(반파)	수리 후 일선 복귀 (1942년 1월)
중순양함	호놀룰루	1938년	10000톤	지근탄 (손상 경미)	-
경순양함	롤리	1924년	7500톤	어뢰 1발(반파)	수리 후 일선 복귀 (1942년 2월)
구축함	카신	1936년	1500톤	어뢰 2발(전소)	수리 후 일선 복귀 (1944년 2월)
구축함	다운즈	1937년	1500톤	화재	수리 후 일선 복귀 (1943년 12월)
구축함	헬름	1937년	1500톤	지근탄 (손상 경미)	-
구축함	샤우	1936년	1500톤	폭탄 2~3발(반파)	수리 후 일선 복귀 (1942년 7월)

루스벨트는 진주만 기습을 미리 알았다?

매직(Magic)과 치열했던 암호전쟁

———

태평양 전쟁 이후 70여 년이 지난 지금도 잊을 만하면 거론되는 음모론 중 하나는 루스벨트가 진주만 기습을 알고도 모르는 척했다는 것이다. 일 년 전인 1940년 11월 '전쟁 불참'을 공약으로 내세워 3선에 당선된 루스벨트는 갈수록 악화되던 유럽 전쟁에 참전하기를 절실히 바랐다. 그러나 미 국민들은 전쟁에 극도의 혐오감을 드러냈으며 보수 공화당이 장악하고 있던 미 의회는 중립법을 제정하여 일체의 해외 개입을 원천봉쇄했기에 손을 쓸 수 없는 상황이었다. 이 와중에 독일의 동맹국이었던 일본을 의도적으로 도발하고 선제공격을 허용하면 2차 대전에 발을 들일 정당한 명분이 생기는 셈이었다. 그래서 루스벨트가 일본의 비밀 암호문을 사전 감청했음에도 모르는 척했고 미 태평양함대에도 알려주지 않아 의도적으로 진주만의 재앙을 초래했다는 주장이다.

소위 '진주만 수정주의'는 전후 미국에서 많은 학자와 작가 들의 주목을 받았다. 특히 1970년대 이후 미일 관계 개선, 베트남전쟁 악화로 미 국민들의 정부에 대한 불신이 갈수록 확산되는 분위기와 맞물려 한층 관심을 끌었다. 물론 이러한 주장은 대부분의 음모설이 그렇듯 명확하고 직접적인 근거가 있는 것이 아니라 자기네의 입맛에 맞는 단편적인 증거를 선별하여 의혹과 추론을 유도하고 결론에 끼워맞추는 식에 지나지 않았다. 대중적 흥미를 끌어낼 수는 있어도 설득력이 매우 부족할 수밖에 없다. 이에 관해서는 당시 총탄이 날아다니는 전장만큼이나 치열했던 암호전쟁과 '매직'을 짚고 넘어가야 한다.

2차 대전은 인류 역사 최대의 전쟁임과 동시에 가장 치열한 암호전쟁이기도 했다. 독일의 암호기기 에니그마Enigma 해독을 놓고 벌어진 치열한 싸움은 베네딕트 컴버배치 주연의 영화 〈이미테이션 게임〉에서 흥미진진하게 재현된 바 있다. 에니그마에 비하면 덜 조명받긴 했지만 연합군은 일본의 암호 해독에도 많은 노력을 기울였다. 반대로 독일과 일본 역시 연합군의 암호를 상당 부분 해독하는 데 성공했다. 1930년대 초반만 해도 일본의 암호기기는 조악했고 미국은 암호문을 쉽게 해독할 수 있었다. 오히려 걸림돌은 일본이 아니라 미국 자신이었다. 1929년 헨리 스팀슨 국무장관은 "신사는 남의 편지를 훔쳐보지 않는다"라는 황당한 이유로 통신감청 해독 기관인 블랙 체임버black chamber를 해산시켰다. 이 때문에 미국의 암호 해독과 첩보 능력은 적어도 20년 이상 후퇴했다. 일본은 1939년 새로운 암호기기인 97식 구문인자기를 개발했다. 미국측 암호명은 '퍼플Purple'이었다. 퍼플은 에니그마 못지않게 복잡했다. 미국은 기존 방식으로 해독이 불가능하다고 결론을 내렸다.

그러나 뜻밖에도 퍼플은 일본의 실수로 해독되었다. 일본은 암호 패턴을 10일 간격으로 한 달에 세 번 바꾸었다. 독일과 미국이 하루 한 번씩 바꾼 것에 비하면 지나치게 안이했다. 또한 패턴이 단순했고 추가 개량이 없었으며 암호문을 너무 길게 전송하는 등 초보적인 실수를 저지르기 일쑤였다. 미 육군 비밀정보국SIS 소속의 암호 전문가 윌리엄 프리드먼William Frederick Friedman은 그동안 수집한 정보를 토대로 1940년 말 퍼플 해독에 성공했다. 덕분에 1941년 이후 도쿄와 일본 대사관이 주고받는 메시지 대부분을 해독할 수 있었다. SIS에서는 이 작업을 '매직'이라고 불렀다. 그러나 정작 진주만 기습은 제때 파악할 수 없었다. 일본

밖에서 주고받는 암호문과 달리 일본 국내에서 오가는 암호문을 가로챌 방법이 없었기 때문이었다. 이것이 '매직'의 한계였다. 게다가 일본 군부는 진주만 기습의 구체적인 정보를 외무성에 제공하지 않았다. 미국은 일본군의 동향이 심상치 않다는 건 알았지만 언제 어디에서 어느 정도 규모로 공격이 시작될지 구체적인 내용까지는 알 수 없었다. 설령 일본군이 공격하더라도 필리핀이나 괌 정도가 되리라 생각했지, 일본 본토에서 무려 10000킬로미터 떨어진 진주만을 직접 치고 들어온다는 건 당시 관념으로는 도저히 상상할 수 없는 일이었다. 여기에는 미국 사회의 아시아인에 대한 뿌리깊고 막연한 편견과 멸시도 작용했다. 결국 진주만 기습을 비롯해 태평양 전쟁 초반 동남아에서 연전연패를 한 연후에야 미국은 일본이 만만찮은 적수임을 절감하게 되었다.

그러나 분명한 사실은 루스벨트가 음모론자들의 주장처럼 진주만 기습을 의도적으로 유도하진 않았더라도 결과적으로 기다렸다는 듯 정치적으로 써먹었다는 점이다. 진주만 기습 다음날인 12월 8일 루스벨트는 미 의회에서 이른바 〈치욕의 날〉 연설을 하면서 대일 선전포고를 승인해줄 것을 요청했다. 상원에서 만장일치, 하원에서 388:1로 가결되어(유일한 반대자는 공화당 유일의 여성 의원이자 반전주의자 지넷 P. 랜킨이었다) 2차 대전에 뛰어들었다. 하지만 루스벨트 행정부는 모든 역량을 동원하여 일본에 반격해야 한다는 여론을 무시하고 선(先) 유럽 전략에 따라 유럽 전선에 총력을 기울였다. 주된 병력과 물자는 독일과의 전쟁에 투입되었다. 일본에 대한 반격은 자연스레 우선순위에서 밀려났다. 그나마 태평양에서 미 지상군의 주력이었던 맥아더의 극동군마저 일본군에 손쉽게 무너지면서 미군은 한동안 전선을 유지하기에도 급급했다. 루스벨트 행정부는 우선 독일에 승리를 거두고 그다음으로 일본에게 칼끝을 돌릴 계획이었다. 하지만 뜻밖에도 미 해군이 미드웨이에서 대승을 거두고 과달카날의 소모전에서 일본군을 만신창이로 만들어놓은 덕분에 반격 시기는 당초 예상보다 훨씬 앞당겨지게 되었다.

〈치욕의 날〉 연설(Day of Infamy Speech)

1941년 12월 8일 워싱턴D.C. 미국 의회

미국 32대 대통령 프랭클린 델라노 루스벨트

부통령님, 하원의장님 그리고 상하원 의원 여러분

어제, 1941년 12월 7일은 우리 모두에게 치욕의 날로 기억될 것입니다. 미합중국은 일본제국의 해군과 공군에 의해 기습적이고도 계획된 공격을 받았습니다.

미국은 일본과 평화로운 관계를 유지해왔으며 그들의 간청으로 태평양에서의 평화 유지를 위하여 일본 정부, 그리고 천황과 대화중이었습니다. 그러나 주미 일본 대사와 그 측근들은 일본군 비행대가 미국 오하우섬에 폭격을 개시한 지 1시간이 지난 뒤에야 최근 우리 정부의 서한에 대한 공식 답변을 국무장관에게 전달했습니다. 이 답변서에는 더이상 외교협상을 지속하는 것이 무의미하다는 언급은 있었지만 무장공격 혹은 전쟁의 위협이나 암시는 전혀 없었습니다.

일본에서 하와이까지의 거리를 감안한다면 이 공격은 적어도 수일에서 수주에 걸쳐 치밀하게 계획되었음이 분명합니다. 그동안 일본 정부는 지속적인 평화를 희망한다는 거짓 진술과 표현으로 우리 정부를 의도적으로 기만했습니다.

하와이제도에 대한 어제의 공습은 미국 해군과 군사력에 심각한 피해를 입혔습니다. 매우 많은 미국인들이 희생되었음을 알려드리게 되어 애통한 심정입니다. 그뿐만 아니라 샌프란시스코와 호놀룰루 사이의 공해를 항해중이던 미국 선박들이 어뢰 공격을 받았다는 보고도 있었습니다.

또한 어제 일본 정부는 말레이반도에 대한 공격을 개시했습니다.

어젯밤 일본군은 홍콩을 공격했습니다.

어젯밤 일본군은 괌을 공격했습니다.

어젯밤 일본군은 필리핀군도를 공격했습니다.

어젯밤 일본 군대는 웨이크섬을 공격했습니다.

그리고 오늘 아침 일본 군대는 미드웨이 환초를 공격했습니다.

이로써 일본은 태평양 전역에 걸쳐 기습 공격을 감행했습니다. 이것은 어제와 오늘의 사건들로 명명백백해졌습니다. 미국 국민들은 이미 판단을 내렸고, 이 사건들이 우리의 생명과 안전에 어떤 영향을 미칠지 잘 이해하고 있습니다.

군 통수권자로서 저는 국가방위를 위해 필요한 모든 수단을 총동원하도록 지시했습니다.

이에 따라 우리 국민 모두는 우리에게 가해진 기습의 성격을 알게 될 것입니다.

이 계획적인 침공을 극복하기까지 얼마나 오랜 시간이 걸릴지는 모르지만, 미국 국민은 정의로운 힘을 통하여 궁극적인 승리를 거둘 것입니다.

우리 스스로를 지키기 위하여 총력을 기울이는 것은 물론, 이런 배신행위가 다시는 우리를 위험에 빠뜨리지 않도록 확고히 하는 것이야말로 의회의 뜻이요, 국민의 뜻이라고 저는 믿습니다.

위협은 여전히 남아 있습니다. 우리 국민, 우리 영토, 우리의 이익이 심각한 위험에 처해 있다는 사실을 외면할 수 없습니다.

우리 군대에 대한 신뢰와 우리 국민의 굳건한 의지로 우리는 반드시 승리할 것입니다. 신이 우리에게 가호를 내려줄 것입니다.

저는 1941년 12월 7일 일요일에 감행된 일본의 명분 없고 악랄한 공격 이후 미

합중국과 일본제국 사이에 전쟁이 시작되었음을 의회에서 승인해주기를 요청합

니다.

의회에서 유명한 〈치욕의 날〉 연설을 한
후 선전포고문에 서명하는 프랭클린 루
스벨트 대통령(1941년 12월 8일)

2. USS 호넷

항공모함은 해상 또는 육상에서 가장 치밀하고도 막강한 공격력을 구성한다. 미 항공모함은 세계 최고의 함상 전투기를 70대 이상 수용하면서 가장 치열한 전장에서 작전을 수행하도록 설계되었다. 항공모함과 승무원들은 신속하고도 섬멸적인 타격, 즉 적의 심장부를 기습하여 치명적으로 파고드는 공격을 목표로 존재한다. 이들은 목표물까지 은밀히 기동하고 강습 후에 신속히 이탈한다.

이런 목표를 달성하는 데 필요한 함재기들은 보통 세 종류로 분류된다. 전투기, 정찰-급강하 폭격기, 뇌격기. 한 척의 정규 항모에는 보통 4개의 전투비행대가 있으며 각각 독립성을 유지하는 한편 상호 협력 작전을 편다.

전투기의 주요 임무는 적군 항공기를 격추하는 일이다. 아군 급강하 폭격기와 뇌격기의 성공적인 공격을 방해하려는 시도를 분쇄하고 아군 항공모함을 공격하려는 적군 폭격기와 뇌격기를 차단하는 존재가 바로 전투기다. 항공모함이 목표물을 향해 항진하는 동안 전투기들은 '전투 정찰' 임무를 띠고 모함의 상공을 계속 비행한다. 적군의 육상 폭격기나 함재기의 기습에 대비하기 위함이다. 산소마스크를 쓰고 100노트(185km/h)의 속력으로 고고도 비행을 하면서도 연료를 아끼며 공격 시기를 하염없이 기다려야 하는 조종사에겐 그야말로 지루한 임무이다. 전투기는 저속 비행으로 연료를 아끼는지 아니면 공중전에서 스로틀을 열고 가용 옥탄을 많이 소모해버리는지에 따라 2시간에서 5시간까지 체공할 수 있다.

드디어 결전의 시간을 맞아 항공모함이 공격대를 출격시키면 전투정찰대가 증원된다. 남은 전투기들은 공격대를 지원하거나 인근에 적기가 출현하는 즉시 출격하기 위하여 대기한다.

공격대를 엄호하는 함상 전투기들은 100파운드 폭탄을 투하하기도 하고 지상에 있는 적기, 병력, 대공포대, 함정을 폭격하기도 한다. 전투기의 단독 폭격만으로 일본군 구축함을 격침한 사례도 수차례 기록되어 있다.

USS 엔터프라이즈의 함상 전투기는 작은 양익에 50구경(12.7밀리미터) 기관총을 탑재한 맥주병 모양의 그러먼 F4F 와일드캣이다. 이 전투기는 적절하게만 운용된다면 파죽지세의 제로 전투기와 비교해도 손색이 없음을 거듭 증명해왔다. 성능이 개선된 후속기 그러먼 F6F 헬캣도 미 태평양함대에 배치 준비중이다.

항공모함의 급강하 폭격기 운용은 정찰 비행대와 폭격 비행대로 이루어지지만 두 비행대는 사실상 서로 번갈아가면서 임무를 수행한

그러면 F4F 와일드캣. 접이식 날개(F4F-4)와 고정식 날개(F4F-3)의 비교

지상 주기장에 있는 F4F 와일드캣(1942)

그러먼 F6F-3 헬캣

다. 매일 새벽과 오후 갑판으로 올라온 급강하 폭격기들은 항공모함 전방과 주변 수킬로미터 반경을 정찰하기 위하여 출격한다. 이들 급강하 폭격기들은 '항공모함의 눈'이며, 이들의 무선 보고를 바탕으로 공격 계획이 수립된다.

공격 시 급강하 폭격기는 프로펠러 뒤에 500파운드나 1000파운드 폭탄을 적재한다. 개전 이후 미 해군 급강하 폭격기의 주력은 더글러스 SBD 돈틀리스였다.

항공모함의 제4비행대는 뇌격기다. 뇌격기 조종사는 한 가지 목표를 마음에 새긴다. 그는 티엔티TNT로 가득찬 크고 다루기 힘든 무기를 탑재해야 한다. 동체 하부에 폭탄을 장착한 채 적함의 수백 미터

더글러스 SBD 돈틀리스　　　　　　더글러스 TBD 데버스테이터

거리까지 접근하여 요격과 격침이 가능한 위치에서 투하해야 한다. 뇌격기를 수평 폭격, 활강 폭격, 수색 등 다른 용도로 쓸 수도 있으나 원래 목적은 어뢰를 효과적인 공격 지점까지 가져가는 데 있다. 미 해군의 뇌격기는 더글러스 TBD 데버스테이터이며 이들을 교체하고 있는 기종이 그러면 TBF 어벤저다.

태평양 전쟁 초반 일본 해군을 저지했던 미 해군 함상기 삼총사

————

1) F4F 와일드캣 함상 전투기: 그러먼사에서 개발했으며 훗날 냉전기 최강의 제공 전투기로 명성을 떨친 F-14 톰캣까지 이어지는 '고양이' 시리즈의 맏형이기도 했다. 1937년 9월에 첫 비행을 한 뒤 1940년 12월부터 1945년까지 7885대가 생산되었다. 제로 전투기에 비교하면 기동성과 선회 능력에서는 뒤지는 반면 방어력과 화력에서는 월등하여 훌륭한 맞수이기도 했다. 특히 기체가 견고하여 설령 피탄되어도 조종사의 생존을 최대한 보장했다. 조금만 피탄되어도 조종사의 사망으로 이어지기 십상이었던 제로 전투기와의 결정적인 차이점이었다. 전쟁 초반에는 항공기 성능보다도 조종사 개개인의 실력 차이가 워낙 컸기에 큰 피해를 입기 일쑤였지만 미군 파일럿들은 점차 제로 전투기의 약점을 알게 되었고 산호해 해전 이후부터는 거의 대등한 전투를 벌일 정도였다. 미드웨이와 과달카날에서도 크게 활약하여 태평양의 제공권을 미국이 장악하는 데 중요한 역할을 했다. 1943년부터 더욱 신형인 F6F 헬캣과 F4U 코르세어가 등장하면서 와일드캣은 점차 2선으로 밀려났지만 호위 항모 등에 배치되어 종전까지 운용되었다. 승무원 1명, 엔진 1200마력, 최대속력 519km/h, 항속거리 1240km, 12.7mm M2 중기관총 6정 탑재.

2) TBD 데버스테이터 함상 뇌격기: 더글러스사에서 1935년에 개발했으며 1937년 8월부터 생산되었다. 미 해군 사상 처음으로 항모에서 운용한 함재기로 개발 당시만 해도 세계 최강의 뇌격기로 평가받았으나 2차 대전을 앞두고 열강들 사이에 본격적인 군비 경쟁이 벌어지면서 태평양 전쟁 개전 시점에는 완전히

구식으로 전락했다. 신예기 개발이 늦어진데다 미국은 전쟁 준비가 전혀 되어 있지 않았으므로 실전에 투입되기는 했지만 속도가 느려 제로 전투기들의 움직이는 표적으로 전락하여 일방적인 학살을 당하기 일쑤였다. 결국 미드웨이 해전 이후 잔여 항공기들은 후방으로 돌려 훈련에 사용했다. 승무원 3명, 엔진 900마력, 최대속력 332km/h, 항속거리 700km, 7.62mm 기관총 2정(전후방 각 1정), 폭탄 450kg 탑재.

3) SBD 돈틀리스 함상 폭격기: TBD 데버스테이터와 마찬가지로 더글러스사에서 개발 및 생산했으며 1940년 5월에 첫 비행을 했다. 그러나 TBD 데버스테이터가 실패작으로 평가받은 것과 달리 돈틀리스는 2차 대전 내내 큰 활약을 했으며 총생산 6천여 대에 달하는 걸작으로 명성을 떨쳤다. 특히 미드웨이 해전에서는 일본 항모 4척을 격침시켜 태평양 전쟁의 승패를 가르는 데 결정적인 역할을 했다. 승무원 2명, 엔진 1200마력, 항속거리 1800km, 최대속력 410km/h, 12.7mm 기관총 2정(전방), 7.62mm 기관총 2정(후방), 폭탄 1톤 탑재.

항공모함의 공격력은 전투기, 급강하 폭격기, 뇌격기를 적기에 완벽한 협력 작전으로 운용할 때 극대화된다. 그래야 각 비행대대가 폭격 강도를 높일 뿐 아니라 서로 엄호해줄 수 있는 여지도 높아진다. 전술은 다양하지만 적함에 대해 가장 효과적인 3연타 공격은 1차로 급강하 폭격기가 폭탄을 쏟아붓고 2차로 전투기가 (적기가 없는 상황이라면) 기총 공격에 돌입해 모든 화력을 집중하는 바로 그 시점에 3차로 뇌격기들이 수중 어뢰를 투하하는 것이다. 이 경우 적함의 대공포들이 무력화된 상황에서 뇌격기들이 유효거리까지 접근하여 어뢰를 투하할 수 있다.

항공모함의 비행갑판은 지상 비행장에 비해서 상당히 협소하여 함상에서의 비행 조작은 시간상으로는 초 단위까지, 거리상으로는 센티미터까지 세분화된다. 출격하기 전에 모든 항공기들이 갑판 후반부에 자리잡는다. 맨 앞에 전투기, 그다음 급강하 폭격기, 뇌격기 순이다. 항공기들의 간격이 촘촘하여 분당 1200회 회전하는 프로펠러 깃과 앞 항공기의 꼬리 날개 사이가 15센티미터도 채 되지 않는 경우가 종종 있다. 한번에 가능한 한 여러 대의 항공기를 갑판에 올려놓기 위하여 항공기의 날개는 접는다.

항공모함이 정풍(바람이 불어오는 방향)으로 항행하는 동안 아일랜드 구조(함교)의 항공관제소에서 항공관제장(1942년에는 항공장교)가 사출장교(발함장교)에게 고개를 끄덕여 보이면 대기중인 첫번째 전투기가 이함 준비를 한다. 사출장교가 오른손에 든 신호봉을 흔들면 전투기 조종사는 아직 브레이크를 적용한 상태에서 엔진을 최대출력

항공모함 비행갑판에 있는 어레스팅 와이어. 항공기의 후미고리가 항공모함의 어레스팅 와
이중 하나에 항공기의 후미고리가 걸리고 이어에 걸리기 직전
감속이 이루어진다.

으로 올리고 엄지를 들어올려 동체에 이상이 없음을 알린다. 그다
음 사출장교가 함수 쪽을 가리키면 전투기 조종사는 브레이크를 풀
고 동체가 육중하게 갑판을 미끄러진다. 첫번째 전투기가 함수를 날
아오르면 곧 다음 전투기가 날개를 펼치고 출격 준비를 한다. 이렇게
차츰차츰 갑판이 비워지고, 출격할 항공기가 더 있는 경우에는 격납
고 갑판에서 대형 승강기를 이용해 비행갑판으로 올린다.

항공기들이 돌아와 착함하는 경우에는 정풍 방향으로 항행하는
항공모함에서 착함신호장교가 정해진 위치에 자리를 잡는다. 갑판에
대여섯 개의 어레스팅 와이어[1]가 있는데, 항공기에는 갈고리 모양의
후미고리tailhook가 있어 착함시 어레스팅 와이어 중 하나에 걸리게

[1] 항공모함에서 함재기 착륙을 돕기 위해 비행갑판 위에 튀어나와 있는 여러 가닥의 강철
케이블. 착륙중인 항공기 후미에서 갈고리가 나와 케이블에 걸리면 케이블이 항공기를 낚아
챈다.

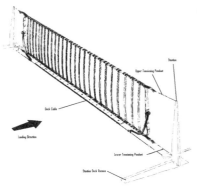

된다. 만약 항공기의 후미고리가 함미 쪽에 가까운 첫번째 어레스팅 와이어에 걸린다면 급감속이 가능해 상대적으로 여유 있게 착지할 수 있다. 방벽에 가까운 와이어일수록 걸리는 힘이 세지고, 맨 마지막 와이어에 후미고리가 걸리는 경우에는 개가 목줄 끝까지 달리다가 멈추듯 항공기가 급격히 당겨진다. 항공기가 방벽이나 방책에 충돌해도 그렇게 심각한 상황은 아니다. 시속 65킬로미터로 달리는 자동차가 벽돌 벽에 부딪히는 정도의 충격 정도랄까. 안전벨트를 매고 있던 조종사라면 대개 눈에 멍이 들거나 입술이 찢어지는 정도의 부상만 입고 대기실로 향하곤 한다.

전투기 조종사는 외로운 상어다. 혼자 비행하고 혼자 화내며 혼자 얘기한다. 반면에 급강하 폭격기와 뇌격기에서는 조종사 외에 추가로 승무원 1, 2명이 비행과 교전의 감정을 공유한다.

급강하 폭격기 조종사와 통신수 겸 사수―후자는 조종사 뒤에서

노픽 해군기지에 정박해 있는 USS 호넷(1942년 2월)

기관포를 마주보고 동체의 꼬리 너머로 하늘을 응시한다―는 뇌격기의 승무원들보다 더 친밀해진다. 급강하 폭격기에 몸을 싣고 태양 아래 창백한 창공으로 솟구친 두 사람은 결속감을 느끼기 마련이다. 긴 초계비행 동안 이런저런 농담을 주고받기도 하고, 고향에 남겨두고 온 서로의 여자친구 얘기를 늘어놓거나 때로는 인터폰에 대고 노래를 부르기까지 한다. 제이미는 위험한 폭격 임무를 띠고 출격할 때면 어김없이 통신수 겸 사수에게 "난 세상을 불태우고 싶지 않아. 그저 사랑을 하고 싶을 뿐이야"라는 유명한 노래를 요들 창법으로 불러준다. 함께 비행하는 시간이 길고 조종사가 매번 같은 대원과 출격한다면 그들은 단 몇 번의 비행만으로 서로를 아주 잘 알게 된다.

우리가 항모전단에 합류하기 위해서는 항공모함 갑판에 착함할 수 있는지 증명해야 했다. 우리는 줄곧 그 기회를 기다리고 있었다.

미 해군의 최신 요크타운급 항공모함 중 하나인 USS 호넷은 진주만 공습 당시 노퍽 해군기지[2]에 있어서 화를 면했다. 3월 4일 노퍽을 떠난 호넷이 우리 시야에 보이기 시작한 것은 3월 20일 금요일이었다. 그로부터 몇 시간 후에 호넷은 앨러미다 해군 항공기지에 정박했다. 좌우 비대칭의 독특한 선체 구조가 수평선과 대비되어 멀리서도 눈에 띄었고, 성큼 앞으로 다가와 해협을 통과할 때는 무지막지한 괴물처럼 보였다.

---

2 미 동부 버지니아주에 있는 미 해군 최대의 군항. 워싱턴 남쪽으로 230킬로미터 떨어져 있다. 진주만과 함께 미 해군의 양대 거점으로 당시에는 대서양함대 사령부가 있었다.

진주만 기습 이후 미 해군의 주력으로 태평양을 누볐던 요크타운급 항공모함

1920년대 워싱턴 해군군축 체제에서 탄생한 요크타운급 항모는 기준 배수량 20000톤, 만재 배수량 25900톤, 함재기 90대를 탑재할 수 있어 신형 엑시스급 항모가 등장하기 전인 2차 대전 초반 렉싱턴급 항모와 더불어 미 해군을 대표하는 주력 항모였다. 요크타운급 항모는 총 3척 건조되었다. 1938년에 취역한 요크타운(CV-5)과 엔터프라이즈(CV-6), 1941년에 취역한 호넷(CV-8)이었다. 진주만 기습 당시 요크타운과 호넷은 대서양에 있었고 엔터프라이즈만이 태평양에 있었으나 개전과 함께 3척 모두 태평양으로 투입되어 산호해 해전, 미드웨이 해전 등 굵직굵직한 해전에서 맹활약했다. 하지만 요크타운과 호넷은 도중에 격침되었고 3척 중 마지막까지 살아남아 종전을 맞이한 함선은 엔터프라이즈밖에 없었다. 엔터프라이즈는 태평양 전쟁 처음부터 마지막까지 거의 모든 해전에 참전했으며 수많은 전투에서 몇 번이나 침몰당할 뻔했다. 1945년 5월에는 규슈를 공습하다가 가미카제 공격으로 큰 피해를 입고 전선을 이탈해야 했다. 1958년 마지막 항해 후 퇴역하고 스크랩 처리되어 '불침함'의 마지막을 장식했다. 2018년에는 한 심해 탐사선이 태평양 심해에 잠들어 있던 호넷의 잔해를 76년 만에 발견하기도 했다.

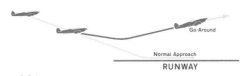

고어라운드

토요일에 레드 비행대와 블루 비행대 소속 조종사들은 호넷에 승함하여 단기 항해를 하면서 착함 능력을 시험받으라는 명령이 내려왔다. 우리는 여러 주 동안 착함신호장교 역할을 하면서 꼼꼼히 지도해준 레이 니덤 대위의 통솔 아래 항공모함 착함 모의 훈련을 해왔다. 드디어 우리 스스로 기동중인 항공모함 갑판에 착함할 수 있다는 걸 입증할 때였다.

니덤은 조종 훈련생 개개인의 잘못을 찾아내는 데 무척 관심이 많았다. 심지어 그들이 1년 뒤에 돌아와도 훈련 시절 어떤 실수를 했는지 일일이 기억해 얘기할 정도였다. 어떤 훈련생은 '착함 접근 경로의 마지막 지점에서 포기하는 고어라운드Go-around'를 계속했다. 어떤 훈련생은 너무 서둘렀다. 또 어떤 훈련생은 '고도를 높이라'는 패들(paddle, 착함 신호에 사용하는 노 모양 막대―옮긴이) 신호를 따르지 않았다. 니덤은 다양한 방법으로 훈련생 개개인의 잘못을 바로잡았다. 육상항공모함착함훈련(FCLP)을 하는 동안 착함신호장교 위치에 서서 다가오는 항공기를 향해 연신 신호를 보내며 조종사를 착륙 위치로 유도했다. 그럴 때면 마치 직접 항공기를 조종하고 있는 것처럼 보였다. "몇 노트 빨라." 이렇게 말하기도 하고, 항공기가 착함접근의 마지막 지점에 진입할 때면 "기수를 들어, 들어, 들어" 하고 소리치기도 했다. 그러다가 어느 훈련생에게 이번에도 똑같은 실수를 저질렀다고 지적하더니 그 항공기가 옆으로 지나갈 때 도저히 못해먹겠다는 식으로 패들을 내동댕이치고는 넌덜머리나는 표정을 지으며 우두커니 서 있었다. 이쯤 되면 십중팔구 조종사는 자신의 실수를 심각하게 고민하게 된다. 조종사가 충분히 동요하고 불안해한다면 레이 니덤은 이번에는 옆을 지나가는 그 항공기를 향해 패들을 집어던질 것이다. 이런 전략은 효과가 있었다. 한편 그는 훈련생들에게 말할 때 심리학을 적용하기도 했다. 그는 말하면서 늘 미소를 짓고 훈련병에게 이런

육상항공모함 착함훈련

생각을 심어주려고 노력했다. "넌 할 수 있어. 나를 믿어."

우리는 곧 '호니 마루Horny Maru'라는 별칭으로 불리게 될 USS 호넷에 승함했다. 1942년 3월 23일 월요일이었다. 우리 중 상당수는 미 군함을 타고 해상으로 나가는 첫 경험이었다. 게다가 우리는 해군의 방식에 익숙하지 않다는 점에선 얼뜨기 신병만큼 풋내기들이었다. 승함 절차는 함미의 해군기(상관이 아니라 깃발)에 경례한 뒤 갑판 장교에게 경례를 하고 승함 허가를 구하는 것이다. 우리는 훈련소에서 해군의 관습을 배우긴 했으나 대부분 까먹은 터라 온갖 실수를 연발하고 말았다. 나를 포함하여 우리 대부분은 함미가 아니라 함수를 향해 경례를 했다. 그뿐만 아니라 신고자가 갑판 장교를 향해 전혀 군인답지 않은 방식으로 애원하는 소리까지 들려왔다. "제가 장교님 배에 타도 괜찮을까요?"

우리는 함미갑판에 올라 우왕좌왕하다가 마침 분주하게 움직이던 수병들과 마주쳤다. 자신의 임무가 무엇인지 알고 계류삭 위를 이리저리 뛰어다니는 그들이 무척이나 부러웠다. 우리는 곧 명령서를 가지고 함장실로 가서 신고하라는 지시를 받았고, 그곳에서 다시 갑판 사관실로 가서 선실을 배정받았다. 나는 갑판사관이 소령임을 알고 깜짝 놀랐다. 무척 당혹스러운 일이었다. 특별한 근거가 있었던 건 아니지만 대위이겠거니 생각했던 것이다.

다른 승무원들을 상대로도 실수는 계속됐다. 길을 잃은 우리는 "식당이 어느 쪽인가?"라고 수병들에게 물었다. "식당은 함미 중앙 제1갑판에 있습니다." 그 대답을 듣고도 별반 나아진 건 없었다. 코밍

(방수를 위해 두른 테두리판―옮긴이)에 걸려 넘어지는가 하면 뱃멀미를 하고, 함장실로 들어가려다가 해병대 보초에게 제지당하거나 강철 사다리에 정강이를 부딪쳐 시퍼렇게 멍이 들기도 했다.

출항 준비를 끝낸 '호니 마루'가 예인선들에 이끌려 해협으로 이동한 시간은 오전 10시 30분이었다. 구축함의 호위를 받으며 해역으로 나간 항공모함은 남서쪽으로 항로를 잡았다. 우리가 미처 깨닫지 못한 사이에 육지가 시야에서 사라져버렸다. 청량한 바닷바람의 소금 냄새와 훤히 펼쳐진 갑판 너머로 항공기들이 일으키는 바람이 기분을 북돋웠기에 우리는 가능한 한 갑판에 나가 시간을 보냈다. 함교의 거대한 확성기를 통하여 집합나팔 소리와 갑판사관의 우스꽝스럽고 날카로운 호루라기 소리에 이어서 명령과 통지가 연신 쏟아져나왔다. 항공모함 갑판에는 늘 소음이 있었다. 함교의 각종 장비 사이를 지나가는 바람의 거친 포효, 선체를 따라 갈라지는 요란한 파도 소리, 바다를 나아가는 육중한 선체의 굉음……. 사실 이런 소음만 있다면 혼란이라기보다 평화를 의미했다. 연돌에서 뿜어지는 연기들도 금세 바람에 흩날려서 보고 있기에 불쾌하지 않았다.

"굉장해." 딕 재커드가 말했다. "캐서린 헵번(1907~2003, 당시 인기 최고였던 미국 배우로 아카데미 여우주연상을 네 번이나 수상했다―옮긴이)이 저 함교에 서서 머리칼을 바람에 날리며 하염없이 하늘을 바라본다고 생각해봐. 죽이잖아."

나는 딕과 제이미 그리고 다른 동료들과 함께 정오 직후에 장교식당으로 내려갔다. 음식과 배식의 수준이 높아서 우리는 깜짝 놀랐다.

장교식당은 항공모함의 가로 방향으로 배치된, 천장이 낮고 밝은 조명을 갖춘 홀이었다. 우리는 보들보들한 리넨 식탁보를 씌운 기다란 탁자 앞에 자리를 잡았다(중위 이상의 상급 장교들은 따로 전용 식탁이 있었다). 흑인 식당 당번병들이—우리가 손가락만 까닥해도 달려올 만반의 준비를 하고서—맛깔나게 차려진 요리들을 가져왔다.

항공모함으로 공수된 음식과 식자재들은 대체로 처음 한 달 동안은 아주 좋은 상태를 유지하지만 한 달이 지나면서 상하기 시작한다. 신선한 우유가 제일 먼저 동이 나고, 그다음은 신선한 계란, 녹색 잎과 신선 채소, 고기 순으로 없어진다. 그런 뒤에는 장교든 병사든 구분 없이 분말 우유, 분말 계란, 통조림 과일과 채소와 고기로 생활한다. 이런 상황에서도 보급관은 교전 전후에는 늘 조종사들의 사기 진

장교식당의 흑인 당번병들

작과 원기 회복을 위하여 어떻게든 좋은 음식을 준비한다.

점심식사를 끝낸 우리는 다시 갑판으로 나갔다가 조종사 대기실에 모였고 테스트에 앞서 레이 니덤의 마지막 격려사를 경청했다.

항공모함 비행대마다 대기실이 있어서 운항, 무선 부호, 적함과 적기 식별 훈련을 하는 날이면 조종사들은 이곳에 모여 전술 토의나 카드 게임을 하며 대부분의 시간을 보낸다. 조종사 대기실은 각자의 선실에 있는 시간을 제외하면 사실상 생활하고 잠자는 함상의 본부나 마찬가지다. 급강하 폭격기와 뇌격기에 탑승하는 사수, 통신수, 폭격수 들도 특별한 기간에 이따금씩 조종사 대기실에 모이긴 하지만 보통은 격납고 갑판에서 처리해야 할 바쁜 임무들이 많은 편이다.

이번 항해는 훈련 과정이기 때문에 정규 항공기들은 항공모함에 없었다. 우리는 전투비행대 조종사 대기실에 모였다. 니덤은 우리가 예상한 대로 항공모함 착함은 아무것도 아니라고 말했다. 우리는 그가 예상한 대로 그 말을 믿지 않았다. 나는 그가 우리를 초조하게 해서 실수하도록 만들려는 건 아닐까 했지만 그건 아니었다.

급강하 폭격기들의 착함 테스트는 오후 2시경에 시작되었다. 운용 가능한 급강하 폭격기는 8대였다. 바다는 그리 난폭하지 않았지만 파도가 심술궂고 바람이 거셌다. 항공모함의 피칭(배가 위아래로 움직이는 요동. 항공기에도 피치, 롤, 요의 동체 움직임이 있다─옮긴이)이 상당해서 램프─비행갑판 후방의 경사진 부분─가 9미터나 오르락내리락할 정도였다. 폭격기 3대는 분당 회전수가 높아지면서 엔진이 정지하는 바람에 아래 격납고로 돌려보냈다. 레이 니덤은 '조종사들이 이

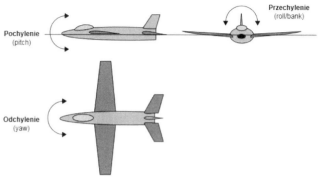

Pochylenie (pitch)

Przechylenie (roll/bank)

Odchylenie (yaw)

항공기의 피치(pitch), 롤(roll), 요(yaw)

류 전에 충분히 예열을 하지 않아서' 그런 거라고 말했다. 마침내 폭격기 5대가 갑판을 미끄러져 무사히 이함했다.

레이 니덤은 좌현에 있는 착함신호장교 플랫폼에 자리를 잡고 급강하 폭격기들의 착함 준비를 했다. 착함신호장교는 테니스 라켓처럼 생긴 원형 패들 한 쌍을 이용한다. 낮에는 대개 둥근 머리 부분에 적색 깃발을 씌우는데 일반적인 조명 아래에서 가장 눈에 잘 띄는 색이 적색이기 때문이다. 왼쪽 패들은 손잡이가 길고 오른손 패들은 짧아서 상대적으로 다루기가 쉽다.

착함신호장교는 두 개의 패들을 각각 다른 위치에서 드는 방식으로 조종사에게 착함 지점으로 접근하는 방식과 비행 고도의 적절한 조절을 지시한다. 패들 두 개를 양쪽 수평으로 뻗는 '알(R)' 또는 '로저(Roger)'는 제대로 접근하고 있음을 의미한다. 두 패들을 머리 위로 들어올리는 것은 고도가 너무 높다High는 의미다. 두 패들을 수평에서 45도 밑으로 내리면 고도가 너무 낮다Low는 의미다. 오른쪽 패들을 45도 밑으로 내리고 왼쪽 패들을 수평으로 들면 항공기가 너무 빠르다(Fast)는 의미다. 두 패들을 앞쪽으로 뻗었다가 뒤쪽으로 젓는 동작은 항공기가 너무 느리다Slow는 의미다. 항공기가 램프의 뒤쪽 적절한 위치에 진입하면 착함신호장교는 오른손으로 목을 가로질러 자르듯 '컷Cut' 신호를 보내고, 조종사는 스로틀을 닫고 착함한다. 두 패들을 머리 위로 올려 교차시키는 '웨이브 오프(Wave-Off, 착함 접근 중지)'는 착함이 불가능하거나 위험할 때 보내는 신호다. 그 밖에도 여러 신호가 있으나, 지금까지 언급한 것이 주로 많이 사용된다.

비행하지 않는 조종사들은 함교로 올라가 착함 과정을 지켜보았

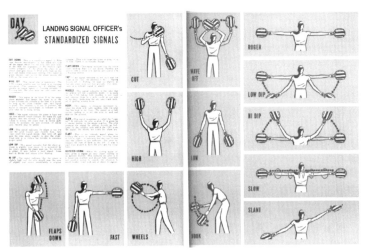

착함신호장교의 신호 예

다. 내가 생각하기에 항공모함 착함은 평상시에 볼 수 있는 가장 짜릿한 훈련이다. 스키 점프에 견줄 만하고 경마나 자동차 경주 또는 복싱보다 훨씬 더 스릴이 넘친다. 장갑판 재질에 기관총, 연료, 때로는 폭탄까지 적재한 육중하고 빠른 항공기를 짧고 좁은 갑판에 착륙시키려면 가장 노련한 조종사에게도 고도의 집중과 기술이 요구된다. 적어도 착함을 한 번도 해본 적 없어 긴장한 조종사들에겐 이처럼 짜릿한 광경도 드물다.

에드먼슨 소위가 제일 먼저 시도하여 갑판 중앙에 멋지게 착함했다. 그다음은 폴 홈버그 중위가 착륙접근 마지막 지점에서 컷 신호를 받은 뒤 갑판 좌현에 착함했다. 어레스팅 와이어에 그의 폭격기 후미 고리가 걸리자 왼쪽 바퀴가 갑판 가장자리에서 30센티미터 정도 안쪽으로 간신히 당겨졌다. 테스트를 지켜보던 우리는 그때 처음으로 자칫 문제가 생길 수 있다는 암시를 받았다.

그때부터 사고가 줄줄이 터지기 시작했다.

2차 착함에 나선 에드먼슨이 컷 신호를 받았지만 제동을 너무 길게 가져간 것이 화근이었다. 비행기가 함교와 1차 와이어 방벽으로 돌진해오는 동안 그의 면전에 경고음이 울렸다. 그는 부상을 당하진 않았지만 비행기의 프로펠러와 오른쪽 날개가 부서졌다. 착륙장치는 고장나지 않아서 갑판 승무원deck handler들이 그의 급강하 폭격기를 갑판 쪽으로 밀었다. 그는 핏기 잃은 얼굴에 절망적인 표정을 짓고서 급강하 폭격기에 앉아 있었다.

그다음에 충돌한 사람은 고더드 소위였다. 컷 신호 이후에 우현으로 너무 멀리 간 것이다. 어레스팅 와이어에 후미고리가 걸리자 오른쪽 바퀴와 날개가 갑판을 벗어나 대공포 방벽에 처박혔다. 윤축wheel shaft이 망가졌고 오른쪽 날개가 부서졌다.

급강하 폭격기가 3대 남았을 때 전투기가 테스트를 시작했다. 그러면 F4F 와일드캣 조종사들은 한동안 훌륭한 착함을 선보이는가 싶었는데, 얼마 후 그날 오후에 발생한 충돌 중에서도 가장 심각한 사고가 일어났다.

F4F 와일드캣의 딥 소위는 컷 신호를 받았지만 비행갑판 후방, 즉 램프에 바퀴를 부딪친 뒤 반동으로 튀어올랐다. 그러고는 아직 체공 중인 상태에서 와이어 방벽에 정면충돌하여 동체에 화재가 발생했다. 동체 밑의 연료 밸브가 떨어져나가는 바람에 그 위치에서 화염이 확 솟구쳤다. 딥은 문자 그대로 조종실 밖에 고꾸라져서 동체 날개에 어깨를 부딪친 후 갑판으로 굴러떨어졌다. 그는 석면복 차림의 승무원, 일명 '아스베스토스 조(〈조와 아스베스토스Joe&Asbestos〉라는 당시 신문 연재만화에서 따온 별명. '아베스토스'는 석면을 뜻한다 ─ 옮긴이)' 두 명의 품에 안길듯 떨어졌다. 그는 무사했지만 소방 요원들이 다급히 화재를 진압하는 동안 의무실로 옮겨져 군의관의 진찰을 받았다.

소방 요원들은 이산화탄소 소화기로 시작했다가 불타는 전투기를 향해 호스로 탄산수소나트륨 수용액을 분사했다. 다행히 아직 불길이 번지지 않아서 곧 진압될 거라는 게 모두의 생각이었다. 그런데 호스 압력이 일정하지 않자 곧바로 불길이 다시 맹렬해졌다. 비행갑판에도 불이 붙었다. 전투기는 열기 속에서 갈라지고 뒤틀렸다. 연료

착함 사고, 램프 충돌 1

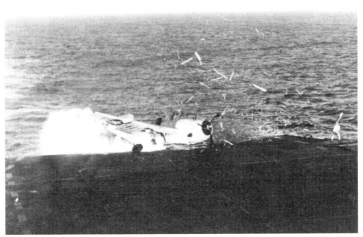

착함 사고, 램프 충돌 2. 항모에 착함 도중 램프에 충돌하여 파손되는 모습. 태평양 전쟁중 많은 항공기들이 전투가 아니라 이착함 과정에서 파손되었고 많은 조종사가 죽거나 다쳤을 만큼 위험한 일이었다.

탱크 하나가 폭발하면서 전투기 동체에 구멍이 뚫렸고 화염 속으로 연료가 뿜어나왔다. 조종석도 연소점에 다다르자 불길에 휩싸였다. 화재경보가 울렸다.

절체절명의 순간 호스의 압력이 회복되었고, 소방 요원들은 사력을 다해 화재 지역을 흰 탄산수소나트륨으로 흥건히 적시는 데 성공했다. 그들이 화재를 완전히 진압한 뒤 기괴하게 두 동강 난 전투기 동체는 격납고로 끌려내려갔다.

그날 예정된 착함 테스트가 끝난 후 우리는 저녁식사를 하고 항공모함의 비행갑판에서 2, 3층 아래 함수 쪽에 있는 선실로 내려와 착함에 관해 쉬지 않고 토론을 벌였다. 장교들은 작은 전용실에서 지냈는데 대개 방 하나를 한 명이나 두 명이 사용했다. 당번병들이 선실을 청소하고 침구를 정돈했다. 시트와 수건을 교체하고 구두를 닦아 문밖에 놓아두는 일도 그들의 몫이었다. 하나의 선실에 침상이 하나 이상인 경우에는 층층이 배치되어 있었다. 우리가 그날 밤 모여 오후의 착함 테스트에 관해 토론하고 내일 있을 테스트 생각을 곱씹었던 공간도 바로 그 말끔하고 작은 선실이었다.

다음날 아침 테스트가 재개되었다. 두번째로 이륙한 클라인먼 소위가 힘차게 갑판을 날아오르는가 싶더니 우현으로 사라지고 첨벙 물소리가 들렸다. 그의 항공기가 바다에 처박힌 것이다. 플랩 조정을 잊었던 모양이다. 잠시 후 우리는 항공기 옆에 떠 있는 그를 발견했다. 구명조끼를 입은 그가 우리를 향해 괜찮다며 손을 흔들어 보이고는 가라앉는 항공기에서 멀어지기 위하여 두 손을 뒤쪽으로 향한 채

착함 도중 연료 탱크에서 불길이 치솟은 함재기

어레스팅 와이어에 후미고리가 걸린 상태에서 통로 쪽으로 미끄러져 충돌하는 SBD 돈틀리스

물장구를 쳤다. 우리는 그의 항공기가 앞쪽부터 고꾸라져 가라앉는 모습을 보았다. 함미 쪽으로 표류하던 그와 가라앉는 항공기 둘 다 점점 작아졌다. 뒤따라오던 구축함이 그를 구조하기 위해 방향을 바꾸었다. 어느새 그는 우리의 시야에서 사라졌고 항공기는 꼬리 부분만 보이더니 결국 가라앉았다. 얼마 지나지 않아서 구축함으로부터 '조종사를 구조했다'는 점멸 신호가 전달되었고, 곧 구조 사실이 확성기를 통해 알려졌다.

이전에도 항공모함에서 착함 테스트를 지켜본 한 수병이 옆에 서 있다가 우리가 그리 나쁜 편은 아니라고 말했다. 신참 조종사들이 착함 테스트를 할 때면 대개 더 많은 사고가 일어난다고 했다. 우리는 그 수병이 과장하는 거라고 생각하면서도 점점 초조해졌다. 이미 불과 물의 위험을 똑똑히 목격한데다 아직 테스트를 통과하지 못했기 때문이다.

우리가 지켜보는 가운데 에플러 소위가 컷 신호를 받고 갑판 우현으로 진입하여 어레스팅 와이어에 후미고리를 걸었다. 그러나 우현 측면을 넘어가버려 잠시 매달려 있더니 후미고리가 와이어에서 풀리는 바람에 곧 갑판 아래쪽으로 사라졌다. 에플러는 이내 함미 쪽에서 모습을 드러냈다. 그가 수면에 가라앉았다 떠올랐다 하는 동안 항공기는 가라앉고 있었다. 그 역시 구축함에 의해 구조되었다.

"이러다가 죄다 처박히겠어." 더킨이 쉰 목소리로 말했다.

더글러스 SBD 돈틀리스가 다시 테스트를 시작했을 때는 날씨가 궂었고 파도도 높아졌다. 차례가 되어 조종석으로 뛰어올라간 나는 긴장되면서도 꼭 이 경험을 해보고 싶었다. 내가 비행갑판에 오르기 직전에 레이 니덤은 우리 대부분이 너무 높고 너무 빠르다고 말했다. 그래서 나는 착함을 준비하면서 이번엔 정반대로 낮고 느리게 해보자고 생각했다. 그러나 니덤이 내게 '웨이브 오프' 신호를 보내서 착함에 실패했다. 램에서 높이가 1.5미터도 안 되는 지점을 지나서 다시 장주비행(항공기가 착륙하기 위해 활주로 주변을 선회하는 것―옮긴이)으로 선회접근을 시도해야 했다. 2차 시도에서는 컷을 받고 착함했는데 깜박 잊고 있던 어레스팅 와이어의 장력이 너무도 강해서 깜짝 놀랐다. 그래도 착함에 성공하자 긴장감이 사라졌다. 내 기억으로는 컷 신호 때 비행갑판을 볼 수 있었는데―누군가는 내가 생애 첫 착함부터 비행갑판을 제대로 봤을 리 없다고 말할지 모르지만―아무튼 그 점에 마음이 놓였다. 그후 나는 세 번의 착함을 웨이브 오프 없이 성공하여 테스트를 통과했다.

대기실에 있는 동안 니덤이 다가왔다. 내가 첫번째 착함 시도를 할 때의 극도로 긴장한 모습과는 딴판이었다. 그는 엄지를 들어올리고 씩 웃으며 말했다. "야, 앞으로 너를 교본으로 삼아야겠다."

난생처음 착함을 경험하고 나니 기분이 묘했다. 평평한 비행갑판에서 바람은 늘 거침없고 강했다. 갑판 너머로 바다 쪽 시야를 방해하는 항공모함의 삭구나 장비도 없다. 흰 포말이 이는 바다는 상쾌했다. 구축함이 가르는 수면은 언제 봐도 우아하고 한결같았다.

함재기들이 작전에 투입되는 동안 임무에 따라 각각 다른 색 헬멧을 쓴 비행갑판 승무원들은 바람뿐 아니라 항공기들의 프로펠러에서

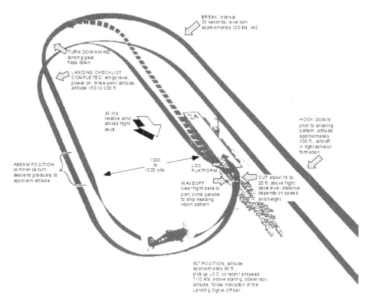

착함접근 방식(장주비행) 1

생기는 슬립 스트림(slip stream, 프로펠러가 회전하면서 발생한 바람은 곧바로 후방으로 진행하지 않고 프로펠러의 회전과 같은 방향으로 동체를 감싸면서 돌아나간다. 보통은 고속으로 달리는 자동차의 뒤를 따라가면서 공기저항을 줄이는 것으로 앞차가 뒤차를 견인하는 듯한 드래프트 효과와 함께 많이 알려졌다―옮긴이)을 맞으며 잔뜩 웅크리고 있다. 그 모습은 다른 세계에서 온 사람 혹은 원숭이처럼 보였다. 그들은 함재기가 착함할 때 어레스팅 와이어에 걸린 후미고리를 풀기도 하고 사고가 나면 그 지점으로 우르르 몰려가는 등 사방으로 날쌔게 뛰어다녔다. 그들은 갑판 어디에나 있었고 언제나 민첩하게 움직였다.

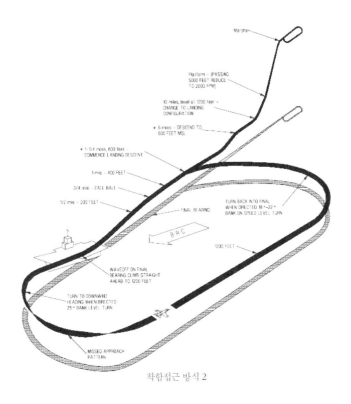

차함접근 방식 2

해질녘의 항공모함은 가장 기이하고도 가장 아름답다. 해가 지기 1시간 전 총원 전투배치 명령이 떨어지면 함상의 모든 승무원들이 각자 위치에 집결한다. 등화관제가 실시되고 모든 해치가 닫히며 저무는 해와 더불어 항공모함 주변엔 정적이 찾아든다.

아래쪽 격납고 갑판에는 희미한 불빛—적색, 녹색, 자정에는 청색—만 비춘다. 항공모함 전체는 문득 나타나는 정체불명의 그림자와 소리만 제외하면 어둡고 고요하다. 몇 명씩 모여서 작은 소리로

황혼녘의 항공모함

대화를 나눈다. 갑판 너머로 오일 팬oil pan 소리가 들려온다. 작은 손
전등에 의지하여 함재기 사이로 더듬더듬 지나가는 수병을 깜박이
는 불빛이 비추기도 한다. 격납고 승강기는 작동을 멈추고 그 자리에
선 어슴푸레한 불빛만 새어나온다. 함교에서 짧고 날카로운 호루라기
소리가 들려오면 승강기가 다시 위로 올라간다.

비행갑판에서는 승무원들이 각자의 위치에 시시 서녘으로 지는 해와 하늘에 맺힌 별들의 희미한 빛을 바라보았다. 이 신성한 시간 동안 그들은 혹여 할 얘기가 있어도 목소리를 한층 낮추고, 늘 마음에 담아두었던 어머니를 더욱 깊이 아로새겼다.

3. 전장으로

USS 호넷에서 나흘을 보낸 후 귀대한 우리는 다시 나흘이 지난 뒤 새로운 명령을 받았다.

"앞으로 이삼일은 죽어라 퍼마시겠군." 짐 셸턴이 말했다. 그 말이 맞았다.

우리가 코로나도에서의 마지막 시간 동안 왜 그리도 술을 마셔댔는지 모르겠지만 아마도 떠나갈 것들에 대한 석별의 정과 동료들에 대한 우정을 좀더 쉽게 표현하기 위해서였던 것 같다.

마지막 밤 제이미 덱스터와 그의 여자친구는 150프루프(proof, 증류주의 알코올 농도를 나타내는 단위. 150프루프는 알코올 도수 75도에 해당한다—옮긴이)짜리 데메라라 럼주를 각자 반 리터씩 마시는 데 도전했다. 빌 피트먼은 '깜찍이 내털리'를 보러 갔다. 해리 프레더릭슨은 여자친구들과 그 어머니들을 방문하러 갔는데 각 집마다 공평하게 30분씩 할애했다. 짐 셸턴과 나는 단골 술집에 앉아서 앞으로의 전망에 관해 이야기했다.

떠날 시간이 되자 우리는 각자 보급품과 소지품을 챙겨 제이미의 차에 싣고 해안을 따라 이동했다. 그러나 우리를 기다리고 있던 것은 실망스러운 대기 상황이었다. 우리를 전장으로 데려갈 수송함에 오르기까지 이틀을 더 기다려야 했던 것이다. 어쩔 수 없이 우리는 기다리는 동안 시내로 나갔다. 약간의 자극을 통하여 금세 또 기분좋게 하나로 뭉쳤다. 제이미, 짐 셸턴, 빌 피트먼, 나 이렇게 넷은 마지막 밤에 가지고 있던 현금을 전부 써버린 다음 수송함으로 돌아가기 위해 수표로 택시비를 냈다. 그렇게 돌아가던 도중 피트먼이 자기 주머니에 들어 있던 1달러 지폐를 발견했다. 그는 지폐를 4등분으로 찢더니 행운의 징표로 네 명이 하나씩 나눠 가지자고 했다. 우리는 지폐 조각을 각자 지갑에 넣었으나, 그 부적은 그리 효험이 있진 않았다. 우리 중에서 고국 땅을 다시 밟은 사람은 두 명뿐이었으니까.

다음날(멋진 봄날이었던 4월 8일) 아침 9시 30분, 수송함은 예인선들에 이끌려서 항구를 벗어나 해상으로 나갔다. 다른 수송함을 비롯해 구축함, 순양함 등 여러 척의 함정들이 보였다. 우리가 탄 수송함은 만을 따라 항해했다.

그날 아침 만을 따라 우리 시야에서 멀어지던 도시는 아름다웠고 깨끗했으며 생기 넘치고 푸르렀다. 남쪽 언덕 위로 우후죽순처럼 솟구친 마천루들이 우리가 바다로 나아가는 동안 햇빛을 받아 반짝이고 있었다. 언덕의 신록과 아름다운 항구 풍광이 대도시의 매연과 딱딱한 모습을 가리고 그 대신 청량하고 싱그러운 인상을 남겨놓았다.

항구를 벗어나 바다로 나가는 수로로 접어들었을 때 우리 수송함 양쪽으로 구축함이 한 척씩 나란히 가고 있었다. 함미 쪽에서 갈매기들이 원을 그리며 시끄럽게 울었다. 배가 항행하면서 갈라낸 파도로 양쪽에 생기는 너울과 바닷물의 쇳소리가 줄곧 익숙한 조합을 이어갔다. 배가 부표들을 연달아 지나칠 때마다 느리고 음울한 벨 소리가 들려왔고 때로는 심해 동굴 어딘가에서 나오는 비현실적인 경고 같은 신음소리가 들려오기도 했다. 함미 쪽에 상어들이 나타났지만 수송함을 따라오지는 않았다.

해안이 어렴풋한 윤곽으로 변하면서 우리는 대양의 단조로움과 고독 속으로 빠져들었다. 수송함이 기운찬 바다의 긴 파도를 힘겹게 헤쳐나가는 동안 다채로운 소음이 리듬이나 정확한 음정은 없지만 느리고 구슬프고 집요하게 들려왔다. 갑판 생활은 삐걱거림과 덜컥거림과 신음과 윙윙거림과 펄럭거림의 연속 같았다. 배는 솟구치다가 떨어졌고 구르다가 기울었다. 바람이 고정밧줄과 핼야드(용총줄, 닻·깃발을 달거나 내릴 때 쓰는 밧줄—옮긴이) 사이를 지나며 신음하고 방수포가 계류 장비를 두드려대는 등 사방에서 부딪치고 긁어대는 소음들이 들려왔다. 이 모든 것을 이해한다는 얘기는 거대한 스크루로 바다에 자국을 내며 나아가는 수송함 내부의 엔진들이 꾸준히 연주하는 음악을 이해하는 것과 같다.

제이미와 내가 배정받은 경계 근무 위치는 후미 상갑판이었다. 해협을 벗어나자마자 우리는 그곳으로 향했다. 절대 보이지 않을 거라고 생각하면서도 일본군 항공기를 찾아 하늘을 살펴보는 동안 또다시 바다의 기묘한 단순함에 기분이 좋아졌다. 우리는 함미에서 소금 입자들이 녹았다가 저절로 부글거리는 항적으로 바뀌는 것을 지켜보았다. 바다가 가져다준 마음의 평온을 만끽하면서 담배를 피우고 있노라면 몸에 와 닿는 물보라가 느껴졌다. 때때로 고래가 보이기도 했다. 처음에는 고래가 내뿜는 분수가, 그다음에는 검은 형체가 수면에 나타났다.

적의 공격, 특히 잠수함 공격을 받을 위험이 늘 도사리고 있었지만 겉으로는 평온하게만 보이는 상황이었다. 게다가 전장에 익숙하지 않았던 우리는 피격 위험을 그리 심각하게 여기지 않았다. 나흘째 되는 날 우리의 군기는 무척 느슨해져 있었다. 이때부터는 근무 시간 외에 구명조끼를 입지 않아도 됐다. 16시간마다 4시간씩 경계 근무를 서는 것 외에 해야 하는 일이라고는 먹고 자고 읽고 수다를 떠는 것뿐이었다. 기온이 오르면서 따뜻한 하늘과 건강에 좋은 부드러운 바람이 함상 생활을 느긋하고 쾌적하게 만들었다.

함상의 조용한 일상 속에서 나는 동료들을 전보다 더 잘 알게 되었다. 뼛속까지 로맨티시스트인 제이미는 알고 보니 전쟁을 거대한 모험으로 생각하고 있었다. 후미 상갑판에서 경계 근무를 설 때면 그는 전투에서 겪게 될 감정이나 전쟁이 끝난 후의 계획에 관해 말하곤 했다. 그는 전쟁이 끝나면 남아메리카에 가고 싶다고 했다. 그곳에 가면 기회가 있을 것 같아서, 그리고 새로운 개척지의 매력이 느껴져서라고 했다. 제이미는 『존 폴 존스』, 『태양은 내 파멸』, 『앤서니 애드버스』 같은 책을 읽었다. 일기를 쓸 때는 "서기 1942년 4월 열나흘째

날"같이 예스러운 표현을 사용했다. 종종 그가 자신을 앤서니 애드버스(윌리엄 허비 앨런의 로맨스 소설 『앤서니 애드버스』의 주인공. 1936년 워너브라더스사가 영화화했다. 당시에는 〈바람과 함께 사라지다〉에 버금가는 블록버스터 대작이었다―옮긴이)와 같은 부류로 생각하는 건 아닐까 싶을 정도였다. 하지만 무척이나 상냥하고 섬세한 유머감각을 지녔던 그에게 앤서니 애드버스와 비슷한 면은 별로 없었다.

나는 제이미가 종사(從士. 고대 게르만족 사회에서 유력자를 따라다니며 호위하던 사람―옮긴이)의 삶을 열망하고 있다고 생각했다. 그는 테니스, 수영, 스키 등 스포츠를 좋아했고 '경력' 쌓기에 고심하는 것 같았다. 칵테일파티에서는 언제나 여주인과 부인네들에게 정중하게 처신했다. 주방에서 그들을 도와 칵테일을 만들거나 손님들에게 가져다주기도 했다. 모든 여성에게 신사답고 거의 기사도에 가까운 태도를 취했는데, 우리가 꺼리는 몇몇 노파들한테도 예외는 아니었다. 코로나도의 젊은 아가씨들은 그를 완벽한 남편감으로 생각했다.

그러나 이 정도로 제이미를 다 알았다고 생각하면 속단이다. 그는 자기 어머니도 끔찍이 아꼈다. 삶에서 그의 태도를 결정하는 것은 이성이 아니라 가슴에 밴 감성이었다. 그렇다고 제이미가 바보라는 말은 아니다. 그는 현실적인 문제 앞에서 두뇌 회전이 빨랐고 계획한 일을 대단한 추진력으로 실천했다.

한편으로 그는 슬픈 얼굴을 한 로맨티시스트도 아니었다. 오히려 쾌남아였다. 월요일에 칵테일 시간(저녁식사 전인 오후 4시에서 6시경―옮긴이)이 다가오면 '라 피에스타'로 가서 마지막으로 한잔하자고 하는 사람은 대개 제이미였다.

딕 재커드 역시 내면에 로맨티시스트 기질이 다분했으나 그에게 큰 영향을 끼친 것은 건전하고도 유쾌한 냉소주의였다. 그는 기발한 말이나 과장된 말을 들으면 대부분 가장 크게 웃는 사람이었고 애국심을 유발하려는 저급한 호소에 아주 민감했다. 딕은 금발 미남이었고 몸놀림이 유연하고 우아했다. 나는 그를 '송골매'라고 부르곤 했는데 조종사 헬멧을 쓴 모습이 송골매를 닮아서였다. 다른 전우들은 그를 '제이크 더 레이크(촌뜨기 난봉꾼)'나 '신사 재커드'라고 부르기도 했다. 겉으로 보면 딕은 재치 넘치고 전염성 강한 웃음을 지으며 언제 어디서나 명랑한 사람이었다. 그렇지만 나는 그의 생각에 골몰한 얼굴과 밑으로 내려간 입꼬리를 몇 번인가 본 적이 있었다.

재커드에게는 그를 괴롭히는 근본적이고도 철학적인 기질이 있었지만 결코 남들에게 그런 점을 드러내지 않았다. 어쩌면 딕 자신도 그 정체를 몰랐던 듯하다. 어쨌든 그는 겉보기엔 자연스럽고 생기 넘치는 쾌활함으로 자신의 의심과 회의감을 잘도 숨기곤 했다. 그는 명석한 두뇌와 꾸밈없는 웃음과 뜨거운 열정을 지닌 사람이었다. 언제나 흥을 돋을 수 있는 일이면 무엇이든 기꺼이 하려고 했고, 나는 그런 그를 좋아했다.

짐 셸턴은 내가 아는 가장 관대한 사람이었을 것이다. 수중에 돈이 있으면 누구에게든 빌려주었고 언제나 동료 대신 경계 근무를 섰으며 대화중에 똑똑한 척한 적이 단 한 번도 없었다. 그냥 타인을 위해 살려고 태어난 사람 같았다.

함상에는 간호사가 10명 있었다. 그중 한두 명은 예쁘장했지만 의무담당 장교들 외에 그들에게 크게 관심을 두는 사람은 없었다. 우리는 허튼짓일랑 머릿속에서 지워버리고 섹스라는 도전과 응전보다 더얻을 것이 많은 모험을 열망하고 있었다. 객관적으로 보았을 때 특별한 연애의 밀고 당기기가 관심을 끄는 건 사실이었지만, 내 생각에그때 우리는 연애에 대해 다소 관대하고도 초월적인 태도를 취하고있었던 것 같다.

9일째 날(4월 17일 목요일) 아침 일찍 하와이제도의 몰로카이섬이시야에 들어왔고, 우리 수송함은 남쪽으로 항로를 변경해 몰로카이

항공모함 USS 렉싱턴(CV2)과 다이아몬드헤드

와 오아후 사이를 지나갔다. 두 섬이 가까워져오자 모두 섬들을 보려고 갑판에 나와서 다투어 앞쪽으로 몰렸다. 어떤 곳이 다이아몬드헤드인지 분간하기가 녹록지 않았다. 육지에서 맨 처음 보이는 부분이 다이아몬드헤드라는 말을 듣긴 했지만 특히 북쪽에서 접근하는 경우에는 그게 어디인지 분명치 않았다.

수송함은 대잠망(잠수함 진입을 막기 위하여 해안이나 수로에 쳐놓는 강철 그물 —옮긴이)을 통과하여 진주만에 입항했다. 우리는 완전한 파괴의 현장을 예상하면서도 막상 그 모습을 두 눈으로 확인하면 얼마나 크게 충격받고 망연자실하게 될지 마음의 준비를 단단히 하고 있었다. 그런데 일본의 공습이 있었던 12월 7일 이후 넉 달 반이 지난 시점이라 소문과 참상에는 상당한 차이가 있었다.

물론 모조리 헛소문만은 아니었다. 만 전체가 폭 60센티미터의 기름 막으로 에워싸여 있었다. 침몰한 전함에서 떨어져나온 커다란 강철 돛대들이 수로의 초입 둑에 놓여 있었다. 만의 중앙에 있는 포드섬을 지나칠 때 우리는 전복된 오클라호마호의 녹슨 선체를 보았다. 그 옆으로 캘리포니아호의 포탑들이 수면에 스칠듯 드러나 있었다. 애리조나호의 휘고 뒤틀린 쇳덩어리가 캘리포니아호 바로 뒤에 있었다. 포드섬 반대편에는 표적함 유타호가 하늘을 향해 용골을 드러내고 있었다. 포드섬에 있던 격납고 중 한두 곳은 건물 뼈대만 남아 있었다.[1]

1　진주만 기습으로 주력 전함 4척(애리조나, 오클라호마, 웨스트버지니아, 캘리포니아)과 구식 전함 유타 등 총 18척의 군함이 침몰하거나 손상을 입었다. 그러나 이중 이양을 포기한 것

그 외에 일본군이 남기고 간 대파괴 현장은 상당 부분 복구중이었다. 나는 진주만이 생각보다 작다는 점에도 놀랐다. 미국의 노퍽이나 샌프란시스코 같은 대규모 군항과 비교해도 진주만은 매우 중요한 요지라고 생각했기 때문이다. 어쩌면 진주만이 쭉 펼쳐진 오아후섬의 푸른 남안南岸에 뒤로 우뚝 솟은 산들을 배경으로 너무도 수수하게 자리잡고 있어서 작아 보였는지도 모르겠다.

반면에 하와이는, 더 정확히 말해 오아후섬은 내 기대에 부응했다. 온통 녹색으로 뒤덮인 높은 산들, 사탕수수와 파인애플로 가득한 비탈진 농장 지대, 뜨거운 태양과 눈부신 바다 그리고 섬섬옥수 같은 백사장, 이 모두가 그곳에 있었다.

오아후섬에 상륙한 우리는 포드섬을 가로질러가 우리를 비행대에 배치한 전투비행단장에게 착임 보고를 했다. 그동안 뇌격기 조종사로서 지상 훈련을 받아왔던 우리 중 9명은 제3뇌격비행대에 임시 배속되었다. 우리는 다음날 팔리를 지나 카네오헤 해군기지로 가서 대대장인 매시 소령에게 보고했다. 우리가 전쟁이 시작된 이후 최초로 그곳에 배치된 신참 뇌격기 조종사인 듯했다.

나와 존 아미티지, 밥 디바인 이렇게 세 명은 원래 항공모함 USS 렉싱턴의 제2뇌격비행대에 배속받아서 곧 그쪽으로 이동하게 되어 있었다.

은 애리조나, 오클라호마, 유타 3척뿐이었다(오클라호마는 본토로 이양중에 침몰했다). 나머지는 수리를 거쳐서 일선에 복귀했다. 그중 캘리포니아는 1944년 1월에 복귀하였고 레이테만 해전 당시 역사상 최후의 대규모 수상함 전투였던 수리가오 해전에서 제77.2기동부대 소속으로 참전하기도 했다.

진주만 공습 직후의 카네오헤 해군항공기지

호넷 비행갑판의 B-25 미첼과 돈틀리스 급강하 폭격기. 왼쪽으로 나란히 항행중인 구축함USS
그윈(DD-433)과 멀리 보이는 경순양함USS 내슈빌(CL-43)

그동안 항공모함 호넷은 획기적인 작전을 수행하고 있었다. 사실 전황은 여전히 불리했고 미군의 사기는 바닥을 치는 중이었다. 이런 상황에서 루스벨트 대통령은 진주만 공습에 대한 보복과 더불어 미군뿐만 아니라 국민의 사기 진작을 위한 작전이 필요하다고 여겼다. 일견 엉뚱하고 불가능해 보였던 이 작전이 바로 일본 본토 공습이었다. 해군 함재기보다 항속거리가 긴 육군 폭격기를 항공모함에 탑재한 뒤 일본에 최대한 접근하여 본토를 기습 폭격한다는 복안이었다. 이 작전을 제안한 사람은 대잠수함전 전문가인 해군참모총장실의 프랜시스 스튜어트 로 대령이었고 실행한 주역은 미 육군 항공대의 둘리틀 중령이었다. 작전에 투입될 폭격기로는 B-25 미첼, 항공모함으로는 USS 호넷이 결정되었다. 문제는 함재기보다 육중하고 활주거리가 긴 B-25가 항공모함의 짧은 비행갑판에서 이착함할 방법이었다. 그리하여 장비를 최대한 덜어내 B-25의 무게를 줄이고 연료 탱크를 보충했다. 이렇게 개조한 B-25로 둘리틀 중령과 육군의 베테랑 조종사들이 훈련을 시작했다.

B-25 미첼

———

2차 대전 당시 미 육군의 주력 쌍발 중형 폭격기. '미 공군의 아버지'로 불리는 윌리엄 빌리 미첼 준장의 이름을 따왔다. 노스아메리카 항공에서 1940년 8월 개발하여 1941년에 생산에 착수했으며 도합 9800대 제작되었다. 원래는 중고도 폭격용이지만 저고도 지상 지원과 태평양에서의 일본 함선 공격에 투입되었고 특히 물수제비 폭격 전술로 많은 전과를 올렸다. 미 육군 외에 여러 동맹국들에도 대량 공여되었다. 아시아에서는 약 230대가 무기 대여법에 따라 장제스 정권의 중국 공군에 제공되었고 그중 일부는 국공내전 중 공산군이 노획하여 사용하기도 했다. 스펙 자체는 평범했지만 조종이 간편하고 방어력이 뛰어나 호평을 받았다. 승무원 6명, 엔진 1700마력×2발, 최대속력 438km/h, 항속거리 2174km, 12.7mm 기관총 18정, 폭탄 1.3톤 탑재.

1942년 4월 1일 B-25 미첼 폭격기 16대가 호넷에 실렸고, 다음날 호넷이 앨러미다 해군기지에서 출항했다. 폭격기 외에 함재기를 수용할 수 없어서 자체 방어력이 없었던 호넷을 호위하기 위하여 항공모함 엔터프라이즈와 6척의 호위함이 합류했다. 그런데 4월 18일 일본의 위장 감시선 '니토 마루'에 발각되자 둘리틀 특공대는 위험을 무릅쓰고 예정보다 10시간 일찍(거리상 300여 킬로미터 일찍) 출격했다. 일본까지는 1200킬로미터였다. 둘리틀 특공대는 공습 후 호넷에 귀함하지 않고 곧장 중국으로 날아가 착륙하기로 예정되어 있었다. 이 일을 위해서 미국은 중국과의 사전 협상으로 탈출로를 마련해두었다.

쌍발폭격기 16대가 무사히 떠오른 직후 호넷과 기동함대는 철수를 시작했다. 저공비행으로 일본 상공에 모습을 드러낸 B-25는 도쿄를 비롯한 본토 공습을 감행했다. 격추된 1대를 제외한 15대의 B-25는 공습을 마치고 예정대로 중국과 소련으로 탈출했다.[2] 둘리틀 특공대 80명 중에서 70여 명이 고국으로 돌아오는 데 성공했다. 둘리틀 중령은 육군 항공대 준장으로 2계급 특진했다. 사망자 50명,

---

2 실제로는 일본 상공에서 격추된 비행기는 단 한 대도 없었다. 일본군은 폭격이 시작될 때까지도 이들이 미군 폭격기라는 사실을 인식하지 못했기 때문에 대공 사격도 제대로 하지 못했다. 요격기가 출격했을 때는 이미 이들이 사라진 뒤였다. 일본군은 폭격이 끝나면 이들이 항모로 돌아갈 것이라 생각하고 동쪽을 수색했지만, 둘리틀 폭격대는 처음부터 항모로의 귀환을 고려하지 않았기 때문에 정반대인 서쪽으로 향하고 있었다. 하지만 16대 모두 연료 부족으로 도중에 불시착했다. 승무원 80명 중 3명은 사망, 8명은 포로가 되어 69명이 생환했다. 포로 8명 중 3명이 처형되고 1명은 수용소에서 사망하여 나머지 4명만이 전쟁이 끝난 뒤 고향으로 돌아올 수 있었다. 당초 80명의 승무원 중에서 73명이 살아남은 셈이다. 하지만 그중 많은 대원들이 그후 북아프리카와 지중해, 유럽, 중국 전선 등지에서 임무 수행중 전사했다.

호넷의 함장 마크 미처와 둘리틀 중령이 대화를 나누고 있다.

호넷에서 출격하는 B-25. 항공모함에서 육군 폭격기가 출격하는 것은 처음 있는 일이었다.

저장성 취저우에서 촬영한 둘리틀 폭격대원들과 이들을 구조한 중국군 장교들. 이들이 비행한 거리는 4170km에 달했다. 중국에 불시착한 승무원의 대부분은 인도를 거쳐서 미국으로 돌아왔지만 28명이 중국전선에 그대로 남아서 싸웠고 그중 5명이 전사했다. 둘리틀은 준장으로 승진한 뒤 제12공군 사령관이 되어 북아프리카에서 롬멜과 싸웠다.

가옥 260여 채 파괴 등 일본 본토 공습의 물리적 성과는 미미한 편이었다. 그러나 유사 이래 본토 공격을 받아본 적 없던 일본인들이 직면한 전대미문의 충격과 공포는 진주만 공습에서 미국인들이 경험했던 것과 맞먹을 정도로 심리적 효과가 매우 컸다. 무엇보다도 이 작전이 미드웨이 해전의 직접적인 계기로 작용하면서 일본은 몰락의 길을 걷기 시작했다.

제3뇌격비행대에 보고하고 일주일이 채 지나지 않아서 제이미 덱스터, 톰 더킨, 딕 재커드, 바먼 소위가 항공모함 엔터프라이즈의 정

몰로카이 상공을 비행하는 시코르스키S-43(1935년)

찰비행대vs-6로 재배치되어 며칠 뒤 떠났다. 해리 프레더릭슨은 역시나 갑작스럽게 수송함에 오르라는 명령을 받고 떠났는데 남태평양의 다른 항공모함 정찰비행대에 배치받았다.

제3뇌격비행대에 잔류한 우리는 더글러스 TBD 데버스테이터로 훈련을 시작했다. 데버스테이터는 처음 배치되었던 1930년대 중반만 해도 시대를 한참 앞선 기종이자 타의 추종을 불허하는 튼튼하고 안정된 항공기였다. 그러나 막상 태평양 전쟁이 시작된 이후 일본군의 제로 전투기와 비교하니 한참 뒤떨어졌다. 엔진 출력이 부족했고 너무 느린데다 조작이 어려워서 제로 전투기를 상대하기에는 역부족이었다. 그렇긴 해도 전쟁 초반에는 연합군과 추축군 양측에서 운용중이던 다른 뇌격기들과 비교해서 호평을 받았다.

훈련 동안 우리는 데버스테이터에 어뢰를 탑재하거나 탑재하지 않는 방식을 번갈아가면서 주간과 야간 모두 비행했다. 수평 폭격과 뇌격 훈련도 실시했다. 조종사 외에 폭격수와 통신수 겸 사수도 손에 물집이 잡힐 정도로 비행중 포사격 훈련에 임했다. 우리는 또한 터치앤 고 훈련(touch and go landing, 항공기를 착륙접근 후 접지했다가 곧바로 다시 이륙하는 훈련. 착륙복행이라고도 한다―옮긴이)을 수없이 반복하여 항공모함 착함에 대비했다.

비행 훈련중에 한번은 하와이제도에서 가장 아름답다고 정평이 난 마우이섬까지 간 적이 있다. 내가 보기엔 다른 섬에 비교해서 딱 과수원 느낌 그 이상도 이하도 아니었다. 마우이섬 비행에서 우리는 몰로카이 해안에 바짝 붙어서 날았다. 바다까지 수직으로 떨어지는 450미터 높이의 절벽 정상을 비구름이 휘감았고, 암벽에서는 기다란 레이스 장식 같은 폭포수가 떨어졌다. 마치 별천지를 보는 느낌이었다.

화려한 색감에 더해 바다와 육지가 근접한 지리적 특징이 모든 섬들을 아름답게 만들고 비현실적인 분위기를 덧씌웠다. 밝은 산호색 땅, 쪽빛 바다, 새하얀 줄을 그은 듯한 해변, 산과 구름과 수면을 물들이는 자줏빛 그림자, 이 모두가 참으로 매혹적이었다. 하와이 인근 하늘에도 유난히 기분을 들뜨게 만드는 것이 있었으니, 완연한 봄의 기운과 앞으로 올 가을의 풍미가 합쳐진 분위기였다. 열기는 그리 강하지 않았다. 온도가 오르면 구름이 끼어 태양을 가리거나 비를 내렸다.

하와이 상공을 비행하는 동안 나는 대기가 거칠다는 사실을 알아챘다. 내가 겪어본 가장 심한 난기류였다. 오아후의 카네오헤 기지에서 다이아몬드헤드를 돌아 포드섬으로 비행하는 동안 뇌격기가 나뭇잎처럼 위아래로 마구 들썩였다. 때로는 100피트(30미터) 가까이 고도 손실이 있었다.

어느 날 우리 뇌격비행대는 진주만의 한 구축함을 공격하는 합동 모의 훈련에 참가했다. 전투기들이 급강하 고도까지 폭격기들을 호위했다. 우리 뇌격비행대는 급강하 폭격기들이 공격을 끝내는 시점에 구축함의 함수를 뇌격하기로 예정되어 있었다.

나는 훈련용 어뢰를 투하하기 위하여 타격 지점으로 이동하다가 동체 우현에서 폭발로 인한 물기둥이 솟는 광경을 목격했다. 급강하 폭격기 한 대가 바다에 추락했던 것이다. 폭격기는 공중에서 전투기 한 대와 충돌하면서 날개가 잘려나간 채 추락했으나 전투기는 그리 손상이 크지 않아서 기지로 돌아갔다. 급강하 폭격기의 조종사는 비상 탈출에 성공했지만 통신수 겸 사수는 안타깝게도 사망했다. 조종 불능의 동체를 버리고 자신의 목숨을 구하는 것은 조종사로서 가장 합리적인 선택이나, 동료는 사망하고 혼자만 살아서 돌아오는 경우 언제나 비난의 그림자가 그를 따라다니기 마련이다. 적어도 조사를 통해 불명예를 말끔히 떨쳐버리기 전까지는 그렇다. 그런데 사고 이후 통신수 겸 사수의 장례식에서 군목은 하필이면 우리 모두를 움찔하게 만드는 구절을 인용했다. 앨프리드 테니슨의 시 「모래톱을 지나서」였다.

나 바라노니, 모래톱을 지났을 때

나의 조종사와 대면하게 되기를

(pilot은 인도자, 항해사, 도선사 등으로 번역된다 — 옮긴이)

우리가 하와이에 있는 동안 새로운 유형의 장교 한 명이 우리 비행대에 합류했다. 이른바 항공기 전문가로 통하는 부류였다. 이런 부류의 장교들은 모두 실무 경험이 풍부했는데, 비행대에서 행정 업무를 맡기 위해 로드아일랜드의 퀀셋에서 속성 단기 교육을 이수하고 전출된 사람들이다. 그들이 이쪽에 처음 합류했을 때 잘은 몰라도 작은 소동이 있었던 것 같다. 그들은 자신을 비행대의 두뇌로 여기는 반면 조종사들을 팔다리로 간주했다. 반면 조종사들은 나이가 많을수록 행정 장교를 신문배달원 정도로 여겼다. 그러나 행정 장교들이 유능하고 똑똑하며 유용하다는 사실을 입증하고 해군 특유의 겉치레와 기득권을 버림으로써 문제는 곧 해결되었다.

5월 10일경 산호해 해전이 연합군의 승리로 봐도 무방하다는 소식이 전해졌다.[3] 그러나 동시에 항공모함 USS 렉싱턴이 침몰중이라는 불안한 풍문도 들려왔다. 이 풍문은 시간이 갈수록 더 강해졌다.

---

3 전술적으로는 미국이 43000톤급 정규 항모 렉싱턴을 상실한 반면 일본은 10000톤급 경항모 쇼호를 잃었다는 점에서 일본의 승리였고 일본군 역시 그렇게 생각했다. 그러나 일본 해군은 쇼카쿠를 반파당했고 즈이카쿠는 함선 자체 피해는 없었지만 베테랑 조종사를 대거 잃었기에 사실상 전투력을 상실했다. 이 때문에 미드웨이 해전에 항모 두 척이 참여하지 못하여 당초 계획에 차질이 생겼다. 반면 미 해군은 반파된 요크타운을 신속하게 수리하여 미드웨이 해전에 투입할 수 있었다. 결과적으로 산호해 해전은 미국 입장에서 미드웨이 해전 승리의 발판이 되었다.

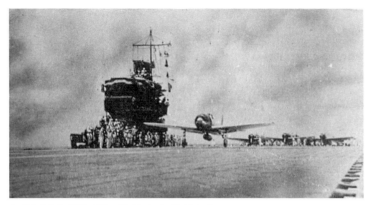
쇼카쿠에서 출격하는 제로 전투기(1942년 5월 8일 오전)

렉싱턴의 뇌격비행대에 배치된 우리는 과연 그 항공모함에 오를 수 있을까 의심이 들기 시작했다. 세계 최초의 함대항공전으로 기록될 산호해 해전에는 프랭크 잭 플레처 제독이 지휘하는 요크타운의 제17기동부대와 오브리 피치 제독이 지휘하는 렉싱턴의 제11기동부대 그리고 호주 해군이 출격했다. 이에 맞선 일본군 제4함대의 사령관은 이노우에 시게요시井上成美였다. 그런데 미군과 일본군 모두 서로의 함대 위치를 잘못 알고 함재기를 발진시키는 실수를 저질렀다. 일본군 항공모함 쇼카쿠와 즈이카쿠에서 출격한 함재기 78대와 미군 항공모함 2척에서 출격한 함재기 93대가 서로 목표물이 없는 지점으로 날아갔다. 다만 일본군에 비해 미군의 오판이 덜 심각했다. 미군 함재기들의 표적에는 일본의 경항공모함 쇼호가 포함된 반면 일본군 함재기들이 공격한 대상은 급유함 1척과 구축함 1척뿐이었기 때문이

피격되어 화염에 휩싸인 쇼카쿠

퇴함 명령이 떨어진 화염 속의 USS 렉싱턴

제17기동부대 사령관 프랭크 잭 플레처 제독

제11기동부대 사령관 오브리 피처 제독

일본군 제4함대 사령관 이노 우에 시게요시

다. 쇼호는 미군 함재기들의 맹폭을 견디지 못하고 함재기 18대와 함께 침몰했다.

5월 8일에는 오판과 실수로 지리멸렬한 상황을 연출하던 양측이 서로의 위치를 제대로 파악하고 양 진영을 향해 돌진하기 시작했다. 먼저 타격에 나선 쪽은 요크타운의 함재기들이었다. 일본 항공모함 쇼카쿠는 이 공격으로 큰 피해를 입고 전열에서 이탈했다. 한편 미군측에서는 항공모함 렉싱턴이 일본군 함재기들의 집중공격을 받았다. 렉싱턴과 쇼호의 규모를 단순 비교하고 요크타운도 크게 파손된 점까지 고려하면 자기네가 승리했다는 일본군의 주장도 일리가 있었다. 그러나 요크타운은 얼마 후 예상을 뒤엎고 기사회생한 반면, 손상을 입은 일본의 항공모함 쇼카쿠와 즈이카쿠는 미드웨이 해전에 출격하지 못할 운명이었다.

호놀룰루에서 2주마다 돌아오는 휴일을 즐기던 중에 다른 장교에게서 제이미가 배속된 USS 엔터프라이즈가 진주만으로 돌아왔다는 소식이 전해졌다. 나는 곧 전우들을 찾아 나섰고 얼마 후에 와이키키 해변 인근의 모아나 호텔에서 각양각색의 흥과 숙취에 젖어 있는 그들을 발견했다.

짐 셸턴은 침대에서 끙끙 앓는 소리를 내고 있었고, 바먼은 간밤에 만난 여자에게 전화를 걸고 있었다. 제이미는 자기 옷을 찾아다니는 중이었다. 재커드는 꽃병에서 꽃 한 송이를 빼내더니 내게 내밀면서 한잔하자고 꼬드겼다.

그들 모두 한 달 만에 앙상하게 야위었다. 산호해까지 출격했지만 실전에는 투입되지 않았다고 했다.

톰 더킨은 실종 상태였다. 단독 초계 비행에 나섰다가 연락이 두절된 것이다. 그가 보내온 마지막 무전은 수면 불시착을 시도하고 있다는 내용이었다. 제이미는 더킨이 수면 불시착에 무사히 성공한 다음 고무보트를 탔다면 주변에 섬이 많으니 생존 가능성이 높다고 보았다.

전우들은 렉싱턴이 침몰했다고 입을 모았다. 자침 결정에 따라 아군이 발사한 어뢰 5발을 맞고 함재기와 함께 수장되었다고 한다. 그 말은 내가 제3뇌격비행대에 잔류할지도 모른다는 의미였다.

그러나 상황은 다르게 전개됐다. 그날 오후에 로열하와이언 호텔로 돌아가니 즉시 귀대하여 보고하라는 쪽지가 전달되어 있었다. 나는 택시를 타고 팔리를 지나 카네오헤 기지로 돌아간 뒤 서둘러 비행대 본부로 향했다. 본부에서 받은 명령은 30분 동안 개인 관물을 챙겨 포드섬으로 가는 트럭에 오르라는 것이었다. 제8뇌격비행대에 임시 배속되어 임무를 수행하라는 명령이었다. 밥 디바인과 원래 제2뇌격비행대 소속이다가 몸이 아파 제3뇌격비행대로 후송되었던 루디 카즈마가 나와 함께 출발했다.

포드섬에 도착한 우리는 마르고 날카로운 인상의 대대장 존 C. 월드런 소령에게 전입신고를 했다. 월드런 소령은 디바인과 내가 데버스테이터 기종으로 착함한 경험이 없다는 사실을 알고 처음에는 우리를 받지 않으려 했다가 결국 예비 조종사로 수용했다.

그날 밤 나는 두번째로 '호니 마루'에 승함했다. 이번에는 신출내기 조종사의 훈련 비행을 위한 것이 아님을 분명히 알고 있었다.

4. 제8뇌격비행대

미드웨이 해전에서 전원 전사했다고 알려진 제8뇌격비행대의 활약상에 대해 제기되어온 오해를 불식시키려면 이 뇌격비행대가 2개 분견대로 구성되어 있었음을 먼저 밝혀야겠다. 1941년 가을에 편성된 제8뇌격비행대는 2개 분견대로 모두 버지니아주 노퍽에서 월드런의 지휘를 받고 있었다. 이들 중 1개 분견대는 1942년 2월 월드런과 함께 USS 호넷에 배치되어 출격했고, 나머지 1개 분견대는 라슨의 지휘 아래 노퍽에 남아 신형 그러먼 TBF 어벤저로 훈련을 계속했다. 라슨의 분견대는 미드웨이 해전 직전에 진주만을 경유하여 어벤저 6대가 미드웨이 환초로 출격했다.

TBF 어벤저

2차 대전 당시 미 해군의 주력 뇌격기 중 하나. 앞서 개발한 데버스테이터가 급격하게 구식이 되자 후속 기체로 개발했다. 제작사는 그러면이며 공교롭게도 진주만 기습이 일어난 1941년 12월 7일에 공개되어 '복수자avenger'라는 이름이 붙었다. 2차 대전 내내 돈틀리스, 헬다이버 등과 더불어 미 해군 항모의 주력 공격대로 활약했고 수많은 일본 군함들을 침몰시켰다. 일본 해군이 자랑하는 당대 세계 최강의 전함 야마토와 무사시를 격침시킨 비행기도 어벤저였다. 조지 워커 부시(부시 시니어)가 2차 대전 당시 어벤저에 탑승했다가 오키나와 전투에서 격추당하기도 했다. 승무원 3명, 엔진 1700마력(TBM-3는 1900마력), 최대속력 436km/h, 항속거리 1778km, 12.7mm 기관총 3정(전방), 7.62mm 기관총 1정(후방), 폭탄 900kg 또는 어뢰 1발 탑재.

진주만에서 USS 호넷에 승합한 우리는 USS 엔터프라이즈와 함께 편성된 제16기동부대의 일원으로 출격했다. 나는 점심식사 후에 비행갑판으로 나갔는데, 호넷이 공해상으로 나왔을 때 우리 항모전단의 규모에 크게 놀랐다. 순양함과 구축함 들이 호넷을 중심으로 사방에서 맹렬하게 항진하는 광경은 그야말로 장관이었다. 호넷이 한두 차례 급선회를 하자 비행갑판이 수평선과 대비되어 위험한 각도로 기울기도 했다.

우리의 첫 임무는 그날 오후 전성관을 통해 전달되었다. 사실 명령이라고 해봐야 이 내용이 전부였다. "우리는 일본군의 미드웨이 공격을 중간에서 차단하고 기습할 것이다. 이상." 하지만 훈련소 시절부터 알고 지냈으며 당시 호넷의 갑판 요원이었던 찰스 매코믹 소위의 생각으로는 일본군이 최근 알류산열도나 하와이제도에 병력을 집중해왔다는 것이었다. 어쩌면 산호해 해전도 일본군이 우리 전력을 남쪽으로 유인하려는 작전이었을지 모른다고도 했다. 매코믹이 생각하는 일본군의 하와이제도 공격은 제일 먼저 폭격기로 오아후섬을 공습하여 우리 방어력을 그쪽으로 유인하는 작전이 1단계, 그다음 단계가 미드웨이일 거라고 했다.

그러나 미 태평양함대 지휘부는 이미 일본군의 목표를 정확히 꿰뚫고 있었다. 산호해 해전에서와 마찬가지로 이번에도 무전 감청과 암호JN25b 해독이 빛을 발했다. 미드웨이 해전에서의 암호 해독은 더욱 극적이고 중요했다. 1942년 4월경부터 일본군의 무전 내용에 'AF'라는 문자가 자주 등장했다. 일본군의 대규모 공격 움직임과 함께 이 AF가 공격 목표라는 데 의견이 모였다. 다만 AF가 알류샨, 알래스카, 미국 본토 등 여러 곳 중에 어디일지 확실한 근거는 없이 의견만 분분했다. 이 문제를 해결하기 위해 태평양함대 사령관 니미츠 제독에게 묘안을 제안한 인물이 암호 해독반 하이포Station HYPO의 조지프 로슈포르Joseph Rochefort 중령이었다. "미드웨이에 담수화 시설이 고장나 식수가 부족하다"는 전문을 암호문 아닌 평문으로 보내자는 것이었다. 일본군은 이 미끼를 덥석 물었다. 일본군은 "AF에 식수 부족"이라는 무전을 주고받았고, 미 해군은 이 전문을 잡아내어 AF가 미드웨이라는 사실을 확인했다.

미드웨이 해전 승리의 진정한 공로자인 조지프 로슈포르 중령

———

미드웨이 해전에서 하와이 주둔 미 해군 정보부 소속 로슈포르 중령이 이끄는 암호 해독반 하이포가 기발한 방법으로 일본군의 암호를 해독하고 그들의 목표가 미드웨이임을 알아냄으로써 승리에 중요한 역할을 한 것은 태평양 전쟁의 가장 유명한 일화 중 하나이다. 일본 연합함대 사령관 야마모토는 둘리틀 폭격과 산호해 해전으로 눈엣가시나 다름없게 된 미 항모 부대를 끌어내어 결전을 벌이길 바랐다. 하지만 그는 미 해군이 출동하는 시점이 일본 함대가 미드웨이를 공략한 이후일 것이라고 생각했다. 그는 일본군의 암호를 사전 해독한 미 항모 부대가 먼저 와서 기다릴 거라고는 전혀 예상치 못했으며 의도적으로 정보를 흘려서 미 해군을 유인하려고도 하지 않았다.

일본 해군 정보부가 미 해군의 움직임을 제대로 파악하지 못했던 반면 하이포는 일본군의 무선 통신을 거의 다 잡아냈다. 일본 해군이 통신을 주고받는 과정에서 암호와 평문을 혼용하는 등 가장 기본적인 보안 수칙조차 제대로 지키지 않은

암호 해독반 하이포의 조지프 로슈포르 중령

덕분이기도 했다. 암호 분석과 추론을 통해서 대규모 부대가 태평양 어느 지점을 침공할 계획임을 알아낸 로슈포르는 그곳이 틀림없이 비행장을 갖춘 장소이며 진주만 서쪽 반경 수천 킬로미터 범위에서 여기에 일치하는 곳은 미드웨이밖에 없다고 결론 내렸다. 니미츠는 그의

건의를 받아들여 100대 이상의 항공기와 수비 병력을 미드웨이로 증원시켜 일본군의 공격에 대비했다. 또한 로슈포르는 일본군의 침공 날짜가 6월 4일이라는 사실까지 알아내어 미 항모부대가 시간에 맞게 현장으로 출동할 수 있도록 결정적인 기여를 했다.

로슈포르는 미드웨이 승리의 가장 큰 공로자였지만 워낙 독선적이고 까다로운 성격 탓에 '말썽꾼'으로 상층부에 찍혔다. 덕분에 공을 인정받기는커녕 샌프란시스코의 도크 관리관이라는 한직으로 밀려났다. 그는 태평양 전쟁이 끝날 때까지 다시는 암호 해독 업무를 맡을 수 없었다. 미드웨이에서 그의 공로가 뒤늦게 인정되어 대통령 자유 훈장이 주어진 것은 미드웨이 해전으로부터 장장 44년 뒤였고 그가 죽은 지 10년이 지난 후였다.

첫날에 항모전단의 기동훈련이 전개되자 하늘은 온통 함재기로 가득했다. 비행이 끝나고 호넷이 아닌 다른 항공모함 쪽으로 넘어가 버린 뇌격기 한 대를 제외하면 모든 함재기가 무사히 착함했다. 항공모함과 함재기의 일심동체를 강조하는 일본 해군의 경직성에 비해 미군 함재기들은 다른 항공모함으로 자유롭게 이동하는 편이었다.

월드런 대대장이 착함한 이후 우리는 대부분의 시간을 조종사 대기실에서 보냈다. 월드런은 그곳에서 우리에게 예상되는 전황을 개략적으로 알려주면서 만일의 상황에 대비하여 이미 최고의 조종사 훈련을 마친 대원들의 마음을 다잡아주었다. 날마다 조금씩 우리 임무의 실체가 드러났고 월드런은 그것을 우리에게 설명해주었다. 우리는 은밀히 진장에 다가서고 있었다.

조종사 대기실에 있던 대원들은 모두 미국 각지에서 온 청년들로 출신 배경도 각양각색이었다. 이들은 젊은 미국의 전형적인 면모를 보여주었으나 결코 범상한 미국 청년들은 아니었으며, 저마다 특별한 재능과 인간미를 지니고 있는 것 같았다.

존 C. 월드런 소령

같은 대대장의 통솔 아래 오랜 훈련 기간을 거친 그들은 하나의 부대원으로 녹아들었고 가족처럼 어우러져서 서로를 너무나 잘 알고 있었다. 그래서인지 내가 느끼기에 그들이 나와 디바인, 카즈마를 대하는 태도는 마치 한 대가족이 외지인들을 대하는 것 같았다. 그들은 마치 방문객에게 그러듯이 우리에게 친절하고 정중하게 대해준 반면 자기들끼리는 수년간을 함께해온 사이처럼 서로 다투기도 하고 장난을 치기도 했다.

우리 뇌격비행대의 훈련 과정에서 호넷의 다른 비행대와 확연히 구별되는 특질인 적극성과 성실성을 심어준 사람은 대대장 월드런 소령이었다. 이 뇌격비행대의 좌우명은 '공격'이었고 기장은 불끈 움켜쥔 주먹이었다. 그 이상도 이하도 아니었다. 이 뇌격비행대의 목표는 월드런 소령이 주입하려 한 그대로 간단명료했다. 우리는 전장에 있었고 비행대의 임무는 오로지 타격, 폭격, '공격'이었다. 한두 번으로 끝나는 것이 아니라 끊임없이 반복적으로.

월드런은 이 목적에 맞게 조종사들을 훈련시키는 데 모든 역량을 쏟았다. 노퍽 기지 훈련에서 그는 조종사들이 하루 6시간에서 8시간을 비행하게 했고 자신의 항공기를 정확히 알도록 교육했다. 그중에는 엔진에 어떤 변화가 생기는지, 어뢰는 어떻게 탑재하는지, 유압계통이 어떻게 작동하는지 등 조종사들이 그전까지 한 번도 습득하지 못했던 내용도 있었다. 그는 뇌격비행대 전술을 체계적으로 가르쳤고, 세운 전술을 단호한 공격으로 실행하면 반드시 성공한다는 확신을 심어주었다.

그러다 조종사들이 슬슬 "아, 젠장 될 대로 되라지 뭐"라는 말을 흘리며 훈련에 열의를 잃을 무렵이 되면 월드런은 자기 집에서 성대한 파티를 열어주었다. 조종사들은 각자 여자친구를 데려와 마음껏 먹고 마셨다. 마치 새해 전날 밤 파티 같았다. 조종사들은 춤을 추기도 했고 쪼그리고 앉아서 주사위 놀이를 하기도 했다. 격렬한 토론을 벌이며 서로 고함을 치기도 했고 바닥을 데굴데굴 구르기도 했다. 이런 파티에서조차 월드런은 결코 자신의 목표를 잊는 법이 없었다. 살짝 취기가 돈다고 생각하는 시점이면 어김없이 조종사들을 불러모아 자신이 세운 공격 전술을 이야기해주곤 했다. 방 한복판에 서서 이렇게 한마디 외치는 일도 예사였다. "공격!"

월드런은 자식들을 위해 노심초사하는 아버지처럼 조종사들의 사기를 살폈다. 그는 비행대의 지휘관이자 사기 진작을 위한 지원 장교를 자처했다. 그 자신의 결단과 확고한 목표의식으로 조종사들을 하나로 결속시켰다. 그들에게는 누구보다 뛰어난 대장이었다. 그의 뇌격비행대 조종사들에게 '대대장님'이나 '대장님' 외에 다른 호칭은 존재하지 않았다. 심지어 그에겐 별명도 없었다.

대대장은 마치 아메리카 원주민 추장처럼 보였다. 대원 몇몇이 이야기한 바에 따르면 실제로 혈통 일부분은 원주민에게서 온 것이라고 했다. 그는 중년이었지만 여전히 날렵하고 단단했다.

지미 오웬스(캘리포니아 로스앤젤레스 출신의 J. C. 오웬스 주니어 중위)는 나보다 선임이었다. 그는 대기실에서 통로를 사이에 두고 나와 마주앉아 있었다. 갈색 머리칼과 포동포동한 볼, 땅딸막하고 다부진 체격의 가정적인 남편이었다. 무엇보다 아내를 사랑했고 그다음으로는 자신의 임무에 헌신했다. 해군사관학교를 졸업했으며 자신이 속한 비행대의 업무를 성실하게 수행했다. 내가 기억하는 그는 임무를 수행할 때 조용하고 표가 나지 않았으며 말을 할 때는 부드럽고 신중했다.

한덩치 무어(버지니아주 리치먼드 출신의 R. A. 무어 중위)는 가무잡잡한 피부와 검은 머리칼의 해군사관학교 졸업생으로 대기실에서 바로 내 뒤에 앉아 있었다. 그는 우리 뇌격비행대의 포격술 장교였다. 과묵했지만 일단 입을 열면 말투가 수줍고도 매력 있었으며 언중에 재치와 유머가 담겨 있었다.

애비 애버크롬비(미주리주 캔자스시티 출신의 W. W. 애버크롬비)는 뇌격기 비행을 좋아하지 않았다. 그는 제8뇌격비행대를 늘 '장의葬儀대'라고 부르곤 했다. 연한 갈색 머리칼에 험상궂게 생긴 거구의 애비는 엄밀히 말해서 '괜찮은 친구'였고 모든 동료들이 좋아하는 사내였다.

신사 에번스(인디애나주 인디애나폴리스 출신의 W. R. 에번스 소위)는 우리 비행대의 대표 멋쟁이였다. 예일대를 막 졸업한 그는 늘 고상한 태도를 유지했는데 그것이 어색하지 않고 그와 잘 어울렸다. 에번스는 기품 있는 얼굴에 뺨이 발그레하고 소년 같은 미남자였다. 줄곧 스포츠머리를 고수했고 휴무일에는 흑백 옥스퍼드화를 신었다. 옷장에는 트위드 코트와 회색 슬랙스로 가득했다.

월드런은 제8뇌격비행대에 '예일 맨(예일대 출신자)'이 들어온 데 으쓱해져서 곧잘 이렇게 말하곤 했다. "제군들은 두뇌가 명석하고 가방끈도 길다. 제군 중에서 누가 좀 이 문제를 해결하고 설명해봐." 그는 대기실에서 으레 신사 에번스를 불러 세운 뒤 뇌격기 전술의 문제점을 얘기해보라고 했다. 그러면 정보통신 장교였던 에번스는 유창한 언변에 논리까지 얹어서 쉽고 명쾌하게 자신의 의견을 설명했다.

흰둥이 무어(웨스트버지니아주 블루필드 출신의 J. M. 무어 소위)는 뇌격비행대의 익살꾼이자 월드런의 귀여움을 독차지했다. 부드럽고 풍성한 금발머리에 얼굴은 만화 주인공 대그우드를 닮았다. 누구든 그를 만나는 즉시 좋아하게 되었다. 여자들은 그가 '귀엽고' 모성애를 느끼게 해서 좋아했으며 남자들은 그의 재치와 거들먹거리지 않는 겸손함을 좋아했다. 노퍽에서 파티가 열리면 그는 지르박을 열정적으로 춰서 많은 사람들에게 즐거움을 선사했다. 한번은 흰둥이가 대기실 의자에서 잠들어 있는데 대원들이 목탄을 가져다가 그의 얼굴에 콧수염을 그려놓았다. 잠에서 깬 그는 장난에 그리 신경쓰지 않았지만, 그때 마침 대기실로 들어온 월드런이 깜짝 놀라면서 흰둥이 무어를 괴롭히지 말라고 역정을 냈다.

티츠(오리건주 셰리던 출신의 G. W. 티츠)는 그 이름 때문에(티츠tits는 젖꼭지를 의미한다—옮긴이) 얻을 수 있는 별명은 당연히 하나밖에 없었다. 그러나 대원들이 실제로 그를 '찌찌'라고 부르진 않았다. 그는 거구에다 힘이 셌으며 자신의 이름을 정확히 '티츠'로 불러달라고 요구했기 때문이다. 티츠는 인생이란 어차피 자기 방식대로 사는 것이라고 생각하는 개인주의자였다. 자기 방식대로 살아가는 데 익숙했던 그였기에 해군이라고 해서 자신의 삶에 참견하는 걸 달가워하진 않았다. 그럼에도 그는 군 생활을 잘해나갔다. 자기에게 주어진 임무를 충실히 했고 다른 이들의 일에는 일절 간섭하지 않았기 때문이다.

엘리슨(뉴욕주 버펄로 출신의 H. J. 엘리슨)은 동네 건달 또는 셔츠 외판원 같은 인상이었다. 반지르르한 검은 머리칼과 여자처럼 갸름한 얼굴 때문이었다. 함께 있으면 재미있는 친구여서 무슨 얘기든, 특히 여자 얘기를 스스럼없이 잘했고 또 잘 웃었다. 일하는 걸 썩 좋아하지 않았기에, 노픽 기지에서 뇌격비행대원들이 2개 분견대로 나뉘어 절반은 '스웨덴인' 라슨 대위의 통솔 아래 남아서 그러면 TBF 어벤저로 훈련을 계속하고 나머지 절반은 윌드런과 함께 출격할 때 어느 쪽으로 갈지 선택의 기로에 놓인 그는 '두 악마 사이에 낀 셈'이라고 말하기도 했다.

그 밖에도 그 조붓한 대기실에서 함께한 조종사들은 다음과 같다. 출항 직전 노픽에서 간호사와 결혼한 조용하고 과묵한 성품의 러스티 케니언(뉴욕주 마운트버넌 출신의 H. R. 케니언), 캘리포니아주 샌디에이고 출신의 G. M. 캠벨, 캘리포니아주 베벌리힐스 출신의 J. D.

미드웨이 해전 출격 직전의 제8뇌격비행대대. (뒷줄 왼쪽부터) 오언스, 파일, 월드런 소령, R. A. 무어, J. M. 무어, 에번스, 티츠, 캠벨 (앞줄 왼쪽부터) 엘리슨, 케넌, 그레이, 게이(유일한 생존자), 우드슨, 크리머, 마일스

우드슨(캠벨과 우드슨은 항공모함에 배속되기 직전에 중위로 진급했다). 절친한 친구가 아니면 거의 말을 하지 않았던 캘리포니아주 리버사이드 출신의 W. W. 크리머 소위. 미주리주 콜럼버스 출신의 키가 크고 건장한 J. P. 그레이 소위. 그리고 캘리포니아주 샌디에이고 출신의 비행하사 R. W. 마일스.

앞에서 언급한 조종사들은 얼마 후 미드웨이 해전에서 전사했다. 유일한 생존자는 텍사스 출신이라서 텍스Tex라는 별명이 붙은 G. H. 게이였다. 텍스는 텍사스 출신의 평범한 남자였다. 텍사스 출신 중에 평범한 사람이 있기는 한지 모르겠지만 말이다. 그는 월드런의 훈련에 깊은 감명을 받은 덕분에 평소보다 조금은 진지해졌다. 당시 그는

제8뇌격비행대가 훈련기로 사용했던 브루스터 함상 폭격기 SBN-1. 미 해군 공창에서 설계 제조한 복좌식 함상 폭격 정찰기였다. 1936년에 첫 비행을 했으며 개발 당시에는 우수했으나 더욱 뛰어난 성능을 가진 SBD 돈틀리스에 밀려나면서 겨우 30대만 제작되었고 그나마도 훈련용으로 돌려졌다.

'말고기 샌드위치'라는 말을 즐겨 썼고 우리도 모두 그 말을 따라 했다. 하지만 그게 무슨 뜻인지 아는 사람은 아무도 없었다.

이 청년들이 월드런이 길러낸 전사들이었다. 월드런은 그들에게 끊임없이 해결해야 할 문제를 제시했다. 그는 질문 하나를 던진 후 특유의 흘깃거리는 눈빛으로 대원들을 쳐다보면서 고개를 치켜들고 백치처럼 멍하니 입을 벌리곤 했다. 그러다가 갑자기 미끼를 문 송어처럼 입을 꽉 다물고 시선을 정면으로 향한 채 턱을 쓰다듬기 시작했다. 두툼한 눈썹 아래서 물끄러미 쳐다보는 시선은 대원들의 답변을 기다리고 있었다.

브루스터 함상 폭격기 SBN-1

——

1934년 항공모함에서 사용할 새로운 단엽 폭격기의 필요성에 따라 미 해군이 브루스터 항공사에 의뢰하여 개발한 급강하 폭격기로 1936년에 첫 비행을 했다. 기체 전체가 금속이었고 고성능 엔진을 탑재하여 개발 당시에는 세계 최고 수준의 함상 폭격기였다. 이후 해군에서 라이선스를 구매하여 해군 공창에서 생산했으나 보다 고성능인 돈틀리스 폭격기가 등장하면서 겨우 30대만 제작되었다. 생산된 소수의 기체들은 훈련용으로 사용되었고, 부품 단종으로 1942년 8월 퇴역 처리되었다. 승무원 2명, 엔진 950마력, 최대속력 486km/h, 항속거리 1633km, 12.7mm 기관총 1정(전방), 7.7mm 기관총 1정(후방), 폭탄 226kg 탑재.

미 태평양함대 사령관 체스터 니미츠 제독은 2척의 항공모함 호넷과 엔터프라이즈, 순양함(6척), 구축함(9척), 급유함(2척), 잠수함부대, 함재기 총 159대(엔터프라이즈 79대, 호넷 80대)로 편성된 제16기동부대의 사령관으로 레이먼드 스프루언스Raymond A. Spruance 소장을 임명했다. 전임 사령관 윌리엄 핼시가 악성 건선으로 입원할 수밖에 없었기 때문이다. 항공모함 지휘 경력이 전혀 없었던 스프루언스의 기용은 핼시의 추천을 니미츠 사령관이 전격적으로 수용한 결정이었다. 결과적으로 스프루언스 소장의 유연한 사고와 냉철한 판단력은 미드웨이 해전의 승리를 가져온 중요한 요인이 되었다. 노샘프턴, 미니

미 태평양함대 사령관 체스터 니미츠

미드웨이 해전, 제16기동부대 사령관
레이먼드 스프루언스 소장

미드웨이 해역으로 출동하는 제16기동부대 USS 호넷(CV-8)

미드웨이 해전, 제16기동부대 USS 엔터프라이즈(CV-6)

미드웨이 해전, 제16기동부대 중순양함 USS 뉴올리언스(CA-32)

애폴리스, 뉴올리언스, 빈센스, 펜사콜라, 애틀랜타로 구성된 순양함 전단은 미드웨이 해전이 끝난 후 제16기동부대 사령관이 된 토머스 C. 킨케이드가 이끌었다. 우리는 전열을 계속 바꾸었다. 어제는 일반 순항 대형이었고 급유함들이 뒤에 붙었는데 오늘은 두 개 전열로 나뉘어 엔터프라이즈가 선두에 섰다.

전날 잠수함 한 척이 눈에 띄긴 했으나 일본군은 아직 보이지 않았다. 그래도 이건 좋은 징조라는 생각이 들었다. 조종사들은 잠수함을 공격하기 전에 피아 식별을 확실히 하라는 명령을 받는다.

무선침묵이 엄격히 유지되는 중이어서, 초계 임무에 투입된 조종사들은 방향을 잃거나 모함을 찾지 못해 귀함하지 못하는 경우에도 무전 교신을 취할 수 없었다.

지난밤에 월드런 소령이 디바인, 카즈마, 나 셋에게 말한 내용은 이러했다. 디바인과 나는 정규 작전 외에 시간을 따로 내서 테스트를 거치지 않는 한 절대로 공격대에 투입하지 않겠다는 것이었다. 카즈마는 일본군 전함과 교전이 일어나는 경우에 한해 2차 뇌격기 공격대에 나서게 될 거라고 했다.

월드런은 모든 대원들로부터 존경받았다. 체격은 깡마른 편이었고 피부는 햇볕에 그을린 구릿빛이었다. 직업적인 투사처럼 눈이 예리했고 입은 굳게 닫혀 있었다. 그는 늘 자신의 대원들을 챙겼고 그들의 군 생활에 변함없이 관심을 기울였다. 그의 매서운 유머감각도 대원들 사이에서 인기가 있었다. 무엇보다 그는 용맹한 전사의 기질을 지녔고 자기 임무를 정확히 꿰뚫고 있었다.

미드웨이 해전, 제16기동부대 중순양함 USS 미니애폴리스(CA-36)

미드웨이 해전, 제16기동부대 중순양함 USS 빈센스(CA-44)

미드웨이 해전, 제16기동부대 중순양함 펜사콜라(CA-24)

미드웨이 해전, 제16기동부대 중순양함 노샘프턴(CA-26)

미드웨이 해전, 제16기동부대 구축함 펠프스(DD-360)

미드웨이 해전, 제16기동부대 구축함 모너핸(DD-354)

월드런은 뇌격기 전술을 지극히 세세한 부분까지 연구했고 그 모든 지식을 조종사들에게 전수했다. 그는 칠판을 이용하여 받음각(Angle of Attack, 비행기 날개를 절단한 면의 기준선과 기류가 이루는 각도로, 받음각이 클수록 양력이 커진다. 전투기의 경우 기수를 상하로 움직여 공격할 수 있는 각도라는 의미에서 '공격각'이라 부르기도 한다―옮긴이)과 표적 속도에 따른 뇌격술을 가르쳤다. 모든 조종사들이 이 칠판에서 아주 많은 문제들을 연습하고 해결한 덕분에 자신이 투하한 어뢰의 궤적을 머릿속으로 그려볼 수 있는 수준까지 도달했다. 그 자신의 말마따나 '월드런 경전'에는 뇌격비행대원들이 알아야 할 뇌격술의 거의 모든 것이 망라되어 있었고 모든 조종사들은 이를 외우다시피 습득했다.

월드런은 우리 셋이 자기 방식에 익숙해지게 만드느라 시간을 허비하지 않았다. 우리는 조종사 대기실에서 다른 조종사들이 미국 본토에서 수개월의 훈련 과정을 통하여 습득한 원리들을 짧은 시간 안에 이해하려고 열의를 불태웠다. 월드런은 우리에게 그의 지시를 잘 따른다면 반드시 성공할 거라는 확신을 심어주었다.

어제 오후에는 호넷의 각 비행대 대대장들이 회의를 했고, 밤에는 월드런 대대장이 우리를 대기실로 불러 가능한 한 많은 정보를 전해주려고 했다.

"이번 전투는 가장 큰 규모가 될 것이고 어쩌면 이 태평양 전쟁의 전환점이 될지 모른다. 일명 미드웨이 해전. 이 미드웨이 해전이 역사적이고 영광스러운 사건으로 기록되길 바라자."

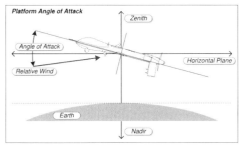

받음각   높은 받음각 상태의 X-31

미 해군사관학교를 졸업한 지 20년이 지난 대대장이 이번 전투를 자신의 역량을 입증할 회심의 기회로 여기고 있다는 건 어렵잖게 알 수 있었다. 그는 특히 뇌격기들이 좋은 성과를 내주기를 간절히 바라고 있었다. 그리하여 지금까지 그가 뇌격 전술에 들여온 피땀어린 노력과 과학적 연구가 빛을 보고 그 결실이 다른 항공모함 비행전대에서도 채택되기를 바랐던 것이다. 내가 알기로는 그때까지만 해도 월드런을 제외하면 뇌격기 전술을 그 정도로 심도 있게 연구한 사람이 없었다.

대기실에서 우리는 각자 전용 의자에 앉았고 월드런의 의자는 앞쪽 중간에 있었다. 우리는 날마다 대기실로 몰려가서 각자의 의자에 앉아 담배를 피우고 잡담을 나누며 일과를 시작했다. 그러다 어느 시점에서 월드런 대대장이 갑자기 우리를 조용히 시킨 후 학구적이고도 태평한 말투로 뇌격기 전술의 일부를 화제에 올렸다. 토론은 여유

로우면서도 세세한 부분까지 이어져서 언뜻 관련 없어 보이는 지점을 놓고 한 시간 동안 열띤 논쟁이 벌어지기 예사였다. 월드런의 지도 방식은 매우 효과적이었다. 그는 자신의 이론을 비판하도록 유도했고, 마치 자신이 틀렸음을 인정하며 주장을 철회하는 것처럼 한발 물러서는 인상을 풍기기도 했다. 그러나 잠시 뒤에는 짧고 노련한 몇 마디 말로 옳다고 인정할 수 있는 유일한 이론이 바로 그 자신의 것임을 확고히 입증하곤 했다. 이런 과정은 조종사들을 계속 긴장 상태에 두고 그가 전달하려는 요점을 마음속 깊이 새기도록 만들었다.

간밤에 월드런은 대기실 앞쪽 자신의 의자에 앉지 않고 그대로 서 있었다. 그는 눈을 반짝이면서 제8뇌격비행대의 작전 계획을 대략 설명하고 옅은 미소를 머금었다. 뇌격비행대는 이른 아침 1차 공격에 나섰다가 귀함한 뒤 오전 11시경 2차로 공격을 재개할 예정이었다. 주간에 최대한 많은 공격을 가하고, 사령부를 설득할 수 있다면 어두워진 후에 또다시 기습을 감행한다는 게 월드런의 복안이었다. 그의 이론에 따르면 주간 공격 이후 적군은 사기 저하와 극심한 혼란 속에서 지리멸렬 상태에 처할 것이었다. 적함 몇 척은 화염에 휩싸여 우리 공격대에 길잡이 역할을 할 터였다. 적이 미처 전의를 회복하기 전 야간에 다시 공격함으로써 다음날 적의 전력에 큰 타격을 가할 수 있다는 것이었다.

오늘 아침에 월드런 대대장은 우리에게 회피 기동 전술, 공습 후 이탈 방법과 관련된 몇 가지 요령을 알려주었다. 그러더니 이제 조종사 훈련이 막바지에 온 것 같다고 말했다. 그와 오랜 시간 함께해

온 조종사들과 제8뇌격비행대가 '함대 최고'라며 우리가 이번 전투에서 혁혁한 공을 세우리라 확신한다고 했다. 오랜 훈련은 마무리 단계에 왔고 조종사들은 전투라는 시험대에 오를 준비가 끝나 있었다. 그는 대기실에서의 훈련도 더이상 없을 것이라고 말했다. 스크리미지 (scrimmage, 연습경기)를 끝내고 큰 경기를 앞둔 미식축구팀 선수들처럼 앞으로는 대기실에서 '부족한 수면'을 보충하거나 독서를 하거나 편히 쉬게 될 거라고 말했다. 우리가 대기실에 따로 소집되는 경우는 오로지 전술상의 변화를 전달받을 때일 거라고.

(그러다 문득 우리 뇌격비행대에 무슨 일이 벌어질지 알고 있었던 것처럼, 매의 얼굴을 한 이 전사는 잠시 자세를 누그러뜨렸다. 그러고는 모든 조종사들에게 개인적인 일을 깔끔하게 정리하고 무엇보다 "우리 중 누군가 돌아오지 못할 경우를 대비하여" 가족들에게 편지 쓰는 일을 잊지 말라고 주문했다.)

디바인과 나는 오늘 3차 또는 4차 출격에 나설지 모른다는 통보를 받았다. 하지만 그전에 더글러스 TBD 데버스테이터로 항모에 착함한 경험이 전혀 없는 두 조종사가 비행해도 좋다는 함장의 승인이 있어야 했다. 솔직히 나는 출격하고 싶었다. 게다가 교전 상황에서 적의 집중 공격을 받게 될 항공모함에 남아 있기보다는 창공에서 비행하는 편이 안전하다는 생각도 있었다. 한편으로는 내가 어떤 면에서 준비가 되지 않았으니 첫 교전을 '담담하게' 받아들이라는 말이 싫었다. 설령 내가 항공기와 그 운용을 잘 안다고 여긴다고 해도 뇌격기 전술에 익숙하지 않아서 문제가 생길 수도 있다는 게 틀린 말은 아니었다. 나는 교전이 벌어지기 무섭게 흥분할 것이고 무슨 일이든 하려고 들 것이기 때문이다. 어쨌든 내가 출격하고 말고는 스스로 결정할 사안이 아니었다.

오늘 아침 '호니 마루'의 마크 미처 함장이 전성관을 통해 다음 통지문을 낭독했다. "적이 미드웨이 환초를 점령하기 위하여 접근중이다. 이 공격은 서부 알래스카에 대한 유인 공격과 동시에 전개될 가능성이 있다. 우리는 미드웨이 사수를 위하여 출격한다. 전투 준비하고 비상 대기하라. 방어 몇 마리 더 낚으러 가자."

어젯밤 조종사, 폭격수, 통신수 전원이 대기실에 집결하여 선임 장교로부터 전략적 상황의 설명을 들었다.

일본군에 맞설 호넷과 엔터프라이즈의 제16기동부대는 5월 29일에 진주만을 떠난 또다른 항공모함 요크타운의 제17기동부대와 미드웨이에서 북서쪽으로 510킬로미터 떨어진 '포인트럭(Point Luck, 행운점)'에서 합류할 예정이었다. 산호해 해전에서 큰 피해를 입은 요크타운은 단기간 내에 출동 불가능하다는 것이 중론이었다. 그런데 1400명이 복구 작업에 매달려 단 사흘 만에 응급 수리를 마치고 출격했으니 일본은 물론 아군의 예상까지 깬 결과였다. 프랭크 플레처 소장이 지휘하는 제17기동부대는 항모 요크타운과 순양함(2척), 구축함(6척), 함재기 총 75대로 구성되어 있었다.

한편 오늘 제8뇌격비행대의 또다른 분견대가 6대의 신형 뇌격기 그러면 TBF 어벤저를 몰고 미드웨이 환초에 도착할 예정이었다. 그

진주만 드라이독(건선거)에서 수리중인 요크타운(5월 29일)

미드웨이 해전, 제17기동부대 중순양함 USS 아스토리아(CA-34)

미드웨이 해전, 제17기동부대 중순양함 USS 포틀랜드(CA-33)

미드웨이 해전, 제17기동부대 구축함 USS 앤더슨(DD-411)

미드웨이 해전, 제17기동부대 구축함 USS 해먼(DD-412)

밖에도 미드웨이에 주둔중인 해병대의 SBD 돈틀리스 19대, F4F 와일드캣 7대, SB2U 빈디케이터 17대가 있었다. 하와이에서 출격 대기중인 예비 전력도 있었다. B-17 플라잉 포트리스를 비롯한 육군 폭격기들도 상황에 따라서 미드웨이로 출격할 태세였다.

우리 전략은 일본군 함재기들이 미드웨이로 향해 가는 동안 그들의 정규 항공모함들을 공격하는 것이다. 함재기들의 방호가 없는 경우 일본 함대는 우리 비행대 앞에서 그저 물에 젖은 오리떼에 불과할 터였다. 항공모함들을 격침한다면 함재기들은 연료가 떨어지는 즉시 끝나게 되어 있다. 그런 다음 적 함대의 나머지 전력을 차례차례 타격해나갈 것이다.

오늘 포인트럭에서 요크타운의 제17기동부대가 우리 제16기동부대와 합류했다. 이로써 우리는 엔터프라이즈, 호넷, 요크타운의 항공모함 3척과 호위함으로 전열을 정비했다.

오늘은 대부분의 시간을 비행갑판에서 작전을 관찰하며 보냈다. 다른 항공모함에서 함재기들이 출격하는 광경을 지켜봤다. 함대 전체는 바람이 불어오는 정방향으로 항로를 변경했다. 기함 엔터프라이즈가 바다를 가르며 우리 항공모함을 지나쳐 속도를 높여갔다. 기함과의 거리는 측면으로 약 900미터였다. 출격하는 함재기들은 마치 느릿느릿 비행갑판 전방을 가로질러서 창공으로 떠오르는 것처럼 보였다. 멀리 점점이 보이는 함재기들은 가지를 뻗은 관목 덤불 같았다. 우리를 지나쳐 앞으로 치고 나간 엔터프라이즈에 이어 호위 구축함이 바닷물을 잘라내어 함수 뒤로 흰 포말을 집어던지듯이 나아갔다. 나는 미 해군이 보유한 가장 우아한 선박이 구축함이라고 생각한다. 유선형 뱃머리로 바다를 헤쳐나가며 앞으로는 파도를 가르고 뒤로는 흰 포말을 일으키는데, 바로 그 모습이 수병을 바다로 돌아가고 싶게 만든다.

6월 3일 저녁, 제8뇌격비행대원 대부분은 티츠 소위의 선실에서 포커를 쳤다. 늘 그래왔듯 누군가는 경솔하게, 누군가는 신중하게 카드를 뽑고 칩을 던졌다. 모두 느긋했고, 포커가 끝나자 일찍 잠자리에 들었다. 나도 잠을 푹 잔 것 같다.

바로 그날 밤 미드웨이 해전이 시작되었다. 6월 3일 수요일이었다.

5. 미드웨이 해전

6월 4일 오전 3시 30분경에 제8뇌격비행대원들은 대기실로 모였다. 이미 한참 전에 항공모함의 총원 전투배치가 끝났다. 조종사와 항공 승무원들도 기상해 있었다. 그들은 자신들의 함상 본부라고 할 수 있는 좁은 대기실로 꾸역꾸역 모여들었다.

새벽에만 해도 뇌격비행대원들은 오늘이 아주 중요한 날이 될 거라고는 생각하지 못했다. 대부분은 편안한 가죽 의자에 파묻혀 잠을 자거나 졸고 있었다. 오전 5시에서 6시 사이에는 하품을 하면서 일어나 짧게 잡담을 나누기도 했다. 그리고 한번에 두세 명씩 교대로 아침식사를 하러 갔고, 이후로는 대기실에 좀더 생기가 돌았다.

오전 6시 40분 대기실 앞에 있는 대형 텔레타이프 화면이 움직이기 시작했다. 5초 뒤 화면에 나타난 전문은 간밤에 육군 폭격기와 해군 PBY 카탈리나 비행정들이 일본군 전함 2~3척, 항공모함, 순양함 1척, 구축함으로 이루어진 일본군 주력 함대와 지원부대를 공습했다는 정보를 전했다.

일본 함대는 미드웨이 서쪽에 있었다. 그 시간 아군의 항공모함 3척과 호위함들은 미드웨이 북동쪽에 있었다.

이 정보를 접하고 잠이 확 달아난 대원들은 한 시간 동안 숨죽이고 다음 소식을 기다렸다. 그러나 더 자세한 정보는 전해지지 않았다. 어느 정도 시간이 지나자 대원들은 다시 긴장을 풀고 농담을 주고받기 시작했다. 내 옆에 앉아 있던 러스티 케니언에게 5행 속요 몇 편을 들려준 기억이 난다.

마드라스에서 온 아가씨

멋진 엉덩이(ass, '당나귀'라는 뜻도 있다—옮긴이)를 가졌지

동그스름하고 분홍색

너는 그렇게 생각할지 모르지만, 아니야

귀가 길고 꼬리가 있고 풀을 먹지

월드런 소령이 상체를 숙이고 내 노래를 듣더니 자기가 아는 5행 속요도 들려주었다. 5행 속요를 수집하던 케니언은 우리에게 다시 들

조종사 대기실에서 작전 브리핑을 받고 있는 조종사들

려달라고 청한 다음 정성스레 종이에 받아적고는 호주머니에 집어넣었다.

시도 때도 없이 잠을 자는 것 같은 휜둥이 무어는 아니나다를까 대기실 뒤쪽에서 잠들어 있었다.

오전 8시 10분, 갑자기 제8뇌격비행대의 출격 명령이 떨어졌다. 이어서 다음 전문이 텔레타이프 화면에 떠올랐다. "다수의 적기가 320도 방향에서 미드웨이로 접근중."

화면에 또 정보가 나타났다. "330도로 침로를 변경한다." 그 순간부터 조종석에 앉을 때까지 대원들은 텔레타이프 화면에 뜨는 문장들을 게걸스럽게 읽었다.

"08시 15분 전투 정찰 조종사 8명 대기, 조종사 2명 탑승하라."

"모든 전투기 조종사 탑승하라."

"호넷 직선 항로 240도." 10노트(18km/h)로 느리게 항해하던 호넷은 그때부터 일본 함대를 향해 맹렬히 속도를 올렸다.

전성관을 통해 명령이 하달되었다. "적군의 주력이 미드웨이 공략을 시도하고 있다. 우리는 적 함대를 중간에서 기습하기 위하여 미드웨이로 향한다." 이미 그림은 바뀌어 있었다. 적군은 서쪽이 아니라 북서쪽에서 접근하고 있었다. 어쩌면 적 함대의 주력이 이미 증원되었을지도 몰랐다.

텔레타이프 화면이 또 움직였다. "모든 정찰 폭격기와 뇌격기 조종사들은 각 대대장을 제외하고 전원 출격 준비하라. 대대장과 전대장들은 대기실에 남아서 최신 정보를 확인하라."

"08시 25분 지상풍 126도, 6노트(11km/h). 정정한다. 지시가 있을 때까지 조종사 탑승은 유보한다."

"08시 45분 호넷 위치 위도 31도 368분, 경도 176도 29분. 적군 방위 239도."

명령과 중요 정보가 텔레타이프 화면에 줄줄이 떠올랐다. 비행복을 입은 조종사들이 각종 차트와 비행정보를 확인하는 데 집중하고 있었다.

확성기에서 요란한 경보음이 울리자 모든 승무원들이 긴장했다. "09시 00분 공격대 출격한다. 적의 함재기가 미드웨이로부터 귀함하는 동안 적함을 공습한다. 적과 100마일(160킬로미터) 거리까지 접근한다."

또다시 텔레타이프에 전문이 떴다. "09시 00분 공격대 출격하라. 각 항모 전투 정찰을 위해 추가 편대가 필요함. 전대 단위로 항모 1척을 타격하라."

곧이어 전성관으로 항공모함 교전수칙이 전달되었다. 일부 전투기는 항공모함의 호위를 맡고 일부는 공격대와 함께 출격하며 나머지는 함상에서 전투 정찰 추가 투입을 위해 출격 대기하거나 비상 상황에 대비하라는 명령이었다.

월드런은 생각에 잠겨 있었다. 그는 곧 대원들에게 마지막 지침을 전달했다. 무슨 이유에서인지―내가 그 이유를 넘겨짚고 싶지는 않지만―그는 일본군 함대의 위치가 보고 내용과 다를지도 모른다고 의심했다. 그는 부하 대원들에게 적의 위치만 찾아낼 수 있다면 비행

알류샨 작전(AL)에 투입된 일본 해군 북방함대(제5함대) 구축함 이나주마

알류샨 작전에 투입된 일본군 제2기동부대(제4항공전대) 경항공모함 류조

알류샨 작전에 투입된 일본군 제2기동부대(제4항공전대) 경항공모함 준요

미드웨이 작전(MI)에 투입된 야마모토 이소로쿠 사령장
관의 일본군 주력함대(제1함대) 전함 야마토

미드웨이 작전에 투입된 나구모
중장의 일본 해군 제1기동부대
제1항공전대 항공모함 아카기

미드웨이 작전에 투입된 해군 제1기동부대 제1항공전대 항공모함 카가

미드웨이 작전에 투입된 일본군 제1기동부대 제2항공전대 항공모함 히류

미드웨이 작전에 투입된 일본군 제1기동부대 제2항공전대 항공모함 소류

곤도 중장의 일본군 미드웨이 공략부대(제2함대) 경항공모함 즈이호

중에 연료가 다 떨어져도 개의치 않겠다고 말했다.

"연료가 바닥나면 다 함께 바다에 비상 착륙해서 막간 야유회나 즐기면 되겠군." 그가 말했다.

"우리는 정오까지는 돌아올 것이다. 그러나 수적 열세 속에서 적기들과 홀로 맞서는 최악의 상황에 직면하더라도 오로지 적 항모를 향해 접근해야 한다. 제군들, 최후의 일인까지 피클을 가져가 적함을 명중시키기 바란다." 월드런은 어뢰라는 말을 사용하는 법이 없었다. 언제나 피클, 소시지, 물고기, 토페커(torpecker, 당시 많이 쓰인 더글러스 TBD 데버스테이터의 별명—옮긴이)라고 불렀다.

한덩치 무어는 비행 정보를 숙지한 다음 게이 소위와 농담을 주고받기 시작했다. 듣자니 그가 게이를 놀리고 있었다. "게이, 넌 맞히지

TBD 데버스테이터에 항공 어뢰를 장착한 모습

못할걸. 넌 2미터짜리 갈퀴로도 황소 불기짝 하나 못 맞힐 테니까."

게이의 입장에선 좀 지나친 농담이었나보다. 게이는 진지한 얼굴로 "반드시 맞힐 겁니다"라고 정색하더니 입을 다물어버렸다.

"전원 탑승." 마지막 명령이 떨어졌다. 모든 조종사들은 서둘러 비행정보를 숙지하고 한 명씩 대기실을 빠져나갔다. 월드런 소령의 얼굴은 흥분으로 상기되어 있었다. 실전에서 주요 목표물에 타격을 가해 자신의 오랜 해군 경력의 정점을 찍기 직전이었으니 말이다. 웅크린 채 대기실을 나서던 그는 뭔가 재치 있는 말을 하고 싶은 기색이었지만 그러지 못했다.

카즈마는 2차 공격에 투입될 예정이었다. 디바인과 나는 3차 공격이었다.

그러나 3차 공격은 없었다. 2차 공격도 없었다. 사실 비행갑판을 떠난 제8뇌격비행대 중에서 단 1대도 돌아오지 못했다.[1]

오전 10시, 호넷의 모든 함재기들이 출격하여 목표물을 향해 날아갔다. 남은 우리는 그들의 무사귀환을 기도하는 것 아니면 적의 공격을 기다리는 것 외에 달리 할일이 없었다.

1 　월드런 소령이 지휘하는 제8뇌격비행대(VT-8) 데버스테이터 15대는 전투기들의 엄호를 받지 못한 채 9시 20분 항모 아카기 뇌격에 나섰다. 그러나 느리고 둔중한 데버스테이터는 제로 전투기의 공격과 사방에서 쏟아지는 대공 포화에 모두 격추당했고 어뢰도 빗나갔다. 승무원 30명 중 유일한 생존자는 비행기에서 비상 탈출한 조지 게이 소위였다. 하지만 수많은 희생에도 불구하고 미군은 끈질기게 공격을 반복하여 순간적으로 일본군의 대공 방어선에 구멍을 내는 데 성공했다. 10시 20분 맥클러스키 중령의 제6급강하폭격기비행대대(VB-6)가 나타났을 때 항모 상공의 일본 전투기들은 뇌격기의 파상공세를 막느라 저공비행을 하는 중이었고 연료도 거의 바닥나 있었다. 이들은 바로 이 순간을 놓치지 않고 고공에서 급강하 공격을 퍼부어 겨우 5분 사이에 항모 3척을 연달아 격파하는 데 성공했다.

화창한 날이었다. 은은하게 푸른 하늘에 뭉게구름이 흩어져 있었고 바다는 햇빛을 머금어 반짝였다.

10시 35분, 화면에 전문이 떠올랐다. "적군 쌍발 수상 비행정 출현. 방위 180도. 전투기가 수색중이다. 전투 정찰 수준으로 대기하라."

모든 승무원은 이미 한참 전부터 총원 전투배치 상태로 경계 태세를 갖추고 있었다. 이번에는 확성기를 통해 또 한번 경보가 전해졌다. "반격 태세를 갖춰라."

적기 한 대쯤은 문제가 아니었다. 그러나 그 한 대가 일본군 정찰

일본군의 공습으로 화염에 휩싸인 미드웨이 환초 포드섬의 유조 탱크(1942년 6월 4일)

기라면 아군 기동부대를 발견하고 위치를 일본 함대에 타전할 것이다. 그러나 오전 11시 20분에 그 항공기가 아군 소속으로 확인됐다는 소식이 전해졌다.

오전 11시 35분, 텔레타이프 화면에 일본군이 미드웨이 환초를 공격했으나 별다른 피해는 입지 않았고 일본 전투기 8대가 격추되었다는 소식이 들어왔다.

오후 1시 35분, 호넷 함재기의 첫번째 귀함이 시작되었다. 급강하 폭격기인 SBD 돈틀리스였는데 착함할 때 보니 대부분은 여전히 폭탄을 탑재하고 있었다. 곧이어 전해진 소식에 따르면 그들은 일본군 함대를 발견하지 못했고 몇몇 조종사들은 무게를 줄이기 위하여 폭탄을 바다에 버렸다고 했다.

제8뇌격비행대는 아직 돌아오지 않았다. 앞으로 45분 후에는 돌아와 항공모함에 착함하든가 아니면 바다에서 수면 불시착하든가 둘 중 하나였다. 그때가 연료가 바닥나는 시점이기 때문이었다. 우리는 뇌격기를 찾아 수평선을 꼼꼼히 훑어보았다. 밥 디바인과 나는 비행갑판에 있었다.

"함미 쪽으로 적기 접근중!" 아! 우리는 뇌격기 생각일랑 순식간에 잊어버렸다. 곧 공습을 당하겠다는 생각이 들었다.

"아군 전투기들이 함미에서 적기 타격중." 확성기를 통해 급보가 전해졌다.

"반격 태세." 갑자기 좌현으로 전투기들이 벌떼처럼 몰려들었다.

일본 항모 카가를 공격하던 USS 엔터프라이즈의 제6급강하 폭격비행대(VB-6) 소속 돈틀리스가 손상을 입은 상태에서 연료 부족으로 요크타운에 임시 착함했다(1942년 6월 4일). 돈틀리스는 나중에 요크타운과 함께 침몰했다.

그 순간 내가 꽤나 얼뜬 짓을 했던 게 기억난다. 권총집을 풀어 45구경 권총을 뽑아들고는 다가오는 일본 전투기를 쏘겠다며 비행갑판 가장자리에 위치를 잡았으니 말이다. 아마도 호넷 승무원들에겐 제로 전투기보다 내가 더 위협적으로 보였을 것이다.

그런데 제로 전투기들은 호넷을 겨냥한 것이 아니었다. 그들은 호넷 왼쪽에 떨어져 있던 요크타운을 향해 벌떼처럼 몰려갔다. 멀리서 연기 얼룩 하나가 나타났고, 곧이어 전투기들이 바다로 곤두박질친 지점에서 또 한번 연기 얼룩이 보였다. 수평선 너머로 연기 기둥이 두 개 더 솟구쳤다. 그런 뒤 모든 전투기들이 사라졌다. 호넷의 전투기들이 출격 준비를 하고 있었다.

"뇌격기 우현 전방에 접근중." 화면에 글자가 떠올랐다. 방금 요크타운을 공습하고 돌아온 일본 전투기들이었다. 결국 우리의 운명은 다음 표적이 될 때까지만 연장되고 있었던 셈이다.

광풍과도 같았던 공습 직후 요크타운의 함상 전투기 1대가 호넷에 불시착했다. 조종사는 발목에 총상을 입고 있었다. 전투기 동체가 우현으로 미끄러지고 오른쪽 바퀴가 휘는가 싶더니 별안간 50구경 기관총 6정이 한꺼번에 자동발사되기 시작했다.

나는 우현 난간에 기대어 서서 전투기의 착함 과정을 지켜보다가 벌러덩 자빠지고 말았다. 내 앞에 있던 세 명도 쓰러졌다. 바로 내 앞에 있었던 카즈마가 아무 말 없이 응급실 쪽으로 걸어갔다. 그때만 해도 그가 부상을 입었다고 생각지 못했고 그저 아수라장을 벗어나고 싶어서 그쪽으로 걸어간 줄 알았다. 알고 보니 그는 입과 어깨를 비롯해 온몸에 파편을 맞은 것이었다. 카즈마 앞에 있던 수병 한 명은 무릎에 총상을 입었지만 중상은 아니었다. 나는 그 수병을 평평한 곳으로 끌고 가서 바지를 찢고 상처를 살폈다. 찢어진 정도의 상처라서 나는 그에게 부상 상태를 직접 확인해보라고 말했다. 그는 자신의 상처를 확인하고 훨씬 침착해졌다.

수병의 상처를 살펴보고 난 뒤에야 주변에 온통 유혈이 낭자했음을 알게 되었다. 나는 일어서서 주변을 둘러보았다. 바로 뒤에 만신창이가 된 또다른 수병의 시체가 있었다. 직격탄을 맞은 것이다. 숨이 끊어진 그는 아주 평온해 보였다. 한쪽 다리는 발가락이 드러난 채 갑판에 놓여 있었고 한쪽 다리는 무릎을 세운 자세였다. 팔은 쭉 펼쳤고 손바닥은 편안하게 하늘을 향해 있었다. '허, 평온해 보여.' 나는 생각했다.

수병의 시체를 지나 사다리 쪽으로 향했다. 들것에 실려 응급실로 이송중인 해병대 상사가 보였다. 오른팔이 어깨부터 팔꿈치까지 심하게 찢어져 너덜너덜해진 근육이 드러나 있었다. 그는 배를 부여잡고 신음했다. "윽, 윽." 도저히 이해할 수 없는 일이 벌어졌다는 표정이었다. 나도 들은 바 있는 '쇼크' 상태에 빠진 것이었다. 해병대 상사는 그날 밤 사망했다.

기관총 자동발사로 인해 5명이 죽고 20명 이상이 부상당했다.[2] 그 유혈의 현장에서 나는 핏빛으로 찢겨진 사람의 맨살과 피부에 깜짝 놀랐다. 영화를 많이 보아서인지 부상자와 옷 밖으로 스며 나오는 피가 지극히 평범하게 보였던 것이다.

그 사고 직후 자동발사 장치를 탑재한 또다른 항공기가 이번에는 좌현에 착함했다. 다행히 다친 사람은 없었다.

오후 2시 10분, 미드웨이에서 전문이 들어왔다. 호넷의 폭격비행대(오전에 정찰 임무를 펼친 후 미드웨이 환초에 착륙했던) 11대가 일본군 항공모함을 공격하기 위하여 북쪽으로 향하고 있다는 내용이었다.

---

2 이 비극은 대니얼 S. 시디 소위의 와일드캣에 탑재된 기총이 착륙시 충격으로 오발했기 때문이었다. 총알이 비행갑판을 휩쓸면서 그 앞에 있던 승무원 5명이 사망한 것을 비롯해 수십 명의 사상자가 발생했다. 그중에는 대서양함대 사령관 로열 잉거솔 제독의 아들도 있었다.

우리는 호넷의 뇌격비행대도 미드웨이 환초에 착륙했을 거라고 생각했다.

호넷의 전투기 일부가 돌아왔다. 우리는 조종사들로부터 요크타운 상황을 전해들었다. 일본군 뇌격기들이 가공할 만한 제로 전투기들의 호위를 받으며 요크타운을 폭격했다고 한다. 제로 전투기들은 가볍고 기동성이 뛰어난 반면 일단 피탄되면 성냥갑처럼 불길에 휩싸여 끝나버린다고 했다. 경량화에 지나치게 집착한 나머지 동체의 방탄 능력에 치명적인 약점이 있었던 것이다.

오후 4시경 일본군은 다시 요크타운을 공격했다. 이번에도 우리 항공모함에 "반격 태세. 반격 태세"라는 경보가 울렸다. 역시나 일본군은 벌떼처럼 요크타운 상공으로 몰려들었다. 호넷의 전투기들도 그쪽으로 출격했다. 호넷은 또다시 방치되고 있었다.

오후 5시 10분, 호넷이 정찰기와 폭격기를 발진시켜 적군(방위 278도) 공격에 나섰다는 소식이 전해졌다.[3] 항공기들은 어두워진 후 호넷 서쪽의 환한 녹색 불 2개와 좌현 보도를 따라 일렬로 늘어선 녹색 불빛에 의지하여 귀함했다.

그날 저녁과 밤 동안 많은 요크타운 전투기들이 호넷에 착함했다. 피격당한 요크타운은 함재기를 회수할 수 없는 상황이긴 해도 그리 심각한 손상은 입지 않았다는 소식이 전해졌다.

---

3   오후 3시 50분 호넷과 엔터프라이즈에서 출격한 돈틀리스 편대 40대는 마지막 남은 일본 항모 히류를 공격하여 오후 5시 5분 갑판에 폭탄 4발을 떨어뜨렸다. 히류는 대파되었고 화재 진압에 실패하여 결국 다음날 9시 침몰했다. 제2항공전대 사령관 야마구치 다몬 소장도 히류와 운명을 함께했다.

오후 8시, 호넷의 함장 마크 미처가 일본군 항공모함 4척이 불타고 있으며 BB(전함)와 CV(중순양함) 들도 손상을 입었다는 소식을 알렸다. 함장은 모든 승무원에게 '수고했다'며 인사하고 야간에 미 육군 폭격기들이 일본군 항공모함들을 마저 공격할 것이라고 말했다.

일본 해군은 당시 이름을 떨치던 정규 항공모함에 손실을 입었다. 항공모함 4척이 심각한 피해를 당했다. 전함 2척이 파손되었는데 그 중 1척은 심각했고 다른 1척도 가볍지 않은 손상이었다. 순양함은 4척이 파손되었고 1척은 심각한 상태였다. 구축함 5척도 피격되었으며 그중 일부는 심각한 손상을 입었다.

허류의 함재기들이 맹렬한 대공망을 뚫고 요크타운에 어뢰를 명중시키고 있다.

반면 아군의 피해는 함재기를 잃은 수준이었다. 호넷의 경우 TBD 데버스테이터 15대가 격추되었고 SBD 돈틀리스 3대가 바다에 추락 했으며 전투기 9대가 격추되거나 실종되어 총 27대의 함재기를 잃었 다. 엔터프라이즈의 경우 뇌격기 대부분과 SBD 돈틀리스 상당수를 포함하여 총 32대의 함재기를 잃었다. 요크타운의 함재기 손실은 아 직 집계되지 않았다.

아군의 다른 항공모함들과 함께 우리 호넷의 함재기들도 일본군 항공모함 최소 2척과 전함 1척을 기동 불능 상태로 만들면서 초기 제공권을 장악했던 것이 분명하다. 미드웨이 환초에서 출격한 TBF 어벤저 6대도 곧 공격에 가담했다. 그중 1대가 섬으로 생환했지만 조 종사는 부상당했고 폭격수는 사망했다. 하늘은 일본군 제로 전투기 로 득시글거렸고, 호넷의 제8뇌격비행대 대부분은 폭탄을 투하한 후

항공모함 조종사 대기실에서 이야기 나누는 조종사들

공중에서 격추당했다. 호넷 뇌격비행대의 공격 시점은 아마 일본군 함재기들이 미드웨이 환초에서 귀함하여 재급유와 재무장을 하던 도중이었던 것 같았다.

6월 4일은 호넷 조종사들에게 승리의 날인 동시에 비통한 날이었다. 일부 조종사들은 그날(그리고 이후 이틀 더) 자신의 비행 경력에서 가장 긴 전투 시간을 기록했다.

속속 귀함하여 보고를 마친 조종사들은 예외 없이 '제독의 주방'으로 향했다. 비행갑판보다 한 층 아래 갑판에 있는 '제독의 주방'은 조종사 대기실에서 레모네이드나 커피를 마실 수 없을 때 찾아가는 곳이다. 교전의 흥분이 모두를 갈증 나게 만들었다. 귀환한 조종사들은 대기실이나 '제독의 주방'으로 몰려들었다. 종이컵에 든 레모네이드를 벌컥벌컥 들이켜고 샌드위치를 기계적으로 입에 쑤셔넣으며 동시에 서로 손짓발짓을 섞어 자신의 모험담을 쏟아냈다. 헬멧을 벗은 그들의 머리는 땀범벅으로 떡이 져 있었다. 대부분 얼굴이 지저분했고 경량 면직물 비행복은 땀으로 줄무늬가 생겨 있었다. 그래도 그들은 생애 최고의 시간을 만끽하고 있었다. 그들은 싸웠고 이겼고 살아남았으며 그 사실을 기적으로 여겼다. 그들이 원하는 것은 오직 지금 당장 다시 출격하는 일이었다.

그들은 너무 흥분한 나머지 허기를 느끼지 않았지만 뭐라도 해야 했기에 음식을 입에 쑤셔넣었다. 그날 내가 목격한 적잖은 조종사들이 한 손에는 레모네이드 컵을 들고 다른 손에는 샌드위치 두 개를 들고 한쪽 볼엔 빵을 가득 집어넣은 채 마치 조종석에 앉아 있기라도 한 것처럼 공중전을 설명하느라 여념이 없었다. 우스꽝스러운 광경이었지만 나와 디바인의 눈에는 흥미진진하기만 했다. 우리는 그들의 열정에 감화될 수밖에 없었다.

그날 밤 공격이 끝난 후 조종사들은 각자의 선실에 모여 교전 과정을 재확인하며 짚어나갔다.

제8뇌격비행대는 어떻게 된 걸까? 그 당시에는 알 수 없었다. 우리가 확신할 수 있었던 것은 그들이 적을 발견하고 공격했다는 사실뿐이었다. 월드런이 호넷에 보고했던 당시 위치를 보면 그랬다. 그 보고를 바탕으로 그날 아침을 돌이켜보면 오후의 폭격은 성공적으로 이루어졌을 터였다. 그런데 제8뇌격비행대는 어떻게 된 걸까? 생존한 대원은 몇 명이고 어디에 있는 걸까? 미드웨이 환초? 아니면 고무보트를 타고 표류중일까? 혹시 아군 구축함이나 초계함에 구조된 건 아닐까? 도무지 알 길이 없었다.

밥 디바인은 그날 야간 근무를 서다가 격납고 갑판 앞쪽에서 몇몇 승무원들이 부산히 움직이는 모습을 목격했다. 그들은 그날 사망한 전우들의 시체 5구에 수의를 입혀 각각 2분씩 기도한 뒤 어둠 속에서 조용히 바다에 수장했다.

6월 5일은 짙은 안개로 시작했다. 우리는 일본 함대가 은밀히 퇴각하거나 미드웨이로 상륙 부대를 잠입시키는 건 아닐까 걱정했다.

디바인과 나는 비행갑판에 올라갔다가 얼마 안 있어 고즈넉한 우리 대기실에 들어섰다. 뇌격비행대의 조종사 15명과 통신수 15명이 어떻게 됐는지는 여전히 알 수가 없었다. 하지만 그들이 무사하진 않을 것 같다는 생각이 들기 시작했다.

오전 7시 15분, 미 태평양함대 사령관이 호넷에 전문을 보내 "제군들을 지휘하는 일이 자랑스럽다. 오늘 하루도 필사적인 노력으로 적을 격퇴할 것이다"라고 전했다.

오전 7시 30분, 텔레타이프 화면을 통하여 일본군이 미드웨이 상륙을 시도할 경우 기습하기 위해 그쪽으로 향하는 중이라는 통지가 왔다.

오전 늦게 호넷 폭격비행대 소속 통신수 하나(전날 미드웨이 해전에 참전했던)가 미 육군 B-17기 조종사들로부터 들은 얘기라면서 제8뇌격비행대가 일본 항공모함 2척을 타격했고 전함 1척을 침몰시켰다고 말했다. 이로써 간밤에 들었던 소식이 사실로 입증된 셈이었다.

통신수의 말에 따르면 미드웨이 환초는 어제의 보고와 정반대로 맹폭당한 상태였다. 섬의 수비대는 식수―바닷물을 증류해서 공급하는―와 식량 부족이라는 난관에 처해 있었다. 해병대 전투비행대 3개 중대에 비행기는 고작 5대 남았고 그나마 3대만 가동 가능했다.

미드웨이에서 익사한 어느 일본군 조종사는 급선회와 산소 부족으로 블랙아웃(비행중의 일시적 의식 상실―옮긴이)이 올 것에 대비하여 복부를 조종석에 테이프로 감아놓았다고 한다. 통신수는 이어서 미드웨이 비행장에서 대공포를 피하려다가 격추된 일본 전투기 이야기도 들려주었다. 그가 육군으로부터 들었다는 얘기에 따르면 제로 전투기들은 고무보트를 타고 표류하는 미군 조종사들을 발견하면 여지없이 저공비행으로 무차별 사격을 가한다고 했다.

오전 10시 30분, 텔레타이프 화면이 반짝였다. "이제 우리는 미드웨이 서쪽 50마일(80킬로미터) 해상에 있는 적 함대를 집중 공격할 것이다."

오전 11시 45분, 이번에도 텔레타이프 전문이었다. "일본 함대가 어제의 피해를 극복하지 못하고 이탈하려는 것 같다. 모든 병력이 퇴각중이다. 미드웨이 150마일(240킬로미터) 반경까지 진입했던 상륙 부대가 오늘 오전 일찍 이탈하고 있다. 우리는 맹추격중이다. 일본 수송함 몇 척이라도 바다에 수장해야 한다."

오후 12시경부터 안개가 걷히고 날이 개기 시작했다. 이윽고 또 텔레타이프가 작동하기 시작했다. 오후 2시였다. "우리는 불타고 있는 적군 CV(항공모함)를 격침하기 위해 맹추격중이다. 방위 320도, 미드웨이로부터 240마일(390킬로미터) 거리. 목표물과의 거리는 200마일(320킬로미터). 적 항모의 호위함으로 전함 2척과 중순양함 3, 4척이 있다."

오후 2시 25분, "추격중인 항공모함과의 거리 180마일(290킬로미터). 모든 정찰 폭격기 출격 준비하라."

오후 3시, "항공모함, 손상된 전함, 손상되지 않은 전함, 중순양함 순으로 타격 완료. 모두 침몰하기를."

"미드웨이 공습에 일본군 항모 총 5척이 투입된 것으로 파악됨. 아군이 찾아낸 항모는 총 4척. 나머지 1척은 인근에 잠행중일 가능성 있음. 경계 태세 유지하라."

오후 4시, 호넷의 정찰기와 폭격기 들이 엔터프라이즈의 함재기들과 함께 기습 작전을 위하여 출격했다.

우리는 귀함중인 SBD 돈틀리스가 노을 진 수평선 위로 나타난 8시 30분까지 그들의 정확한 임무가 무엇인지 몰랐다. 돈틀리스는 항공모함 상공을 선회하면서 신호에 따라 하나씩 내려왔다. 해가 저물고 창공이 어둠으로 물들었을 때 다른 함재기들이 2,3대씩 줄줄이 내려오기 시작했다. 그들은 한 시간 이상의 간격을 두고 착함했다.

구름이 끼고 어두워서 호넷과 엔터프라이즈는 서로를 향해 함교에서 서치라이트를 점멸했다. 그 모습은 호수에 들이닥친 여름 태풍을 떠올리게 했다. 후끈한 열기의 돌풍, 먹구름, 밤을 가르는 번개의 섬광.

상당수 조종사들에게 첫 항공모함 착함이었던 점을 감안하면 1대를 제외하고 모두 훌륭하게 야간 착함을 해냈다. 엔터프라이즈의 정찰비행대에 배치됐던 바먼 소위가 조명을 켜지 않고 착함하다가 방벽과 충돌하여 눈이 찢어지는 부상을 입은 것이다. 나는 그의 입을 통해서 제이미 덱스터가 무사하다는 것과 일본 항공모함 아카기의 비행갑판 한복판에 1000파운드 폭탄을 명중시킨 조종사가 바로 '제이크 더 레이크' 재커드라는 사실을 알게 되었다.

폭격기 조종사들이 전한 소식은 좋지 않았다. 그들은 적군 구축함 한 척을 발견하고 폭격했지만 60발이 넘는 폭탄 중에서 단 2발을 맞히는 데 그쳤다.

오후 9시, 제8뇌격비행대의 게이 소위가 30시간 넘게 바다에 표류하다가 PBY 카탈리나 비행정에 구조되었다는 소식이 확성기로 전해졌다. 게이 소위는 뇌격을 성공적으로 완수했으며 자신이 일본군 항공모함 소류에 한 발을 직격했다고 말한 것으로 알려졌다.[4]

6월 6일, 우리는 여전히 일본 함대를 추격하고 있었다.

호넷은 계속 함재기를 출격시켜 일본 함대를 공격했다. 6일은 급강하 폭격기를 위한 날이었다.

오전 9시, 텔레타이프에 통지가 떴다. "적 항모, 방위 239도. 500마일(800킬로미터) 거리에서 발견. 초계기들 수색 및 추격 지시. 공격 태세. 현재 적에게 접근중."

오전 10시, "정찰 폭격기 출격. 적기가 없다는 보고가 들어오는 경우 순양함을 보내 공격 준비".

오전 10시 45분, "총원 전투 배치".

오전 11시 45분, "아군 함재기들 공격 개시".

오후 12시 45분경 정찰 폭격기들이 귀함하여 적의 항공모함은 없으며 그 대신 피격된 전함 1척, 중순양함 1척, DD(구축함) 6척을 발견했다고 전했다. 확성기를 통하여 폭격기들이 피격된 전함에 한 발, 중순양함에 두 발을 명중시켰다는 발표가 있었다.[5] 전투기들은 구축함들을 맹폭하고 있었다.

오후 3시, 호넷이 재급유와 재무장을 하는 동안 공격에 나섰던 엔터프라이즈가 적군 전함 1척 격침, 중순양함 1척 퇴함 상태라고 보고

---

4 물론 실제로 제8뇌격비행대는 단 한 발의 어뢰도 맞히지 못했다.

5 이들이 발견한 것은 침몰중이던 히류의 생존자들을 구조하려고 남아 있던 전함 하루나와 중순양함 지쿠마, 몇몇 구축함이었다. 미드웨이와 엔터프라이즈, 호넷에서 출격한 돈틀리스 편대가 공습을 했지만 별다른 전과는 없었다. 특히 구축함 다니카제는 B-17 폭격기와 돈틀리스 수십 대의 맹폭격을 받았으나 지근탄 1발 외에 단 한 발도 명중되지 않았다. 미군 조종사들 또한 쉴새없는 전투로 완전히 지쳐 있었기 때문이었다. 한편 나구모의 잔존 함대는 6월 5일 오전 2시 야마모토의 작전 중단과 철수 명령에 따라 북쪽으로 물러나서 야마모토의 주력 함대와 합류한 후 일본으로 귀환중이었다.

일본군 급강하 폭격기의 공습으로 화염에 휩싸인 요크타운

했다. 호넷 함재기들이 그 적함들을 완파하기 위하여 출격 준비를 하고 있었다.

그쯤 되자 디바인과 나는 계속 항공모함에 남아 있는 것에 무척 조바심이 났다. 그래서 '마귀할멈(Sea Hag, 만화 〈뽀빠이〉의 캐릭터—옮긴이)'으로 통하는 호넷 비행단장(CAG) 스태너프 C. 링 중령에게 우리를 6일 하루 한 번만이라도 급강하 폭격비행대에 합류하게 해달라고 요청했다. 우리는 이미 급강하 폭격기의 착함 테스트를 통과했으며 지금 폭격을 마치고 돌아오는 조종사들보다 더 오랜 시간 SBD 돈틀리스로 비행했다고 말했다. 링 중령은 한번 알아보겠다고 말했으나, 그가 대답하는 투로 미루어 우리를 이 재미에 끼워줄 시간 여유는 없을 것 같다는 예감이 들었다.

정말로 재미있다고 조종사들은 말했다. 어느 편대장은 급강하 직전에 마이크를 들고 이렇게 말하기도 했다.

"놈들한테 다 집어던져. 부엌 오븐만 빼고."

그리고 얼마 지나지 않아 맨 마지막으로 급강하했던 조종사가 돌아오면서 이렇게 말했다.

"자, 여기 오븐이 간다."

오후 6시 45분, "오늘 오후 호넷 공격대의 공격 결과는 다음과 같다. 수차례 폭격으로 일본군 전함의 탄약고가 폭발하고 함교에서 후방 포탑까지 화염에 휩싸임. 중순양함을 두 차례 더 타격. 구축함 1척을 폭격했고 생존자 구출을 위하여 체류중이던 또다른 구축함도 맹폭. 지금 함장은 이 말밖에 할 수 없다. '수고했다.'"

일부 조종사들의 전언에 따르면 일본 구축함들은 독특한 방식으로 전투 불능 상태가 되었다. 한 척은 중앙부에 1000파운드 폭탄을 맞고 함수가 함미로부터 45도로 꺾이면서 두 동강이 났다. 또 한 척은 측면에 1000파운드 폭탄을 맞고 뒤집어졌다. 세번째 구축함은 함미부에 장착된 수중폭뢰에 우리의 폭탄이 명중하면서 공중으로 솟구쳐 박살났다.

6월 7일, 미군 기동부대가 추격을 포기했다는 소식이 들어왔다. 사실 추격할 대상이 남아 있기는 한지 모르겠지만, 어쨌든 기동부대는 미드웨이 방향으로 귀환중이라고 했다.

미드웨이 해전은 끝났지만 내가 그 결과를 정확히 평가하긴 어려웠다. 다만 아군의 대승이라는 것만은 분명했다. 지금까지 패배를 몰랐던 일본 해군이 필사적으로 퇴각했다. 물론 아군 함재기의 손실도 컸지만 일본에 안겨준 완패는 그 몇 배의 가치가 있었다. 미드웨이는 여전히 우리의 것이었고, 더 중요한 건 일본군이 앞으로 및 달은 태평양 한복판에서 위험한 도발을 하지 못하리라는 점이었다.

역사적인 전투가 끝나고 우리는 동쪽으로 귀환에 나섰다. 호넷은 최강이라는 일본 함대의 전력 3분의 1 이상을 침몰시키는 데 일익을 담당했다. 기동부대 소속 함정들이 급유함들로부터 연료를 받는 동안 우리는 호넷의 함수 쪽을 거닐며 300피트(90미터) 상공까지 잔뜩 내려앉은 먹구름을 바라보았다.

6월 9일, 미처 함장이 알류샨열도를 공습한 일본군 북방함대(정규 항공모함 준요와 경항공모함 류조)를 격퇴하기 위하여 북쪽으로 향한다고 알렸다.

다음날인 6월 10일, 미 태평양함대 사령관 니미츠 제독이 전문을 보내왔다. "미드웨이 해전에서 호넷과 요크타운은 혁혁한 전과를 거두었다. 이는 그들이 앞서 보여주었던 눈부신 용맹성과도 일치한다. 내게는 승무원을 잃은 것이 물자를 잃은 것보다 훨씬 애석하다. 그들이 보여준 불굴의 영웅적인 결단력은 미국의 대승을 이끈 결정적 요인이었다. 호넷과 엔터프라이즈는 현재 알류샨열도에서 적을 격퇴하기 위하여 북쪽으로 향하고 있다. 내가 아는 제군들은 미드웨이에서 그랬던 것처럼 알류샨열도에서도 적을 압도하고 완패시킬 것이다."

그런데 궂은 날씨로 발이 묶여 있던 호넷은 다음날 갑자기 진주만으로 귀항하라는 명령을 받았다. 우리는 6월 중순경 오아후에 입항했다.

미드웨이 해전을 마치고 귀환하는 도중에 조종사들은 지난 교전 상황을 돌아보고 단편적인 정보들을 취합해보려 했다. 우리는 제한적이고 분리된 정보만을 알고 있을 뿐 전반적인 상황을 파악할 수 없었다. 우리는 퍼즐 조각을 맞추어가듯 차근차근 한 사람 한 사람의 전언과 들려오는 풍문을 통해서 공격대가 어떤 목표를 타격했고 어떤 결과를 가져왔는지 알아나갈 수 있었다.

오직 일본 해군의 체면을 위한 작전이었던 알류샨열도 작전

일본 연합함대는 미드웨이 공략 작전(MI작전)과 함께 북쪽으로 수천 킬로미터 떨어진 알류산열도 공략 작전(AL작전)도 동시에 진행했다. 그동안 AL작전은 주된 목표인 미드웨이 공략 작전을 위장하고 미 해군의 관심을 끌려는 일종의 양동 작전으로 알려져 있었으나 근래 연구 결과에 따르면 서로 아무런 연관이 없는 별개의 작전이었다.

미국의 쿠릴열도 침공 가능성을 예방하고 미국과 소련의 연계를 차단한다는 것이 작전의 명분이었지만, 실제로는 야마모토가 야심차게 밀어붙인 미드웨이 작전에 미온적이었던 해군 사령부가 야마모토의 계획을 마지못해 받아들이되 그 대신 알류산열도 작전을 함께 추진하기로 정치적 타협을 한 결과였다. 서로 힘을 모아도 부족할 판에 같은 해군 수뇌끼리도 의견을 일치시키지 못하고 파벌 싸움을 벌이기에 급급했던 것이 당시 일본 해군의 병폐였다. 또한 전략적 목표나 가치를 신중하게 따지지 않은 채 무작정 적의 영토를 조금이라도 더 빼앗으면 득이 되었지 해가 되지는 않을 것이라는 일본군의 안이한 사고방식을 보여주는 사례이기도 하다.

알류산 작전에는 상당한 전력이 할애되었다. 상륙 부대를 제외하고 항공모함 2척(류조, 준요), 중순양함 3척, 경순양함 3척, 구축함 11척에 달했다. 또한 다카스시로 중장이 지휘하는 제1함대(전함 4척, 경순양함 2척, 구축함 9척)가 일본을 출발한 뒤 도중에 야마모토의 연합함대 본대와 분리되어 알류산 작전에 투입되기 위해 북쪽으로 방향을 바꾸었다. 비록 경항모라고는 하지만 단 한 척의 항모가 아쉬운 판에 항모를 2척이나 알류산에 투입하면서 나구모의 기동함대는 원래 계획보다 약화되었고 미드웨이에서 미일 양쪽의 항공 전력은 거의 대등해졌다. 그만큼 일본 해군은 미드웨이의 전황을 낙관했던 것이지만 결과적으로는 패전에 일조한 셈이 되었다.

알류샨 작전 자체는 매우 순조로웠다. 이 일대에 미군의 전력은 없는 것이나 다름없었기 때문이었다. 미드웨이 해전 전날인 6월 3일경 항모 류조와 준요에서 출격한 폭격기들이 알래스카 말단에 있는 항구도시 더치하버를 폭격했다. 미드웨이 패전이 알려지자 야마모토는 작전 중지를 명령하고 항모 부대에 미드웨이로 남하할 것을 지시했으나 곧 번복했다. 이미 때가 늦었으며 일본 해군의 체면을 유지하려면 반짝 승리라도 필요하다고 판단했기 때문이었다. 일본군은 6월 6일 키스카섬에 상륙하여 별다른 전투 없이 섬을 점령했으며 다음날에는 애투섬을 점령했다. 두 섬은 전략적 가치가 전혀 없다는 점에서 굳이 쥐고 있을 이유가 없었지만 일본 해군은 모처럼 점령한 섬을 싸우지 않고 내줄 수 없다는 이유로 수비대를 6천여 명까지 대폭 늘렸다. 그러나 미군은 곧 두 섬을 봉쇄하고 병참선을 차단했다. 1943년 5월 30일 미군은 애투섬을 탈환했고 8월 22일에는 키스카섬을 탈환했다. 이로써 1년에 걸친 일본군의 알류샨열도 점령은 아무런 의미 없이 끝나고 말았다. 그나마 일본 해군에서도 비주류로 취급받던 기무라 마사토미 중장이 미군의 허를 찌르고 키스카섬의 수비대 5천여 명을 무사히 탈출시킨 '키스카의 기적'이 유일한 활약이었다. 이후 미국은 알류샨열도를 발판 삼아 일본령 쿠릴열도 침공 계획을 고려하기도 했지만 소련과의 정치적 마찰을 우려하여 취소했다.

제8뇌격비행대의 유일한 생존자 게이 중위와 사수가 미드웨이 해전 출격 전 TBD 데버스테이터 앞에 서 있다.

조지 헨리 게이(George Henry Gay Jr.) 중위. 텍사스 출신이라 동료들에게 "텍스"라고 불리었다. 미드웨이의 영웅이 된 그는 〈라이프〉지에도 실렸고 해군 십자 훈장과 퍼플 하트 훈장 등을 수여받았다. 그 후 과달카날 전투에 참여했으며 중령으로 퇴역했다. 1975년 제작된 영화 〈미드웨이〉의 자문을 맡기도 했으며 1994년에 77세로 사망했다.

호넷이 오아후에 가까워지자 '스웨덴인' 해럴드 라슨 대위의 지휘 하에 있던 제8뇌격비행대의 분견대 일부가 호넷으로 날아와 착함했다. 그때쯤 월드런이 그의 부하와 뇌격기 들을 일본 함대 공격에 희생했음이(유일한 생존자 텍스 게이를 제외하고) 분명해졌다. 초반 전세를 유리하게 이끌기 위함이었지만 그 공격이 어떻게 이루어졌는지는 아직 알 길이 없었다.

다시 만난 제8뇌격비행대 조종사들은 전우들이 한 명만 빼고 전멸했다는 소식에 적잖이 당황했다. 그들 모두가 전사했다는 증거는 없었다. 그러나 시신이 없을 뿐이지, 그들이 두 번 다시 돌아올 수 없음을 우리는 힘겹게 받아들여야 했다.

항공모함 함재기 조종사들이 공통적으로 지닌 특징을 꼽으라면 사실에 근거한 객관성일 것이다. 나는 세간에 알려진 것처럼 남은 제8뇌격비행대원들이 깊은 슬픔과 복수심에 몸부림쳤다고 생각하지 않는다. 해군은 (특히 전시에는) 명령에 따라 움직여야 한다. 그 과정에서 전우를 잃게 된다면 감당하기 어렵겠지만 그렇다고 분노한 복수자로 변모하지는 않을 것이다. 전우의 죽음을 자주 겪다보면 선한 사람들이 너무도 많이 죽는다는 생각에 느꼈던 절망감도 차차 무뎌지고 결국에는 일본군을 격퇴하여 전쟁에서 승리하겠다는 변함없고 냉철한 결심을 되새기게 될 터이다. 감상적인 말은 도움이 되지 않는다. 전투 조종사는 언제든 이렇게 말할 것이다. "내가 다음 출격에서 생각할 일은 피아식별과 타격지점이다." 그냥 감정을 표출해버리는 사람은 정서적으로 전투 비행사가 되기에 적합하지 않다. 목표물을 타격하기 위하여 뇌격기 조종석에 가져가야 할 생각은 표적의 위치, 표적각, 표적 속도, 투하 지점, 적의 대공포 회피를 비롯해 오로지 객관적인 고려사항뿐이다.

진주만으로 귀항하는 동안 디바인과 나는 6월 4일 출격 이후 돌아오지 않은 제8뇌격비행대 조종사 14명과 통신수 15명의 유품을 정리하고 기록하는 버거운 일을 맡았다. 대원들의 개인 소지품과 옷가지를 목록으로 만들고 각각 포장해야 했다. 개인 소지품—해진 모자, 어느 여자의 사진, 책장 귀퉁이가 접힌 기도서, 다양한 명함이 든 지갑 등등—을 자세히 살펴보다가 불현듯 우리는 이 한 사람 한 사람을 저마다 집에서 얼마나 그리워하고 있을까 먹먹해지고 좌절감을 느꼈다. 그뿐만 아니라 대원들이 가족과 가까운 친척에게 받은 편지들도 되돌려보내기 전에 분류하기 위해 훑어봐야 했다. 편지마다 이제는 너무도 헛되이 되어버린 사랑과 행운의 기원이 담겨 있었다. 많은 장병들은 월드런의 권고에 따라 마지막 편지를 썼었다. 그걸 들여다보는 것 또한 우리의 임무라지만 할 수만 있다면 피하고 싶은 괴로운 일이었다. 우리는 용감한 남자들의 마지막 진심을 읽었다.

진주만에 도착한 직후 모든 비행대대의 모든 조종사와 승무원에게 자유시간이 주어졌다. 조종사 대부분은 와이키키 해변에 있는 모아나 호텔이나 로열하와이언 호텔에 묵었다. 로열하와이언 호텔은 해군이 인수한 상태였다. 아름다운 곳이지만 해군만 사용할 수 있어서 여자를 데려올 수 없었고 밤에는 댄스파티를 열 수도 없었다. 또 술자리를 원하는 장병들을 만족시키기란 더더욱 어려웠다. 그래서인지 다음날부터 조종사 상당수가 모아나 호텔에서 더 많은 시간을 보내게 되었다. 모아나 호텔은 태평양 전쟁 개전 이후부터 육군과 해군 장병들을 위한 대규모 오락장 역할을 해왔다.

며칠 밤 동안 조종사들의 일상은 서로의 객실을 요란하게 들쑤시고 다니며 술을 마시고 수다를 떨고 논쟁을 벌이거나 싸우고 가구를 부수는 것으로 이루어졌다. 몇몇은 여자를 만나러 갈 만큼 마음이 차분하고 느긋했지만 대부분은 감정을 표출하며 한껏 난폭하게 굴었다. 사이좋은 친구였던 두 조종사가 권투를 한 것도 아니고 그저 눈에 멍이 들고 얼굴이 피범벅이 될 때까지 서로의 얼굴에 주먹질을 하기도 했다. 또다른 조종사는 자기보다 체구가 작은 동료를 창밖으로 내던졌다. 등화관제를 실시중이던 모아나 호텔은 복도마다 불빛이 흐릿하고 으스스하여 원주민이 부족 의식이라도 열고 있는 것처럼 뭔가 야만적인 분위기를 풍겼다.

해군은 미드웨이 해전의 승리가 자기네 공이라고 생각했지만 육군은 호놀룰루의 신문사들을 상대로 농간을 부렸다. 이 때문에 해군과 육군 사이에 몇 차례 난투극이 벌어지기도 했다. 우리끼리 누가 이겼는지를 따지는 건 어리석고 비애국적인 짓이다. 우리가 이겼는데 그게 뭐가 중요한가? 우리 군의 알력과 분열이 바로 도조 히데키(東條英機 1884~1948, 태평양 전쟁을 주도한 A급 전범, 일본의 군인이자 정치가―옮긴이)가 원하는 일이다. 그러나 해군 조종사들도 사람이다. 그들은 전우들이 위기에 처한 상황과 종종 1000피트(300미터)를 급강하하여 일본 군함을 격침시키려다가 목숨을 잃는 광경을 지켜보았다. 그동안 육군 조종사들은 안전한 20000피트(6킬로미터) 상공에 머물면서 폭탄을 빗맞히는 것은 물론이고 아군 항공기에다 떨어뜨리기도 했다.

나는 모아나 호텔 로비에서 딕 재커드와 제이미 덱스터를 만났다. 나중에는 빌 피트먼, 제리 리치와도 연락이 닿았다. 요크타운의 급강하 폭격비행대(VB-5) 소속이었던 제리 리치를 제외하고 나머지는 엔터프라이즈 정찰비행대 소속이었다.

그날 밤 모아나 호텔에서 '제이크 더 레이크' 딕 재커드는 자기가 가장 좋아하는 오락거리를 선보였다. 층에서 층으로, 복도에서 복도로 쫓겨 다닐 때까지 호텔 보안요원들을 도발한 것이다. 그는 얼굴이 벌겋게 달아오른 보안요원들을 날렵한 가젤처럼 요리조리 잘도 피해 다니다가 어느새 그중 한 사람 뒤로 다가가 엉덩이를 찌르고 달아나는 만행까지 저질렀다. 그러면 또다시 추격전이 계속되었다. 결국 그 놀이에도 싫증이 난 딕은 보안요원들에게 붙잡혔고 이번에는 전우들을 웃겨준답시고 자기가 고위 장교인 양 행세했다.

딕 재커드는 미드웨이 해전에서 6월 4일 일본 제1항공함대 소속 정규 항공모함 아카기의 비행갑판 중앙에 1000파운드 폭탄을 명중시켰다. 그뿐만 아니라 5일과 6일에도 적 순양함에 치명상을 입혔다. 제이미 덱스터는 일본군 중순양함 모가미의 선체 중앙에 중폭탄을 투하했다.[6]

6 중순양함 모가미는 미드웨이 해전 당시 구리타 다케오 중장이 지휘하는 제7전대 소속이었다. 미드웨이 공략 부대를 호위하기 위해 미드웨이 남서쪽으로 북상하던 중 야마모토의 후

제이미는 자기와 딕이 미드웨이 해전의 무공으로 해군 수훈장에
추천받았다는 말을 들었다고 했다(두 사람은 실제로 나중에 이 수훈장
을 받았다). "그게 사실이라면 말이야." 제이미가 말했다. "훈장 대신
2주만 집에 보내줬으면 좋겠어. 나는 죽었다 깨어나도 에이스 전투
비행사가 되진 못할 거야. 앞으로 타격 작전에 더 참가해야겠지만 왠
지 그러기가 싫어."

엔터프라이즈 정찰비행대에 배속되었던 짐 셸턴은 돌아오지 않았
다. 그는 일본군 전함을 폭격한 후 귀환하던 3대의 비행편대에 속해
있었는데, 그것이 그의 마지막 모습이었다. 그 비행편대는 전원이 돌
아오지 못했다.

귀항한 지 이삼일 지났을 때 길 슐렌더링을 만났다. 그는 미드웨이
환초에 있었다고 했다. 피격당해 섬 인근에 추락한 후 구명조끼에 의
지해 2시간을 표류하다가 아군에 구조되었다는 것이었다. 우리가 재
회한 날 밤에 그는 말이 없었다. 그의 몸에서 쾌활함이 모조리 빠져
나간 것 같았다. 우리는 시답잖은 우스갯소리로 마음을 풀어주려고
했지만 그다지 효과가 없었고 그도 듣는 둥 마는 둥 했다. 미드웨이
환초에 함께 있었다는 밥 보펠은 섬에 남아 있었다. 그러나 훈련소
동기였던 많은 전우들―에크, 트위디, 매데일, 버틀러, 샌도발, 스완

퇴 명령을 받고 철수를 시작했다. 그 와중에 6월 5일 새벽 미 잠수함 탬버에 발각되자 어뢰
공격을 피하기 위해 회피 기동중 미쿠마의 측면을 들이받으면서 두 중순양함 모두 큰 손상을
입고 낙오되었다. 게다가 날이 밝자 미드웨이와 엔터프라이즈, 호넷에서 출격한 돈틀리스의
공습을 받았다. 미쿠마는 격침되었고, 모가미는 명중탄을 여러 발 맞아 만신창이가 되었지만
간신히 트럭섬으로 귀환할 수 있었다.

스버거 등등─은 전사했다.

개인 소지품을 가지러 호넷에 오른 텍스 게이도 아주 잠깐 만났다. 나는 그의 무사귀환을 축하했지만 자세한 내막은 묻지 않았다. 제8뇌격비행대의 마지막 비행에 관해서는 이미 다른 조종사들로부터 전해들어 알고 있었다.

텍스는 여위고 지쳐 보였다. 왼손에는 아직 붕대를 감고 있었다. 기적적인 생환 이후 제독에서 식당 당번병에 이르기까지 수많은 사람들을 만나 얘기를 나눈 것 같았다.

내 생각에 제8뇌격비행대의 마지막이자 유일한 공격은 월드런이 바라지 않았던 방식으로 이루어진 것 같다. 사실 그는 출격 전에 호넷 비행단장 스태너프 C. 링, 함장 마크 미처와 일본 함대의 위치에 관한 접적보고(接敵報告)를 놓고 이견을 보였다. 두 상관은 접적보고를 신뢰한 반면 월드런은 달리 판단했지만 강하게 밀어붙이지는 않았다. 결국 그는 자신의 예측대로 보고받은 위치에서 일본군을 발견하지 못하자 육감에 의지해 뇌격비행대를 이끌고 서쪽으로 항로를 변경했다. 머잖아 제8뇌격비행대는 적 함대를 발견했지만 아군 전투기들의 엄호를 받을 수 없었고, 폭격기들의 지원을 받으려면 1시간 이상을 기다려야 하는 상황이었다.

처음에 월드런은 수평선 위의 연기로 일본 해군 제1항공함대를 발견했다. 그는 관측보고를 통하여 그날 오전 이후 최초로 적의 정확한 위치를 아군 함대에 알려왔다.

월드런은 곧 일고의 망설임도 없이 하강하여 수면에 닿을 듯한 저공비행으로 적함에 접근했다. 일본 함대의 대공포를 향해 날아가는 그의 뒤에는 충성스러운 부하들이 따르고 있었다. 부하들은 그의 관록을 믿었고 그가 무엇을 하려는지 알고 있었다. 그가 늘 말했던 '최악의 상황'에 직면하자 부하 조종사들은 그를 묵묵히 따랐다. 그들 후방에서 이미 제로 전투기들이 250노트(460km/h)로 급상승 반전과 하프루프 기동을 하고 있었다. 흰색 별이 그려진 상공의 화물열차나 다름없는 뇌격비행대의 꼬리를 물려는 시도였다. 120노트(220km/h)로 굼벵이처럼 날아가던 TBD 데버스테이터들은 제로 전투기들의 가공할 만한 20밀리미터 기관포 세례 앞에 하나둘 바다로 곤두박질쳤다. 월드런 소령의 뇌격기도 화염에 휩싸여 추락했다. 남은 뇌격기는 단 1대였다.

"최악의 상황에 직면하더라도, 제군들, 최후의 일인까지 피클을 가져가 적함을 명중시키기 바란다."

어뢰를 투하하기 위하여 수면을 미끄러지듯 마지막 수 킬로미터를 저공비행하는 동안 텍스 게이는 아마도 월드런 소령의 말을 토씨 하나 틀림없이 떠올리진 못했을 것이다. 전방에는 수면을 파헤치듯 대공포탄들이 무차별적으로 쏟아졌다. 예광탄의 노란 궤적이 그의 데버스테이터 양날개를 스쳐지나갔다. 불현듯 거대하게 다가오는 선체, 그것은 제일 큰 일본 항공모함 중 하나인 소류였다. 월드런 소령에게 훈련받았기 때문에, 또한 그가 텍사스 출신이었기 때문에 제8뇌격비행대의 마지막 조종사 텍스 게이는 무의식적으로 공격을 감행했다. 그리고 소류의 함미 너머로 급선회했다가 바다로 추락했다. 결국 그의 뇌격기

PBY 카탈리나 비행정

마저 피격된 것이다. 얼마 후 그는 폭발음을 들었다. 그렇게 그의 뇌격기는 통신수 겸 폭격수인 로버트 K. 헌팅턴과 함께 최후를 맞았다.

게이는 '메이 웨스트(당대의 글래머 여배우 이름으로 2차 대전 당시에는 팽창형 구명조끼를 지칭했다―옮긴이)'를 입고 한동안 바다 위에 떠 있다가 해가 진 후 고무보트를 부풀려 올라탔다. 그리고 월드런 소령의 자살 공격이 가져온 성공적인 결과를 목격했다. 텍스는 월드런의 무선 보고 덕분에 일본 함대의 위치를 파악하고 날아오는 엔터프라이즈와 요크타운의 급강하 폭격기들을 지켜보았다. 월드런의 제8뇌격비행대에 공격당한 일본 함대의 제로 전투기들은 저공 방어에 집중하고 있었다. 엔터프라이즈와 요크타운에서 출격한 돈틀리스 급강하 폭격기들이 고공에서 급강하 공격을 시작했다.

고공 방어에 구멍이 뚫린데다 1차 미드웨이 환초 공습을 마치고 귀함한 함재기들과 출격 준비중인 함재기들이 얽혀 있던 일본 항공모함으로서는 최악의 시간이었다. 갑판과 격납고에는 재급유와 재무장을 하던 함재기들뿐 아니라 폭탄들이 뒤엉켜 있었다. 돈틀리스의 폭탄들이 명중하면서 일본 항공모함 아카기, 카가, 소류는 5분 만에 치명타를 입고 화염에 휩싸였다. 항공모함 4척 중에서 용케 살아남은 히류는 야마구치 다몬 소장의 지휘하에 함재기를 띄워 요크타운에 최후의 일격을 가하는 데 성공했다. 야마구치 제2항공전대장은 운명의 5분 직전 함재기의 재무장을 놓고 상관인 나구모 사령관과 대립했다. 나구모는 폭탄을 어뢰로 교체하길 바란 반면 야마구치는 시간이 없으니 그냥 폭탄을 탑재한 상태로 출격시켜야 한다고 주장했으나 결국 나구모의 결정에 따라야 했다. 야마구치의 히류도 얼마 후 엔터프라이즈에서 발진한 함재기들에 격침되어 일본은 제1항공함대의 항공모함 4척을 모두 잃었다. 항간에는 야마구치 제독이 히류의 함장 가쿠 도메오와 함께 담담히 달을 바라보면서 침몰하는 히류와 운명을 함께했다는 말이 전해졌다.

PBY 카탈리나 비행정이 게이를 구조한 것은 다음날이었다.

월드런 소령은 제8뇌격비행대에 소속된 모든 조종사와 뇌격기를, 그것도 성공 가능성이 없고 선전 행위에 그칠지 모를 자살 공격으로 무모하게 희생시켰다는 비난을 받아야 했다.

그를 비난하는 사람들은 당시 널리 사용된 전술을 제대로 이해하지 못한 듯하다. 항공모함 4척과 각종 지원함으로 구성된 일본 제1항공함대는 월드런이 그 위치를 발견하기까지 4시간 동안 행적이 묘연했다. 그 정도 시간이면 함대는 어느 방향으로든 적어도 100마일

(160킬로미터) 이상을 이동할 수 있다. 일본 함대가 미드웨이 환초를 점령하거나 그들의 함재기가 우리 항공모함들을 발견하기 전에 우리 함재기들이 그들의 위치를 알아내는 것이 관건이었다.

미드웨이 해전에서 월드런 소령의 가장 큰 공헌은 죽기 아니면 까무러치기식 공격이 아니라 적 함대의 위치를 알아냈다는 것이고 그 자체로 눈부신 전과였다. 일본군이 원래 보고된 위치보다 서쪽에 있을 거라는 그의 예측이 옳았다. 최초의 위치 보고는 전날 밤과 다음 날 오전에 일본군이 발각되어 공격당한 지점이었다. 일본군은 선체에 발생한 화재를 진압하고 공격 계획을 재정비하기까지 피격 지점에서 후퇴해 있었을 것이다. 이보다 더 자연스러운 예측이 또 있을까? 물론 이 또한 추측에 불과하지만.

어찌됐든 월드런이 옳았다. 그는 비행대대장 중에서, 또 고위 지휘관 중에서 유일하게 합리적인 추론으로 일본 함대의 위치를 정확하게 예측했으며 또한 자신의 예측을 행동으로 입증한 인물이었다.

나는 월드런이 6월 4일 이른 오전에 들어온 접적보고를 바탕으로 판단을 내렸을 거라고 확신한다. 그는 훈련받은 군인의 빈틈없는 두뇌로 그날 오전부터 모든 사람이 골머리를 앓았던 이른바 "일본 함대는 어디에 있는가?"라는 질문의 정확한 답을 도출해낸 것이다.

그렇다면 일본 함대의 위치를 발견하고 무전으로 보고한 뒤 그는 왜 급강하 폭격기와 전투기 들의 지원을 기다리지 않았는가? 왜 협조 공격으로 적에게 수차례 치명타를 입히고 격퇴할 수 있는 합리적인 기회를 기다리지 않았느냐고 묻는 사람도 있을 것이다.

우선, 당시 운용된 전술에 따르면 전투기는 급강하 폭격기와 같은 고도를 유지했다. 뇌격기와 같은 고도에 있는 항공기는 없었다. 전투기-폭격기와 뇌격기 조합은 서로 고도가 다르기 때문에 따로 비행했다. 뇌격기가 전투기의 보호를 받기 위하여 전투기-폭격기 조를 기다리는 것은 무의미했다. 어차피 전투기는 폭격기를 지원하기 때문이다. 협공시 전투기들은 폭격기와 함께 하강한 다음 뇌격기를 호위하게 될 것이다. 월드런은 이런 전술로는 뇌격기를 제대로 엄호할 수 없다고 생각했다. 그래서 늘 부하들이 전투기의 보호를 받을 수 있기를 '기대한다'고 말하면서도 뇌격비행대의 단독 수행을 전제로 공격 전술을 세웠다.

급강하 폭격기의 합류를 기다렸다가 협공을 펼치면 적의 대공포 공격을 분산하는 효과가 있어서 뇌격기들이 더 많은 접근, 투하, 회피 기회를 가질 수 있다. 월드런이 이를 몰랐을 리 없었다. 그는 뇌격술의 전문가였고, 뇌격비행대가 엄호를 받지 못하는 상태에서 대규모 수상함대를 향해 돌진했다가 충분한 치명타를 가하지 못할 경우 오히려 뇌격비행대의 전멸을 초래할 수 있음을 분명히 알고 있었다.

'공격 또 공격'이라는 월드런의 철칙은 그의 결단력과 밀접한 관련이 있다. 물론 결단력뿐 아니라 다른 요인들도 고려되었을 것이다. 그가 일본 함대의 규모, 구성, 전열을 완벽하게 파악할 수 있을 정도로 가까이 접근했다는 건 그만큼 적의 전투기들에 발각되어 피격될 확률도 높아졌음을 의미한다. 이런 정보는 아군에게 절대적으로 중요하다. 월드런은 그 정보를 아군에게 전달한 후 방향을 틀어 뇌격비행대가 고도를 높이는 중 공격당할 위험에 노출시키기보다는 그대로 적진을 파고들어가 공격을 감행하는 쪽을 택했다. 어차피 연료가 떨어지는 상황에서 급강하 폭격비행대를 기다렸다가 나중에 공격을 도모하는 것도 여의치 않았다.

제8뇌격비행대의 다른 16명도 6월 4일 미드웨이 환초에서 출격하여—월드런의 비행대가 마지막 비행에 나서기에 앞서—일본 함대를 공격하다가 전사했다. 조종사, 포탑사수, 통신수 겸 폭격수 이렇게 세 명씩 탑승한 TBF 어벤저 6대가 먼동이 튼 직후 출격하여 오전 7시에 적의 항공모함을 공격했다. 2개로 나뉜 제8뇌격비행대의 다른 분견대 소속 대원들이었다. 그들은 월드런 휘하의 분견대가 호닛 비행전대에 합류해 출격한 동안 해럴드 라슨 대위의 지휘하에 노퍽 기지에서 신형 뇌격기인 TBF 어벤저로 훈련을 계속해왔다. 이 6대 중에

랭던 K. 피버링의 이름을 딴 버클리급 호위 구축함

미드웨이 환초에서 출격한 제8뇌격비행대(VT-8)의 분견대 중에 유일하게 귀환한
TBF 어벤저 뇌격기

조종사 버트 어니스트와 통신수 겸 폭격수 해리 페리어는 생존했으나 포탑
사수 매닝은 전사했다.

서 1대만 비행제어 시스템과 랜딩 기어(착륙 장치) 등이 크게 손상된 채 미드웨이 환초로 돌아와 불시착했는데, 조종사와 통신수 겸 폭격수는 생존했으나 포탑사수는 사망했다. 나머지 5대는 모두 격추당했다. 생존자 중에서 조종사 앨버트 K. '버트' 어니스트 소위는 미드웨이 해전 초반에 일본군 함대를 저지하려던 제8뇌격비행대의 대담하고도 무모한 활약상을 내게 말해주었다.

버트 어니스트는 호리호리한 체구에 검은 머리칼과 검은 눈동자, 구릿빛 피부였다. 이런 조합 때문에 많은 사람들이 그를 미남으로 생각했다. 그는 버지니아주 리치먼드 출신으로 '아웃out'을 '옷aout'으로 발음했고, 여자를 상대할 때면 용감해야 한다는 신념을 지니고 있었다.

그는 현실주의자였기 때문에 탁월한 비행사가 될 수 있었다. 버트는 앞으로 일어날 일과 과거에 일어난 일을 기계적이고 실용적인 관점으로 파악하기를 좋아했고, 이야기를 그럴듯하게 만들기 위하여 사실을 낭만적으로 윤색하는 것에는 관심이 없었다. 그는 신속하게 생각하고 판단했기 때문에 최고의 조종사 중 하나로 꼽혔다. 미드웨이 해전 이후에도 여러 차례 위험한 임무를 수행했고 다시 출격할 준비를 하고 있었다. 하지만 그는 위험한 작전에 투입되는 일이 달갑지 않다고 솔직하게 말했다.

월드런 휘하의 우리 제8뇌격비행대원들이 호넷 비행전대에 배치되어 출항한 직후, 라슨의 분견대에 포함됐던 버트와 다른 조종사 5명은 진주만을 경유하여 미드웨이 환초로 이동했다. 미드웨이 해전을

3일 앞둔 6월 1일이었다. 그들은 들들볶는 라슨에게서 벗어날 수 있다며 미드웨이 파견을 반겼다. '피브(연방수사국 요원—옮긴이)'로 통하던 용감하고 유머감각까지 갖춘 랭던 K. 피버링 대위의 지휘를 받는 것도 마음에 들었다. 미국 본토에서 피브는 여자들에게 인기 만점이었다. '연애용 차량'인 매끈한 링컨 제퍼를 몰았고 언제나 깔끔하고 정중하게 차려입었다. 검은 머리칼 사이로 보이는 새치들은 그의 젊은 나이를 모호하게 만들고 외모에 독특한 분위기를 주었다. 대원들은 까탈부리지 않고 언제나 솔직담백하게 대하는 태도 때문에 그를 좋아했다. 라슨에게 '사자'라는 별명을 붙인 사람도 피브였다(피브 자신은 버클리급 호위구축함 USS 피버링의 이름이 되었다—옮긴이).

버트와 피브 외에 낙천주의자 찰리 브래넌(C. E. 브래넌 소위)은 노픽을 떠나기 불과 2주 전 결혼식을 올린 호리호리하고 유머러스한 청년이었다. 보스턴 출신의 교사 빅 루이스(V. A. 루이스 소위)는 동료 대원들을 위해 거창한 단어로 복잡한 문장을 만들어주기를 즐겼다. 오즈 게이니어(오스월드 조셉 게이니어 소위)는 늘 걱정이 많아 보였는데, 그의 아내 리타는 여전히 그가 일본군 포로가 되어 살아 있으며 전쟁이 끝나면 돌아올 거라고 믿는다. 또다른 조종사 우드사이드는 땅딸막하고 다부진 비행 부사관이었다.

6월 4일 오전 4시 30분. 조종사들은 포탑사수, 통신수 겸 폭격수와 함께 각자의 뇌격기에 탑승하여 엔진을 예열하며 대기했다. 어둠이 물러가면서 서서히 비행장의 모래톱이 드러날 즈음 그들은 엔진을 끄고 조종실에서 꾸벅꾸벅 졸기 시작했다. 아직 아침식사를 하지 않았던 그들은 뜨거운 커피 한잔이 가져다주는 따뜻한 행복감을 기다리고 있었다.

오전 5시 30분, 해병대 장교 한 명이 조종실에서 잠들어 있던 버트를 깨워 이륙 준비를 하라고 일렀다. 해군 초계기에서 적의 항공기들이 인근 해역에 출현했다는 무전을 보내왔다는 것이다. 그때까지도 버트는 자신이 진짜 출격할 거라고는 생각하지 못했다.

그러나 피브가 TBF 어벤저의 시동을 걸자 버트도 그렇게 했다. 피브가 이륙을 위해 천천히 속력을 내기 시작할 때 전투기들이 이륙했다. TBF 어벤저들은 전투기를 따라 오렌지색 창공으로 날아올랐다. 그들 뒤로 육군의 마틴 B-26 머로더 4대가 육중하게 활주로를 미끄러지고 있었다.

B-26 머로더

2차 대전 당시 B-25와 함께 미 육군의 주력 쌍발 중형 폭격기. 마틴 사에서 개
발하여 1940년 11월 25일 첫 비행을 했으며 1941년 2월부터 1945년 3월까지
4년 동안 5300여 대가 생산되었다. 태평양과 지중해, 유럽 전선에서도 크게 활
약했으며 11만 회 출격하여 13만 톤이 넘는 폭탄을 떨어뜨렸다. 미드웨이 해전
에서는 제임스 콜린스 대위가 지휘하는 B-26 4대가 어벤저 뇌격기 편대와 함께
미드웨이에서 출격한 후 일본 함대에 어뢰 공격을 감행했지만 모두 빗나갔다. 더
글라스사는 머로더의 기체를 베이스로 다수의 중기관총과 로켓으로 무장한 지
상 화력지원용 A-26 인베이더를 제작해 오키나와와 규슈 폭격 등에 투입했다.
승무원 7명, 엔진 2000마력×2발, 최대속력 460km/h, 항속거리 4590km,
12.7mm 기관총 12정, 폭탄 1.8톤 탑재.

마틴 B-26 머로더

TBF 어벤저들은 항로를 320도로 설정했다. 피브가 선두에, 그리고 버트 어니스트와 브래넌이 양쪽에 윙맨(Wingman, 호위전투기)으로 자리잡았다. 두번째 편대의 선두는 오즈 게이니어였고 양쪽은 빅 루이스와 우드사이드였다.

비행한 지 10분이 지나지 않았을 때 그들 위의 눈부신 하늘에서 별안간 적기 2대가 내려왔다. 버트가 보기엔 메서슈미트 전투기 같았다.[7] 적기들은 무차별 사격을 가하며 날아갔으나 아군 비행편대는 아무런 피해도 입지 않았다.

버트와 브래넌은 재미있다고 생각했다. 피브의 어벤저 꼬리 너머로 그들은 자기네끼리의 공격신호를 주고받았다. 주먹 쥔 팔을 내뻗는 원래 신호에 놀리듯 검지손가락을 펼치는 동작을 더한 것이었다.

그때 버트가 미드웨이 환초를 돌아보자 대공 포화와 공중에서 불붙은 항공기 1대가 보였다. 버트는 '이거 장난 아닌데' 하고 생각했다.

TBF 어벤저 6대는 계속 목표물을 향해 날아갔다. 그로부터 4시간 후 같은 제8뇌격비행대의 월드런과 그 부하들이 맞게 될 상황처럼 그들도 전투기의 엄호를 받지 못한다는 취약성을 안고 있었다. 버트가 적함을 발견했을 때 그들은 구름 바로 아래 약 4000피트(1.2킬로미터) 상공을 비행중이었다. 처음에 버트는 그것이 일본 수송함 중 한 척이라고 생각했다. 이삭줍기치고는 쏠쏠했다. 그런데 점차 일본 함대

---

7   2차 대전중 포케불프 Fw-190과 더불어 독일 공군의 주력 전투기였던 메서슈미트 Bf-109(Me-109). 항공기 제작자이자 나중에 바이에른 항공사를 인수한 빌헬름 메서슈미트 Wilhelm Emil Messerschmitt의 이름을 따왔다. 물론 태평양 전선에서 독일 전투기가 사용된 적은 없었다.

일본군 제2함대(미드웨이 공략 부대) 소속 경순양함 진츠

의 규모가 드러났다. 항공모함을 중심으로 경순양함과 구축함 들의
전열이 아침 안개를 뚫고 또렷이 실체를 드러냈다.

"온다!" 버트 어니스트의 포탑사수인 매닝이 인터폰에 대고 소리쳤
다. 갑자기 25대에서 30대쯤 되는 제로 전투기들이 머리 위에서 구
름을 뚫고 사방에서 쇄도했다. 매닝은 50발을 난사했다. 하지만 제로
전투기의 20밀리미터 기관포 한 발이 그의 가슴을 관통했다.

버트는 폭탄실 문을 열었다. 사방에 제로 전투기들이 득시글거렸
다. 물론 제로 전투기들은 전방에서도 돌진해왔고, 종종 뇌격기들을
스치듯 지나쳤다가 하프루프로 다시 뇌격기 뒤에 바짝 붙었다. 버트
는 커다란 적색 예광탄이 그의 뇌격기 날개에서 터지는 것을 보았고,
공중으로 솟구치는 기분 나쁜 불똥을 보았다. 총탄이 창공을 가득
수놓았다.

버드가 조종실에서 몸을 내밀어 뒤를 바라보았을 때 총탄 한 발이 그의 아래턱을 관통했다. 그는 동체 뒤쪽 장갑판에 후드득후드득 부딪치는 총탄 소리를 들을 수 있었다.

통신수 겸 폭격수 해리 페리어가 머리에 총상을 입어 어지럽다고 소리쳤다.

총탄 한 발이 유압장치에 구멍을 냈다. 꼬리바퀴가 떨어지면서 브라우닝 기관포 앞을 가로막는 바람에 기총 사격을 무용지물로 만들었다. 포탑 쪽에서는 치즈를 강판에 가는 듯한 소리가 났다.

"그때 날개가 흔들리기 시작했습니다." 버트가 말했다.

버트와 다른 조종사들은 제로 전투기에 큰 위협이 되지 못하는 상황에서 계속 공중전을 벌였다. 총탄이 버트의 승강타 조정 케이블을 끊어놓았고 조종간이 힘없이 손에서 떨어졌다. 그의 어벤저는 바다를 향해 추락하기 시작했다.

"편대에서 이탈했습니다. 방향타와 보조날개로 고도를 유지하려 했지만 먹히질 않더군요. 끝장이라고 생각했습니다. 그래서 가장 근접해 있던 적함, 그러니까 경순양함 진츠에 최대한 정밀하게 어뢰를 조준하고 투하했습니다. 바다에 충돌하기 직전이었는데, 그때 승강타 탭을 밑으로 돌리자 어벤저가 다시 하늘로 솟구쳤습니다."[8]

---

8 이 서술은 착오로 보인다. 미드웨이 기지에서 출격한 어벤저 6대와 머로더 4대로 구성된 편대는 나구모의 제1기동함대 제8전대의 중순양함 도네를 목표로 삼았다. 이들의 공격은 제로 전투기들의 강력한 방어로 별다른 전과 없이 모두 실패했으며 어벤저는 버트 어니스트 중위를 제외하고 전멸했다. 머로더도 2대가 격추되고 2대는 큰 손상을 입어 간신히 귀환하는 등 큰 피해를 입었다. 경순양함 진츠가 속한 일본군 수송함대를 공격한 편대는 미드웨이에서 출격한 제7육군항공대 소속 플라잉 포트리스 9대와 PBY 카탈리나 비행정 4대였다. 이들의

승강타에 달려 있는 탭은 승강타와 마찬가지로 항공기의 고도를 유지하는 역할을 한다. 비행중인 항공기의 자세를 잡아주는 것이다. 버트는 위기의 순간에 훈련을 기억해내고 이 승강타 탭을 조작하여 자신의 목숨을 구한 것이다.

버트가 편대에서 이탈했을 때부터 제로 전투기 2대가 따라붙었고, 일본 호위함들의 대공포를 뚫고 비행하는 동안에도 계속 20마일(30킬로미터) 이상을 추격해왔다.

"제로기의 공격을 피하려고 전해들은 비법은 다 시도해봤습니다. 옆미끄러지기side slip, 감속, 징크 기동.9 결국 놈들은 탄환이 바닥난 뒤에야 나한테서 떨어져주더군요."

버트로서는 다른 뇌격기들이 어떻게 됐는지 알 길이 없었다. 나는 이후 사실로 입증된 풍문을 들었는데, 일본군 함대를 그림자처럼 따라가던 육군 B-17 플라잉 포트리스 1대가 일본 항공모함에 충돌하는 아군 뇌격기 1대를 목격했다는 내용이었다.10

위험에서 벗어났다고 판단한 버트는 어떻게 귀환해야 할지 고심했

공격 또한 수송함 1척에 명중탄 한 발, 지근탄 한 발 외에는 아무런 전과를 올리지 못했다.
9 대표적인 방어 기동술 중 하나로 적이 조준할 수 없도록 불규칙하게 기체를 움직이는 것. 주로 적기가 바로 뒤에 붙었을 때 최후의 방법으로 사용한다.
10 로프턴 헨더슨 소령의 돈틀리스를 가리키는 것으로 보인다. 그가 지휘하는 해병 제22항공대 제241 해병 정찰 폭격 중대(SBD 돈틀리스 급강하 폭격기 16대)는 6월 4일 오전 7시 55분 일본 항모 소류와 히류를 공격했으나 8대가 격추당하고 폭탄은 완전히 빗나갔다. 헨더슨의 기체 또한 제로 전투기에 피격당하자 항모 카가의 함교로 돌진했지만 실패하고 해수면에 추락했다. 미 해병대는 전사한 헨더슨의 용기를 기념하기 위해서 과달카날을 점령한 뒤 일본군이 건설하던 비행장에 그의 이름을 붙였다. 일본군은 헨더슨 비행장을 탈환하기 위해 온갖 노력을 기울였지만 미 해병대는 일본군의 집요한 공격을 끝까지 막아내었다. 또한 여기서 출격한 폭격기들은 일본 함대와 상륙 부대에 엄청난 타격을 가하여 과달카날 전투 승리에 결정적인 역할을 했다.

다. 전자나침반은 손상되어 무용지물이었다. 일본군 함대가 그의 어벤저와 미드웨이 환초 사이에 진을 치고 있었다.

"돌아갈 수나 있을지 모르겠어." 그는 페리어에게 말했다. "그래도 죽기 살기로 해보자고."

버트는 아직 동쪽 수평선에 낮게 걸려 있던 해를 방향지시기로 삼고 적함들을 회피하여 남쪽으로 향했다. 그리고 미드웨이 환초 반대편에 와 있다는 생각이 들었을 때 동쪽으로 방향을 틀었다.

버트는 몇 차례나 해수면에 비친 그림자를 섬으로 착각했지만 매번 구름의 윤곽이었다. 결국 그는 길을 잃었다 생각하고 절망에 빠졌다. 그때 수평선에 커다란 연기구름이 나타났다. 미드웨이 환초에서 쏘아올리는 포화였다. 그는 그쪽으로 접근한 뒤 하강했다. 불쑥 그의 시야에 들어온 것은 미드웨이에서 서쪽으로 70마일(110킬로미터) 떨어진 쿠레 환초였다. 드디어 귀환에 성공한 것이다.

버트가 미드웨이 환초에 착륙 시도를 하던 중 관제사로부터 바퀴가 내려오지 않았다는 신호가 전달되었다. 그러나 버트는 분명히 바퀴를 내렸기 때문에 일단 장주비행으로 비행장 상공을 다시 한 바퀴 선회했다. 이번에는 관제사가 재치 있고 창의적인 방식으로 '한쪽 바퀴가 내려오지 않았다'는 신호를 보냈다. 한쪽 팔을 똑바로 들어올리고 다른 팔은 가슴 앞으로 구부린 것이다.

버트는 이제 됐다고 생각했다. 그런데 착륙 시도를 하면서 보니 장병들이 몰려들어 그의 어벤저를 구경하고 있었다. 그가 어뢰를 투하했는지 안 했는지 모르니까 혹시 바퀴가 내려오지 않은 상태에서 동

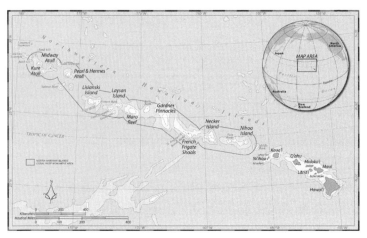

왼쪽 상단 미드웨이제도(미드웨이 환초, 쿠레 환초). 오른쪽 하단 하와이제도

체 착륙을 할 경우의 폭발 위험을 대비해 도망칠 준비를 하나보다 생각했다.

버트는 활수로의 마지막 착륙 지점에 신입했고, 죽은 포탑사수와 부상당한 통신수를 뒷자리에 남겨둔 채 만신창이가 된 주조종면을 제어하여 착륙을 시도했다. 구경꾼들은 도망치지 않았다. 바퀴 하나가 내려오지 않았다. 그의 뇌격기는 순조롭게 활주로에 접지했지만 동체에 부딪힌 아스팔트 바닥이 갈라졌다. 뇌격기는 오른쪽으로 빗나가서 멈추었다. 버트 어니스트도 제8뇌격비행대의 다른 조종사 5명도 이로써 비행을 끝냈다.

하지만 좋은 소식도 있었다. 14일간 고무보트를 타고 표류하다가 구조된 톰 더킨이 체력을 회복하고 진주만으로 돌아왔던 것이다. 그는 재미있는 무용담처럼 말했지만 실제로는 재미있지 않았을 것이다. 그의 말에 따르면 표류 장소는 뉴헤브리디스 북동쪽이었다고 한다. 바다에 불시착한 뒤 그와 통신수는 고무보트로 옮겨 타고 망망대해를 떠다니기 시작했다. 그들은 물과 이틀치 비상식량만 가지고 있었다.

처음 5일 동안은 그리 나쁘지 않았다고 톰은 말했다. 그러나 그다음부터 시간은 더디기만 했고 희망은 점점 희미해져갔다.

"표류하기 전날 밤에 포커를 쳐서 220달러쯤 되는 꽤 큰돈을 땄어." 톰이 우리에게 말했다. "5일이 지나고부터 진짜 목이 말라 못 견딜 때면 통신수 앞에서 그 돈을 세면서 그걸로 15센트짜리 밀크셰이크를 얼마나 살 수 있을까 계산해보며 위안을 얻곤 했지. 그때 5센트짜리 밀크셰이크를 파는 곳도 있다는 게 떠올라서 또 얼마나 살 수 있을까 계산을 하고 또 하고 그랬어. 그다음에는 레모네이드나 오렌지에이드를 계산해댔는데, 그러다가 문득 통신수를 쳐다보게 됐지. 그 녀석이 글쎄 칼을 만지작거리면서 이상한 표정으로 나를 쳐다보고 있지 뭐야. 나는 계산한답시고 신나게 놀리던 입을 꾹 다물어버렸어. 그 녀석이 날 잡아먹으려는 건 아닐까 무서웠거든."

10일째 톰은 희망을 잃었다. 그와 통신수는 남아 있던 물을 나누어 마셔버리고 그저 기다렸다. 11일째 그들은 뉴헤브리디스제도에서 가장 큰 섬인 에스피리투산토를 발견했다. 사흘 뒤 그들은 그 섬에 닿았다. 통신수는 웅덩이에서 뱀장어를 잡더니 양끝을 붙잡고는 아직 살아서 꿈틀거리는 몸뚱이 한가운데를 베어 물었다. 그들은 해변을 따라가면서 조개류를 잡아먹으며 사흘을 더 버텼다. 마침내 원주민 오두막 하나를 발견한 그들은 안으로 들어가 야자열매 즙을 들이켠 뒤 돗자리에 쓰러져 세상모르게 잠들었다. 원주민들이 그들을 발견하고 가장 가까운 해군 기지로 데려다주었다.

톰은 가톨릭 신자였다. 그는 표류하던 14일 동안 수없이 기도하고 맹세했다고 한다. 살아서 돌아간다면 여생을 감사하는 마음으로 뜻깊게 보내겠다고.

야마모토의 자만이 파멸을 부르다. 미드웨이 해전

———

미드웨이 해전은 진주만 기습 이후 7개월 동안 연전연패했던 미 해군이 처음으로 거둔 승리였다. 더욱이 단순히 국지적인 승리가 아니라 전쟁 전체의 향방을 뒤흔든 전략적 승리이기도 했다. 미 해군은 1척의 항모를 잃은 반면 일본 해군은 4척의 정규 항모를 잃었다. 단순 비교로도 1:4의 전과지만 일본 해군의 손실은 산술적 계산 이상이었다. 일본의 국력으로는 미국처럼 항모를 찍어낼 수도 없었을뿐더러 항모와 함재기 외에도 인적 손실은 더욱 뼈저린 타격이었다. 제1항공함대 산하의 베테랑 조종사와 항모 승무원 들은 수많은 실전으로 단련된 세계 최강 전력이었기 때문이다. 일본 해군은 전쟁이 끝날 때까지도 결코 이 손실을 메울 수 없었다. 산호해 해전에서 항모 렉싱턴을 격침시킨 제5항모전대(쇼카쿠, 즈이카쿠)가 남아 있긴 했지만 그 숙련도는 제1항공함대에 비해 훨씬 뒤떨어졌다. 게다가 나머지 경항모 4척은 정규 항모를 보조할 수는 있어도 함재기 수가 적고 속도가 느려서 기동부대 역할을 할 수 없었다. 일선 병사들의 목숨을 하찮게 여겼던 일본군 특유의 군사문화는 결국 국가 전체의 몰락으로 대가를 치렀다.

물론 승패는 병가의 상사이므로 단순히 패전했다는 사실만으로 비판할 수는 없다. 그러나 미드웨이 해전은 2년 뒤의 필리핀 해전이나 레이테 해전처럼 압도적인 미 해군에게 밀려서 중과부적으로 패배한 것이 아니었다. 오히려 불리한 쪽은 미 해군이었다. 절체절명의 벼랑 끝에 몰려 있던 니미츠 제독은 미드웨이에서 결전을 각오하고 가용 가능한 모든 전력을 쏟아넣었다. 미 해군이 더이상 물러날 수 없다며 필사적이었던 반면, 일본 해군은 스스로도 "승전 병에 걸려 있었다"고 인정했듯 그동안의 승리에 도취되어 방심했으며 허술하고 무계획적인 작전으로 패배를 자초했다. 물론 미 해군 또한 작전 과정에서 많은 실수를 저질렀고 극적인 승리에는 상당 부분 행운이 따라준 덕분이었지만, 일본 해군의 실수와 문제점은 그저 재수가 없었기 때문이라고는 할 수 없을 총체적인 난맥상을 보여주었다. 어떤 의미에서는 그동안 운이 좋았던 쪽은 일본 해군이었으며 그 운이 미드웨이에서 다했다고 할 수도 있다.

일본 해군은 반드시 미드웨이 공략에 나서야 했을까. 여기에는 연합함대 사령관 야마모토 이소로쿠의 독단과 아집이 있었다. 야마모토는 1942년 3월부터 미드웨이에 눈을 돌리고 있었다. 태평양 중부의 미드웨이제도는 하와이에서 서쪽으로 2400킬로미터 떨어진 작은 산호초로 면적이 약 6.2제곱킬로미터에 불과했다. 일본군이 미드웨이를 점령한다면 하와이를 위협할 수는 있었겠지만 일본군의 다른 거점인 괌이나 웨이크섬과 너무 멀었고 섬이 너무 작아서 대규모 항공부대를 운용할 수 없었기에 전초기지로서의 역할은 제한적이었다. 게다가 가뜩이나 한계에 직면한 일본군의 해상 병참 능력에 한층 부담을 가중시킬 것이 뻔했다. 미드웨이섬 자체도 괌이나 웨이크 섬과 달리 니미츠가 '불침항모'로 요새화한 곳이었기에 제아무리 전함과 항모의 엄호를 받는다고 한들 겨우 5천여 명의 경무장한 육전대만으로 쉽사리 점령하기는 어려웠다.

야마모토가 미드웨이에 매달린 진짜 이유는 섬에 그만한 전략적 가치가 있기 때문이 아니라 눈엣가시인 미 항모 부대를 끌어내어 섬멸하기 위함이었다. 미국에게 미드웨이는 중요한 섬이므로 일본 해군이 공략에 나선다면 미 해군도 가만히 있지 않을 것이며 따라서 자신이 원하던 결전을 벌일 수 있으리라는 기대였다. 하지만 섬을 점령하는 것도 어렵고 점령한다 치더라도 지키기는 더욱 어려울뿐더러 미 해군이 야마모토가 원하는 대로 움직일지는 또다른 문제였다. 이러한 허점은 군사적 상식이 조금만 있어도 간파할 수 있었다. 실제로 1942년 4월 2일부터 사흘 동안 도쿄의 해군성 군령부 작전실에서 열린 논쟁에서 야마모토는 해군성 참모들에게 신랄한 비판을 받았다. 야마모토의 반격은 자기 계획의 허점을 보완하는 것이 아니라 해군성을 협박하는 것이었다. 그는 자신의 뜻에 따르지 않으면 연합함대 사령관 자리에서 물러나겠다고 엄포를 놓았다. 이런 형태는 명백한 항명이었고 미국이라면 상상도 못할 일이었지만, 결국 백기를 든 쪽은 해군성이었다. 군령부 총장(해군참모총장) 나가노 오사미는 마지못해 야마모토의 작전을 승인했다. 그 대신 해군성도 야마모토에게 두 가지를 요구했다. 하나는 미드웨이 공략과 함께 알류산열도를 공격할 것, 또하나는 미드웨이 공략에 앞서 남서태평양 방면에서 제한적인 공격을 하라는 것이었다. 이 또한 미드웨이 공략만큼이나 즉흥적이면서 무계획적인 작전이었다. 반드시 차지해야 할 전략적 가치가 있다기보다 야마모토의 독주를 견제하려는 정치적 의미가 컸다. 하지만 야마모토는 해군성의 요구를 받아들였다. 이로 인해 작전은 원래 구상보다 훨씬 커졌고 병력은 분산될 수밖에 없었다.

해군성은 미 항모 부대가 반드시 미드웨이에 나타난다는 보장이 없다고 반박했지만 실제로 그렇게 되었다는 점에서 어쨌거나 야마모토의 예측 자체는 맞아떨어진 셈이었다. 문제는 그 시기였다. 야마모토의 가장 큰 착각은 미 항모 부대가 진주만에서 출동하는 시기가 일본 해군이 미드웨이를 공략한 뒤일 것이라고 굳게 믿었다는 점이었다. 미 항모 부대가 기다리고 있다가 일본 해군이 미드웨이 공략에 신경을 집중하는 동안 등뒤를 친다는 것은 전혀 예상치 못했다. 게다가 200여 척에 달하는 연합함대 전력 대부분이 출동했지만 정작 실제로 미드웨이 해전 당일 결전에 참여한 나구모의 기동 전력은 그중 10분의 1 정도에 불과했으며 항모는 고작 4척이었다. 나머지 항모들은 본국에서 수리중이었거나 중요하지도 않은 알류산열도 작전에 투입되었다. 야마모토가 구상한 결전과는 거리가 멀었다. 야마모토는 미드웨이에 투입된 일본군의 전력이 미 해군보다 월등히 우세하다고 여겼지만, 일본군 항공기는 248대인 반면 미군 항공기는 함재기와 미드웨이의 육상기까지 합해 360대로 수적으로 훨씬 우세했다. 덕분에 미드웨이 해전 당일 미군기들은 많은 희생을 치르면서도 쉬지 않고 일본 항모에 파상공세를 퍼부을 수 있었다. 애초에 산호해 해전을 벌이지 않았다면 미 항모 렉싱턴이 격침되지 않았겠지만 일본 해군 또한 쇼카쿠와 즈이카쿠가 건재했을 것이며, 미드웨이 해전에서 항모 전력은 적어도 6:4가 되어 훨씬 유리하게 싸울 수 있었을 것이다.

야마모토는 미 항모 부대가 정확히 어디에 있고 전력이 어떠한지도 몰랐으며, 미 항모 부대를 미드웨이로 끌어내어 결전을 벌이는 것이 목적이라면서도 이들을 유인할 기만 작전을 쓰지도 않았다. 심지어 자신의 작전을 은폐할 최소한의 기밀 유지조차 무관심했다. 미드웨이 공략을 앞두고 5월 1일부터 5일까지 전함 야마토 함상에서 실시한 도상훈련에서는 그의 작전이 지닌 온갖 허점들이 고스란히 드러났다. 워게임상에서 나구모 기동함대가 맡은 첫번째 임무가 미드웨이 공략인지 미 해군과의 결전인지조차 불분명했다. 특히 미드웨이 공략 도중에 미 항모 부대가 나타나 나구모의 기동함대를 습격하면서 큰 피해를 입혔다. 하지만 "미군은 이런 전술을 쓸 능력이 없다"는 말 한마디로 없었던 일이 되었다. 야마모토와 그의 참모들은 도상훈련에서 드러난 수많은 문제점을 진지하게 고민하는 대신 그냥 덮어버렸다. 이런 일은 어차피 자신들의 능력으로 해결할 수 없으므로 아예 일어나선 안 되며 따라서 고민할 필요도 없다는 논리였다. 야마모토뿐만이 아니라, 진주만 기습부터 여태껏 천운이 따라주었고 앞으로도 그럴 것이라는 안이하고 무책임한 분위기가 일본 해군 수뇌부 전체를 지배하고 있었다. 그 결과는 미드웨이에서의 파멸적인 패배였다. 일본 해군은 얼마 되지도 않고 최대한 아껴서 써먹어야 할 중요한 밑천을 수뇌부의 안이한 자세와 무분별한 작전으로 한방에 날려버린 셈이었다.

현장 총지휘관인 나구모 제독은 성실했지만 결코 창의적인 지휘관은 아니었다. 우려했던 상황이 벌어지자 그는 적극적이고 능동적으로 대처하는 대신 그저 정해진 원칙에 따라 수동적으로 행동했다. 미군의 파상공세는 일본 해군의 예상을 훨씬 뛰어넘었고, 한순간 허점이 보이자 미군은 놓치지 않고 기습하여 항모 3척을 일거에 격침시켰다. 나구모는 마지막 남은 항모 한 척이라도 수습하고 전열을 정비하여 다시 기회를 엿보기보다는 당한 대로 똑같이 되돌려주겠다면서 무작정 미 항모를 찾아 나섰다. 냉철한 판단이 아니라 자신의 실추된 체면을 만회하려는 감정적이고 이기적인 생각이었다. 미 항모 요크타운을 격침시키기는 했지만 히류 또한 격침당했으며, 우수한 조종사와 승무원 태반을 잃었다는 점에서 승리는커녕 무승부라고 부를 수조차 없었다. 요크타운 승무원들은 대부분 구조되었고 희생자는 80여 명에 불과한 반면 히류는 조종사 70명과 승무원 400여 명을 잃었다. 일본 항모 승무원들의 희생은 무려 2천여 명에 달했다.

패전지장으로 돌아온 나구모는 해군 내부에서 혹독한 비판을 받아야 했지만 물론 가장 큰 잘못은 처음부터 무모한 작전을 구상한 야마모토, 그리고 해군 수뇌부에게 있었다. 야마모토는 당시엔 물론 오늘날까지도 대다수 일본 대중에게 우리의 이순신같이 바다의 군신쯤으로 여겨지는 인물이다. 영화 〈도라 도라 도라〉를 비롯해 수많은 미디어에서 묘사되는 것처럼 그는 일본 해군의 가장 유능한 명장이자 사실상 일본 해군 그 자체이기도 하다. 2011년 12월 일본에서 개봉한 영화 〈연합함대 사령장관 야마모토 이소로쿠〉에서는 일본 국민배우 야쿠쇼 코지가 야마모토 역을 맡았다. 여기서 야마모토는 여느 무능한 보신주의 장군들과 달리 선견지명을 갖춘 현신이자 사리사욕을 버리고 국가를 위해 보국충정을 다하는 영웅으로 묘사된다. 하지만 실제의 야마모토는 그 시절의 다른 일본 장군들과 마찬가지로 지극히 출세 지향적이면서 누구의 비판도 허용하지 않는 독선적인 인물이었다. 또한 입으로는 "앞으로 반년에서 1년 정도는 이길 수 있겠지만 그 이후는 알 수 없다"며 미국의 압도적인 국력을 우려하고 주변 사람들에게 결코 얕보아선 안 된다고 말했으나 그 자신부터 미국의 역량을 제대로 이해하지 못했다. 그러나 야마모토는 일본 해군의 강점과 더불어 병폐 또한 고스란히 보여주었지만 어쨌거나 일본 해군 수뇌부에서는 그나마 가장 유능하고 책임감 있는 인물임에는 틀림없었다. 1943년 4월 18일 야마모토는 위험을 무릅쓰고 전선 시찰에 나섰다가 기다리고 있던 미군 전투기들의 공격으로 전사했다. 그뒤로는 갈수록 더욱 무능하고 무책임하며 보신주의로 가득한 위인들이 그의 자리를 차지했다. 1944년 6월 일본 해군의 모든 역량을 총동원한 결전이었던 필리핀 해전과 레이테 해전에서 연합함대 사령관 도요다 소에무는 직접 야마토에 올라 진두지휘하는 대신 도쿄로 달아났다. 이것은 청일전쟁 이래 일본 해군의 오랜 전통을 깨뜨린 것이었다. 게다가 1945년 4월 연합함대 최후의 출격이었던 '야마토 특공'에서도 비겁하게 뒤로 쏙 빠진 채 애꿎은 장병들만 죽음으로 내몰았다.

미드웨이 해전은 일본 해군에게 아무런 교훈도 주지 못했다. 만약 미국이었다면 의회에서 청문회가 열렸을 것이며 책임자들은 조사를 받거나 적어도 군인으로서의 경력은 끝났을 것이다. 하지만 작전을 구상한 야마모토는 물론이고 나구모 또한 주변의 비판은 받았으되 문책은 없었다. 나구모는 쇼카쿠, 즈이카쿠를 중심으로 새로 편성된 제3함대를 맡아 과달카날 작전에 투입되었다. 수뇌부 중에서 패전을 책임진 사람은 한 명도 없었다. 철저하게 폐쇄 구조였던 일본 해군은 이미 자정 능력을 상실했기 때문이다. 패배는 숨겨졌고, 오히려 미 항모 2척을 격파했다면서 '역사적 대첩'이라고 떠들었다. 모든 책임은 가장 힘없는 하급 장교들과 부사관, 병사들에게 떠넘겨졌다. 이들은 본국으로 귀환하자마자 가족을 만날 틈도 없이 그대로 남방 전선으로 끌려가 대부분 전사했다. 패전의 입막음을 당한 셈이었다. 이런 분위기에서 패전의 원인이 어디 있었는지, 무엇을 잘못했고 어떤 부분을 고쳐야 할지 반성과 성찰이 뒤따를 리 없었다. 야마모토는 과달카날에서 미 항모 부대와 결전을 벌여 전세를 다시 역전시키겠다면서 한층 무모한 작전에 매달렸다. 국력에서 압도적인 미국과 소모전을 벌여서는 안 된다는 자신의 말을 스스로 뒤엎은 셈이었다.

일본 해군에게 진정한 재앙은 미드웨이의 패전이 아니라 그 이후 벌어진 소모전이었다. 그나마 남아 있던 인력과 자원을 거의 소모한 뒤 반년 만에 과달카날에서 손을 털고 물러나야 했다. 그때부터 일본 해군은 완전히 수세에 내몰렸고 결전은커녕 전력을 회복하기에도 급급했다. 그러나 한번 벌어진 격차는 결코 메울수 없었다. 1944년 6월 19일 필리핀 해전과 10월 23일 레이테 해전은 일본 해군의 척추를 완전히 부러뜨렸다. 이후에는 패망을 향해 달려야만 했다.

6. 또다른 임무

호넷이 진주만으로 복귀한 후 얼마 지나지 않아서 나는 고향처럼 느껴지는 제3뇌격비행대로 돌아왔다. 제3뇌격비행대는 1942년 5월에 산호해 해전을 치르고 돌아온 요크타운의 비행전대로 편성되었다. 요크타운에서 미드웨이 해전에 출격했던 제3뇌격비행대는 제8뇌격비행대 못지않게 심각한 인명과 물자 손실을 입었다. 조종사 중에서 콜과 에스더스 2명만 돌아왔고 나머지는 전사했다.

대대장 랜스 에드워드 매시 소령과의 편대 비행에서 윙맨을 맡았던 빌 에스더스는 매시 소령이 저공으로 일본 항공모함 소류를 맹습하다가 직격탄을 맞고 화염에 휩싸였다고 말했다. 그는 용감하게 부하들을 이끌던 매시 소령이 화염에 휩싸인 동체를 빠져나오려고 조종석에서 벌떡 일어서던 모습을 기억했다. 빌 자신의 비행기도 제로 전투기의 집요한 추격을 받는 과정에서 동체에 숱하게 구멍이 났다고 했다. 그의 통신수는 구명보트에서 숨을 거두었다. 빌이 작은 보트에

미드웨이 해전에서 전사한 제3뇌격비행대(VT-3) 대대장 랜스 에드워드 매시 소령

웅크리고 있는 동안 제로 전투기 1대가 그를 발견하고 놀잇감을 대하듯 무차별 사격을 가하더라고 했다. 다행히 제3뇌격비행대를 호위하던 그러면 F4F 와일드캣이 제로 전투기의 후방으로 붙은 덕분에 그는 위기에서 벗어났다.

신임 대대장 J. M. 제트 소령을 필두로 제3뇌격비행대는 미드웨이에 출격하지 않은 조종사 중 가장 뛰어난 인재들을 수혈하여 새롭게 진용을 갖추었다. 대원들은 조니 마이어스, 코니그, '위즐' 와이센번, 제리 스테이블린, 프레드 헤리먼, 행크 슈나이더, 존 아미티지(이상 중위) 그리고 베이커, 콜, 와이스, 에스더스(이상 비행 부사관)였다. 우리는 카네오헤 기지에서 훈련을 재개했다. 훈련 기종도 TBD 데버스테이터보다 크고 빠르며 화력도 뛰어난 신형 뇌격기 그러면 TBF 어벤저로 바뀌었다. 처음엔 이 뇌격기가 너무 커 보여서 우리는 그놈을 '괴물'이라고 불렀다. 그러나 하늘을 날기엔 참 멋진 항공기였다. 모든 것이 유압식으로 작동했고, 일단 숙련된 후에는 조종실이 일방통행로처럼 단순명료했다. 이 뇌격기로 더 높이 상승하고 더 낮게 하강하다보면 상대적으로 날랜 전투기들과 비교해도 기동성이 떨어지지 않는다는 생각까지 들 정도였다. TBF 어벤저에서 찾아낸 단점은 한두 가지에 불과했다. 이를테면 전방 탑재 화력이 약한 편이었고 조종간은 뻑뻑했다. 그러나 그 점만 제외한다면 이 크고 둔해 보이는 뇌격기는 그야말로 이상적인 기종이었다. 날마다 그놈이 무엇을 해낼 수 있는지 알아가면서 우리는 깜짝 놀라곤 했다.

우리가 카네오헤 기지에서 훈련받는 동안 행크 슈나이더는 SBD 돈틀리스로 훈련 비행에 나서 포드섬 상공을 날았다. 귀대중에 그는 다이아몬드헤드 바로 외곽 상공에서 공중전 모의 훈련중이던 육군 커티스 P-40 워호크들과 뒤엉키게 되었다. 그는 롤링으로 비켜나오는 대신 하프루프를 하면서 급상승을 시도하다 실속 상태에 빠졌다. 그는 순식간에 바다로 곤두박질쳐 숨을 거두었고, 와이키키 해변의 해수욕객들은 그 과정을 처음부터 끝까지 지켜보았다.

새로운 기종의 비행 훈련에는 항공모함 착함도 포함되었다. 어느 날 제3뇌격비행대는 오아후섬의 남쪽 해상에 있는 USS 엔터프라이즈로 향했다. 조종사들은 각자 세 차례씩 착함을 시도했다. TBF 어벤저는 함재기로서 놀라운 강점을 입증했다. 나뭇잎처럼 사뿐히 착함했고 때로는 제1승강 지점을 지나면 이미 안정적으로 착륙해 있곤

1942년 초반의 TBF 어벤저

편대 비행중인 TBF 어벤저

기동 훈련중인 P-40 워호크 4대

했다.

이날 사고는 단 한 차례만 있었다. 코니그 중위가 약간 느리게 착함하면서 비행갑판의 오른쪽으로 너무 멀리 갔고, 착함하기 위해 선회중이던 다른 항공기들이 일으키는 돌풍에 휘말리면서 동체가 우현을 벗어나 바다로 떨어졌다. 조종사를 포함한 승무원 3명은 모두 무사히 탈출하여 구축함에 구조되었다. 코니그는 동체의 날개 밑에 잠겨 있다가 떠올랐다고 말하면서 잠시 생각에 잠겼다가 소리쳤다. "젠장, 내가 항공모함 밑에 있었던 거잖아!"

1942년 7월 15일 제3뇌격비행대는 착함훈련을 했던 항공모함 USS 엔터프라이즈에 배치되었다. '빅 이Big E'라고도 불렸던 항공모함 엔터프라이즈는 미드웨이 해전 이후 제16기동부대 사령관에 오른 토머스 C. 킨케이드 소장의 지휘하에 신형 전함 노스캐롤라이나, 중순양함 포틀랜드, 경순양함 애틀랜타 각각 1척과 5척의 구축함으로 진형을 갖추었다. 함재기는 와일드캣 36대, 돈틀리스 36대(급강하 폭격기 18대와 정찰 폭격기 18대), 어벤저 14대로 도합 86대였다. 나는 이 특별한 항공모함에 배속된 것이 기뻤다. 친한 동료들을 많이 만날 수 있었기 때문이다. 폭격비행대에서 동고동락했던 제이미 덱스터, 딕 재커드, 빌 피트먼, 부엉이 깁슨, 미킬, 리치, 클라인, 또한 전투비행대에서 함께 지냈던 해리 마치와 윌리 와일먼도 있었다.

엔터프라이즈는 내가 한 번도 가본 적 없는 남쪽을 향해 갔다. 사모아 남서쪽 통가제도의 통가타푸가 우리의 목적지였다. 그러나 그곳에서 다른 임무를 띠고 어디인지 모를 곳으로 다시 출항했다. 항공모

착함신호장교가 착함을 유도하고 있다.

함의 승무원과 갑판 요원 들은 경험이 많고 유능했다. 엔터프라이즈 자체도 이미 전장을 누비면서 높은 명성을 쌓아가고 있었다. 여러모로 내게는 이 항공모함에서의 생활이 무척 유쾌했다.

식사, 수면, 독서, 일광욕, 비행으로 이루어진 단순한 일상이 되풀이되었다. 항행중에 실시하는 비행의 목적은 기동부대 엄호이다. 항공모함에서 150마일(240킬로미터) 내지 250마일(400킬로미터) 반경까지 초계 임무를 수행한다. 초계 비행에서 복귀하면 비행대 전체가 타격 훈련에 나선다. 뇌격기들은 항공모함에 대한 모의 뇌격을 실시한다. 작은 군용 우편행낭 같은 모래주머니를 비행갑판에 떨어뜨리거나 항공모함에 매단 썰매나 다른 항공기에 매단 기류 표적을 뇌격하는 훈련이다. 정찰기와 폭격기 들은 급강하 폭격, 전투기들은 기총 사격 훈련을 한다. 이렇듯 모든 비행대원들은 남쪽으로 항해중인 엔터프

전함 USS 노스캐롤라이나(BB-55)

경순양함 USS 애틀랜타(CL-51)

나이스에서 충분한 시산을 가지고 조종사로서의 개인적인 기술과 부대원으로서의 협공 전술을 연마했다.

TBF 어벤저에는 조종사 외에 승무원 두 명이 탑승한다. 한 명은 동체 꼬리 쪽의 작은 포탑인 일명 '금붕어 어항'에 몸을 욱여넣듯 들어가야 하는 포탑사수였고, 다른 한 명은 폭탄이나 어뢰를 탑재하는 동체 밑바닥의 폭탄실에 앉는 통신수 겸 폭격수였다. 대개는 같은 승무원들이 계속 함께 비행하기 때문에 서로 인간적으로 잘 알게 될 뿐 아니라 효율적으로 협력할 수 있다.

나는 운좋게도 훌륭한 두 승무원과 함께했다. 미드웨이 해전에서 버트 어니스트의 통신수였던 페리어가 제3뇌격비행대로 전출 와서 나의 포탑사수가 되었다. 그는 여전히 미드웨이 해전의 상흔을 지니고 있었다. 이마 오른쪽 위 두피에 난 둥근 흉터가 반들반들한 50센트 동전처럼 아주 짧게 자른 머리칼 사이로 드러나 보였다. 총알이 그의 머리에 장난질을 치듯 만들어놓은 흉터였다. 미드웨이 해전이 그에게 큰 영향을 미친 것이 분명했다. 그래서인지 그는 예전보다 차분해진 것 같았다. 마치 창공에 가득 흩뿌려진 죽음을 보고 그중 하나의 죽음이 잠시 그의 숨을 멈추게 하여 생사의 문턱까지 데려갔던 그날을 늘 반추하는 듯했다.

"내게 에이스 사수가 되어 제로 전투기 50대쯤 떨어뜨리겠다는 포부 같은 건 없습니다." 그는 나에게 말했다. "내가 원하는 건 50구경 총탄을 공중에 쏟아부어 제로 전투기들이 가까이 오지 못하게 하는 겁니다." 이 말은 그가 전쟁을 통속소설의 모험담이 아니라 자신이

대공 사격 훈련을 위해 항공기 끝에 기류 표적을 매달고 있다

맡은 일이자 돌아가야 할 자리로 여기고 있음을 보여주었다. 그는 교전을 치르며 일본군 제로 전투기들이 가까운 거리에서 50구경 예광탄의 궤적을 보면 도망친다는 사실을 파악했다.

창공에서 페리어는 인터폰으로 말을 많이 하지 않았다. 그저 포탑 속에서 무릎이 턱에 닿을 정도로 웅크리고 앉아 담배를 피웠고 자신이 아직 살아 있음을 조용히 기뻐했다.

통신수 겸 폭격수였던 다이치는 실전 경험은 없었으나 빈틈없고 성실한 대원이었다. 언제나 뇌격기를 깨끗하게 청소하고 정리해놓았으며, 청소를 하지 않을 때는 격납고 갑판에서 부지런히 동체를 걸레질하고 있었다. 그의 임무는 무전기와 뇌격 장비를 관리하고 조작하는 것뿐이었기에 이런 행동은 항공기에 대한 그의 자부심이 진심임을 입증해주었다. 두 볼이 다람쥐처럼 볼록해서 토실토실 살쪄 보였지만 그의 몸에는 지방보다는 근육이 더 많았다. 이처럼 탄탄한 몸과 엄격하고 한결같은 성실성은 나중에 임할 치열한 전투에서 그가 부상당했을 때도 용기와 감동적 투혼을 불어넣게 될 터였다.

다이치는 자신의 판단에 따라 자기 방식대로 일하는 것을 좋아했고, 이는 대체로 아주 훌륭한 결과를 가져왔다. 내가 그에게 지시하거나 설명할 때보다 알아서 하도록 맡길 때 훨씬 결과가 좋았던 것이다. 그러나 효율적인 팀워크를 위해서는 상의할 부분도 있긴 했다. 그래서 다이치와 페리어는 종종 밤에 내 선실을 찾아오곤 했다. 그들은 평상시에는 내가 있는 갑판 아래층의 부사관 선실에서 생활했다.

이 기간에 대원들은 뇌격의 각 단계마다 각자의 임무를 거듭 확인하고 점검했다. 이를테면 다이치는 우선 동체 밑쪽에 있는 30구경 (7.62밀리미터) 기관총을 맡았고 각종 스위치를 점검한 뒤 하강할 때 내게 폭탄 투하실 문을 열라고 상기시켰다. 그리고 폭탄이 떨어질 때 '폭탄 투하'라고 소리쳤다. 포탑에 있는 페리어는 후방에서 일어나는 상황을 계속 내게 전달해주었고, 나 또한 공격 전개 상황에 관해 내가 아는 최대한의 정보를 두 승무원에게 알려주었다.

우리는 모든 상황을 가정해놓고 어떻게 대처해야 할지 상상해보려 노력했다. 부득이 바다에 불시착을 해야 할 경우, 격추당했을 경우, 비상탈출을 해야 할 경우, 우리 중에 부상자가 나올 경우, 우리 뇌격기가 제로 전투기 2대 혹은 30대에 공격당할 경우 등등. 이런 식으로 우리는 상황 대처에 관해 많은 것을 습득함으로써 허공에서 결정을 내리느라 귀중한 시간을 허비하지 않아도 되었다. 우리는 매일 나가는 장시간의 정찰 임무 동안 최대한 팀워크 연습을 해나갔다.

단독 정찰 비행은 색다른 경험이며 매번 흥분할 이유가 생기곤 한다. 일단 정찰 비행의 첫 구간을 끝내고 나면 조종사는 컴퍼스 기수 방향(compass heading, 나침반의 북쪽을 기준으로 비행 방향을 측정하는 것─옮긴이)과 대기속도를 계속 확인하는 대신에 주변을 둘러볼 여유가 생긴다. 정찰 비행의 중요한 목적은 그곳에 무엇이 있는지 확인하여 모함에 보고하는 일이다.

떠오르는 햇빛을 받아 흰색 또는 옅은 황색과 분홍색을 띠고 말불버섯처럼 생긴 대류구름 바로 아래 1000피트(300미터) 상공을 비행하기도 한다. 무덥다. 상의의 목 단추를 풀고 소매를 걷어올려도 좋다. 소음에 신경쓰지 않는다면 조종석 덮개를 열어젖히고 귓가를 빠르게 지나가는 산들바람과 엔진 소리를 들을 수 있다. 어디든 훤히 볼 수 있다. 물론 정해진 형태 없이 되는대로 생긴 구름 그림자들과 수분 입자 외에 보이는 것은 없겠지만 말이다. 어쩌면 그 구름 형태들을 길잡이로 삼을 수 있겠다는 생각이 들기도 하지만, 이내 그것은 육상에서 살아가는 조종사들에겐 착각에 불과하다는 걸 깨닫는다. 그러다가 불현듯 항공유의 역한 냄새를 뚫고 훅 끼쳐오는 담배 연기 냄새를 아! 하며 반긴다. 맞아, 포탑사수가 늘 싸구려 담배를 피우지……

정찰 비행의 첫번째나 두번째 구간이 끝나면 조종사는 가끔 풍향을 판단하거나 임의 표적을 설정하고 기총 사격을 하느라 연막탄을 떨어뜨리기도 한다. 바다와 하늘뿐인 빈 공간에서의 표적 사격은 조종사와 다른 승무원들만 들을 수 있는 소음이고, 숲속에서 혼자 고함을 지르는 것처럼 으스스한 느낌을 준다.

세번째 구간은 항공기가 모함으로 돌아올 수 있는지 여부를 판가름하는 중요한 구간이다. 조종사가 첫 구간에서 수평선을 따라 선박이나 항공기의 흔적을 수색하고 바다의 물결로 풍향을 판단하듯이 세번째 구간에서는 모함을 찾는다. 항로를 옳게 잡았고 위치 정보가 조종사 모르게 바뀌지 않았다면 함대는 적절한 시간에 모습을 드러낼 것이다. 그렇지 않다면 눈에 보이는 광경은 오로지 망망대해뿐이다.

함대가 조종사의 시야에 나타나는 방식은 여러 가지다. 때로는 항공모함의 연돌이 수평선을 배경으로 규칙적이고 아주 작은 얼룩처럼 눈에 띄기도 한다. 때로는 대형 선박의 항적이나 흰 직선들로 이루어진 몇몇 흔적이 조종사의 눈에 들어오기도 한다. 햇빛의 반사가 뜻하지 않게 이런 흔적들을 보여주기도 하고, 군함들이 별안간 해수면에 떠 있는 길고 작은 회색 조각처럼 나타나기도 한다. 해수면에 직선 또는 규칙적인 형태가 보인다면 바다가 아닌 다른 무엇으로 여겨도 좋다. 대개 조종사들은 귀함하기 5분에서 20분 전에는 함대를 찾아낸다.

진주만에서 출항한 지 4일째 되는 날, 제이미 덱스터가 실종됐다. 그는 오후 2시 40분경 적도로부터 30마일(50킬로미터) 지점에서 전투기 훈련을 지원하고자 기류 표적을 매달고 비행했다. 그는 함대 오른쪽으로 10마일(16킬로미터) 정도 떨어져 있었다. 아마도 전투기들이 훈련을 끝내고 이탈했을 때 기류 표적을 떼어낸 후 약 8000피트(2.4킬로미터) 고도로 올라갔을 것이다. 항공모함이 끄는 썰매 표적에 타격 훈련을 하던 자신의 뇌격비행대에 합류하기 위해서 말이다. 그 직후에 함대의 위치를 놓친 것 같았다.

제이미의 실종 소식을 접했을 때 나는 식당에서 저녁을 먹고 있었다. 나는 냅킨을 식탁에 집어던지고 항공모함의 중추인 지휘실로 달려갔다. 제이미의 비행 상황에 관해 가능한 한 많은 정보를 알아내기 위해서였다. 지휘실에서는 제이미가 처음에 함대를 찾기 위해 계속 직선 항로를 택했다가 포기하고 방향을 변경하는 바람에 모함에서 멀어진 것으로 판단했다(그는 항공모함의 위치가 자기와 정반대라고 생각한 게 분명했다). 결국 그는 가장 가까운 육지인 피닉스제도 북부의 엔더버리섬을 향했다. 그의 행방이 마지막으로 포착된 곳은 엔더버리섬에서 조금 떨어진 지점이었다.

함대 사령관은 함대의 안전에 문제가 없는 범위에서 제이미를 구조하기 위하여 가능한 모든 방법을 동원했다. 제이미에게 귀함 항로를 알려주기 위하여 몇 차례—실은 신중하지 못할 정도로 자주—무선침묵을 어겼다. 내가 지휘실에서 보내는 음성 무전을 들은 게 세 번이었다. "덱스터, 항로는 〇〇〇이다." 저녁 7시경에는 심지어 전체 함대의 항로를 변경하여 한동안 제이미가 있는 방향으로 이동함으로써 그와의 거리를 줄이려고 했다.

제이미와 나는 그날 점심식사를 함께했고 나란히 비행갑판 좌현 통로를 걸으며 일광욕도 했다. 그때 우리는 실종될 경우에 관한 이야기를 꺼냈는데, 만약 그럴 경우 항공모함이 실종된 함재기를 찾으러 돌아올지 궁금해했다. 우리는 최소한 이번 작전에서만큼은 그러지 않을 거라고 결론지었다. 제이미는 자신이 방향을 잃은 상태에서 모함을 찾아낼 가능성이 없다는 판단이 설 경우 지체 없이 가장 가까운 육지로 향할 거라고 말했다. 나는 그가 정확히 자신의 말대로 했을 거라고 생각했다.

경험이 풍부한 장교들은 제이미가 두 가지 실수를 했다고 생각하는 것 같았다. 첫번째로 자기가 항공모함의 어느 쪽에 있었는지를 떠올려야 했는데 함대로부터 180도 반대 방향으로 비행했다는 것이다. 두번째로 방향을 잃었을 경우 바람을 안고 비행하라는 조종사의 경험 법칙을 어겼다고 했다.

그러나 제이미가 항로를 변경했을 때 어떤 심정이었을지는 아무도 얘기하지 않았다. 해도를 앞에 놓고 항공모함에 앉아서 조종사는 모름지기 이래야 한다고 말하기란 쉬운 일이다. 그러나 의지할 것이라고는 빈 하늘과 바다와 구름뿐인 상황에서 그처럼 명료하게 생각하기는 쉬운 일이 아니다.

제이미는 목숨이 위태로운 상황에서 많은 조종사들이 시도했을지 모르는 한 가지, 즉 무전 교신을 하지 않았다. 무선침묵을 깨지 않았던 것이다. 항공모함의 수신기 5대가 그의 항공기 주파수에 맞춰져 있었지만 그로부터 들어오는 교신은 없었다.

우리는 제이미를 발견하리라는 희망을 품고 있었다. 그의 명석한 두뇌를 익히 알고 있었기에 무사히 비상 착수에 성공하여 고무보트에 탔다면 우리에게 발견될 것이며, 아니면 무역풍의 도움으로 피닉스제도까지 떠밀려갔을 거라고 예측했다.

그러나 다음날 예상 지역을 이잡듯 샅샅이 수색했음에도 흔적은 발견되지 않았다. 게다가 그가 300킬로미터 넘게 표류하여 80킬로미터에 걸쳐 흩어져 있는 피닉스제도의 8개 환초—길이 15킬로미터나 해발고도 7.5미터 이상인 섬은 하나도 없는—가운데 한 곳에 도착했을 확률을 냉철하게 따져보니 그의 생존 가능성은 더욱 희박해졌다. 끝없는 바다 한복판 적도의 태양 아래 통신수와 단둘이 표류하는 동안 낮에는 폭염에, 밤에는 추위에 시달렸을 것이다. 갈증으로 타들어가고 부어오른 채 탈진하다가 절망에 짓눌려 차라리 축복일지 모르는 광기 아니면 죽음을 맞았을 가능성이 더 컸다.

제이미의 실종은 내가 이번 임무에 느끼던 흥미를 한동안 앗아가버렸다.

남쪽으로 항진하는 동안 몇 개의 기후대를 지났다. 풍향과 기후의 변화가 상상력을 자극했다. 북위 20도의 호놀룰루는 북동 무역풍대에 있다. 우리는 북위 10도에서 북동 무역풍의 남쪽 한계선에 다다랐다. 그후로 북위 05도까지는 바람의 변화가 많고 더 무더웠다. 그다음은 무풍대였는데, 바람이 확연히 약해진 게 느껴지면서도 완전한 무풍은 아니라서 놀라웠다. 열기가 못 견딜 정도로 강하지는 않았다. 북위 02도 부근에서 남동 무역풍을 만났다. 적도의 열기는 예상만큼 강하지는 않았지만 태양은 아주 크고 가깝게 느껴졌다.

적도를 넘어갈 때면 경험이 없는 신참과 경험자인 고참이 무사 항해를 기원하며 적도제를 치르게 마련이지만 이번에는 생략했다. 전시였기 때문이다.

1, 2주가 지나자 항공모함 생활이 편안해지기 시작했다. 식사, 수면, 흡연, 날씨에 관한 생각들. 작은 사치—엽궐련, 배설, 온수 샤워, 바람 부는 쪽으로 침 뱉기—를 즐길 만한 시간 여유도 생겼다. 자신뿐 아니라 타인을 위한 시간 여유도 더 많아졌다. 식기 광고판을 보지 않아도 되었고 술 한잔하려 여기저기 들쑤시고 다닐 필요도 없었다. 육지의 모든 악은—영국 작가 윌리엄 맥피가 저서 『바다의 방랑자』에서 "세상의 진짜 악은 모두 육지에서 잉태했다"고 말했듯이—먼 곳에 남겨져 있었다. 그중에서도 최고의 악이라 할 여자는 대부분의 승무원들에겐 헤디 라머(Hedy Lamarr, 태평양 전쟁 당시 관능미 넘치는 섹스 심벌로 유명했던 배우—옮긴이)와 성모 마리아의 장밋빛 합성처럼

항공모함 USS 와스프 함상의 적도제. 적도를 지날 때 치르는 관습이다.

여겨졌다. 그리고 이 추상적인 이미지 속에서 그들은 가장 즐거워했던 것 같다.

바다에는 건강과 진취적 기상이 있는 반면 돈과 불안정한 사업 걱정 따위는 없었다. 하루하루가 후딱 지나갔다. 삶은 자연에 가까웠다. 그리고 언제나 청량한 강풍과 끝없이 일렁이는 바다가 있었다.

바닷물을 한 방울 한 방울 증류해야 하는데다 증류기 용량이 정해져 있기에 담수는 해상에서 귀중한 자원이다. 항상 물을 아껴 쓰라는 경고와 함께 샤워기 밑에 서 있지 말고 세면기 수도꼭지를 마냥 틀어놓지 말라는 주의도 일상적인 것이었다. 총원 전투배치 동안은 물 공급이 전면 중단되었다. 날마다 1인당 쓸 수 있는 물 용량이 공지되는데 이것은 우리가 늘 관심을 갖는 사안 중 하나였다. 하루 평균 70리터 정도였다.

밤에는 비행이 없으므로 자유 시간을 가졌다. 대개는 다른 동료의 선실에 모여서 간단한 공놀이를 하거나 카드 게임을 했다. 나는 종종 바로 옆 딕 재커드의 선실로 갔고 깁슨과 피트먼과 미킬도 보통 그리로 모였다. 재커드는 톰 더킨이 실종될 때까지 그와 함께 선실을 사용했다. 그런데 그다음에 선실을 함께 사용한 제이미도 귀환하지 못하자 재커드는 자기가 동료들에게 징크스인 것 같다고 농담을 던졌다.

우리는 항공모함의 목적지(당시에는 아무도 몰랐다), 우리가 겪었던 재미있는 일들, 전쟁 이후에 돌아가서 할 일, 그리고 여자 이야기로 열을 올렸다. 피트먼은 자신의 앞날에 일말의 의심도 없었다. 우선은 '깜찍이 내털리'와 결혼할 것이고 그다음에는 만사가 저절로 굴러갈 거라고 확신했다. 건축학교에 다녔던 재커드는 전도유망한 제도사나 설계사가 될 것이 확실했고 그 자신도 그쪽 계통으로 쭉 갈 것 같다는 생각을 막연히 하고 있었다. 우리는 그가 한가로이 앉아서 얘기를 나누는 우리 모습을 만화로 그릴 때부터 그의 재능을 알아봤다. 부엉이 깁슨과 미킬은 미래를 딱히 생각하고 있지 않다고 말했다. '전쟁 이후'는 그들이 생각하기에 너무 먼 미래였다.

때로는 포커를 치거나 주사위 게임도 했다. 언뜻 그리 해롭지 않은 심심풀이처럼 들릴지 모르나 심할 때는 수십 달러나 심지어 수백 달러까지 잃기도 했다. 다음날 새벽 비행갑판에 올라야 하기 때문에 대개 밤 10시나 11시 전에는 잠자리에 들었다.

주간에 비행이 없거나 비행대 관련 업무도 없을 경우에는 착함신호장교들을 위한 안전망에 누워 있는 재미가 쏠쏠했다. 등에 햇볕이 내리쫴도록 엎드린 채 솟구쳤다 떨어지는 함수와 경쾌하게 포물선을 그리며 튀어오르는 날치들을 바라보곤 했다. 조종사의 대다수는 이골이 난 '게으름뱅이'여서 시간만 나면 누워서 독서를 하거나 잠을 잤다. 가끔은 몇몇이 글러브를 끼고 통로에서 권투를 하기도 했지만 대부분은 기회가 되는 대로 그냥 빈둥거렸다.

7월 23일 항공모함이 통가타푸에 접근하는 동안 TBF 어벤저 2대와 F4F 와일드캣 1대가 이륙하여 그 섬까지 270킬로미터를 날아갔다. 길이 40킬로미터 폭 15킬로미터 정도의 통가타푸는 통가제도의 섬 180여 개 중 가장 크다. 통가제도는 사모아제도와 피지제도 사이 남쪽에 있다.

착함신호장교의 안전망

우리가 그 섬으로 향한 것은 신참 조종사 2명에게 육상항공모함 착함훈련을 실시하기 위함이었다. 콜이 착함신호장교 돕슨, 홀리 소위, 통신수 1명을 태우고 어벤저 1대를 조종했다. 나는 토머스 C. 킨케이드 제독의 참모장인 버로 소령(당시 육지에서 처리할 공식 업무가 있었다)과 실트 소위를 태우고 다른 어벤저 1대로 비행했다. 그런데 전투기 와일드캣은 왜 함께 갔는지 짐작이 가지 않았다.

통가타푸 비행장은 풀이 자란 진흙땅이었고 굉장히 컸다. 육군의 커티스 P-40 워호크 1개 대대가 주둔하고 있었다. 전경을 보고 있자니 내가 가본 적 있는 버마의 비행장이 떠올랐다. 통가타푸 비행장 주변은 야자수, 길쭉한 풀, 가지가 무성한 나무로 에워싸여 있었다. 투박한 주기장에 세워진 항공기들은 나뭇잎과 그물로 위장되어 있었다. 관제소는 초가지붕 대나무 집이었다. 관제탑은 야자수 그루터기에 올려놓은 대나무 오두막이었다. 프로펠러와 낙하산 보관실, 조립 및 정비실은 야외의 나무 아래 있었다.

육군 막사는 비행장에서 400미터쯤 떨어진 정글 안쪽에 있었다. 그날 밤―은은한 달빛 아래 시원한 바람에 향긋한 나무냄새가 실려오던 아름다운 열대의 밤―에 우리는 육군 조종사들과 막사 주변에 앉아서 산들바람을 쐬었다. 그들은 호주산 맥주를 내주면서 알코올 도수가 20도라고 말했다. 맥주 맛은 기가 막히게 좋았고, 한잔 두잔 들어가면서 우리의 입심도 달달해졌다.

육군 조종사들은 원주민 여왕인 살로테 투포우(마치 샐러드용 드레싱 같은 이름이었다) 이야기를 들려주었다. 130킬로그램이나 되는 거구의 그녀는 통가 왕국을 확실하게 다스리는 중이라고 했다. 여왕은 국제여성기독교금주연합 회원이기도 해서 자극적인 유흥을 못마땅해했다. 육군 조종사들의 말에 따르면 그녀는 섬에 아름다운 집을 가졌으면서도 동굴에 살고 있다는 것이었다.

육군 조종사들은 오락거리가 전혀 없다고 볼멘소리를 해댔다. 산호 때문에 수영하기가 좋지 않다고 했다. 원주민 여자를 잘못 건드렸다가는 군법회의에 회부될 터였고 여자들이 그리 매력적이지도 않았다. 게다가 살로테 투포우는 미국인들이 군법을 어기는 사태를 원천봉쇄할 목적으로 젊은 여자들을 산속 깊숙이 몰아넣었다고 했다.[1]

---

1 당시 영국 보호령이던 통가 왕국은 독일의 폴란드 침공 이틀 뒤인 1939년 9월 3일 독일에 선전포고하고 군대를 소집했다. 또한 진주만 기습 다음날인 1941년 12월 8일에는 일본에도 선전포고를 했다. 그러나 당시 통가는 인구 33000명의 소국이었고 통가 방위군은 800여명에 불과했다. 통가의 방위는 미군이 맡았다. 태평양 전쟁 동안 통가는 제147보병연대 및 제

다음날 우리는 통가타푸섬 반대편의 누쿠알로파까지 육군 사령관 전용차를 타고 갔다. 누쿠알로파는 통가 왕국의 수도이자 가장 큰 정착촌으로 항구를 에워싸고 있었다. 가는 길에 우리는 원주민과 그들의 집을 훑어보았다. 원주민들은 땅딸막하고 다부진 체격이었고 발목과 손목은 약간 두꺼운 편이었으며 얼굴은 흑인종에 가까웠다. 그들은 폴리네시아인이라기보다 멜라네시아인이었다.[2] 남자를 포함하여 모두가 밝은 색상의 사라사 천 아니면 야자수 잎으로 만든 치마를 입고 있었다. 그러나 꼬맹이들은 실오라기 하나 걸치지 않은 알몸으로 집 앞에서 가족이 기르는 돼지, 개와 뒤섞여 마구 뛰놀고 있었다. 아이들의 피부는 짙은 암갈색이었다.

거의 대부분의 통가 주민들은 야자수 잎이나 대나무로 만들고 풀로 지붕을 엮은 타원형 오두막에 살았다. 학교와 교회는 모두 흰색 페인트를 칠한 직사각형 건물이었다. 이 섬에서 이 두 곳만 건물 형태가 달랐는데 그래서인지 섬과는 왠지 어울리지 않았다.

이 섬은 백인이 오기 전까지는 진정한 열대의 천국이었을 것이다. 환초 형태에 해발 20미터 정도로 야자수가 가득했다. 시원한 무역풍이 불어왔고 먹거리가 풍부했으며 원주민들은 다정했다. 섬 중앙에

134야전포병대, 제77해안포병대, 해군파견대 등 약 6700명이 주둔한 미 해군의 중간 기착지였다. 그러나 통가의 여왕이던 살로테 투포우 3세(Salote Tupou, 투포우는 통가어로 '군주'라는 뜻이다)는 1942년 4월 미 해군 함대가 통가에 들어오자 젊은 여자들이 미군들과 접촉하지 못하도록 모두 산속으로 들어가라고 엄명하기도 했다.
2 뉴기니제도를 비롯해 인도네시아 동쪽, 호주 동북쪽의 남태평양 멜라네시아 지역에 사는 인종. 뉴질랜드, 하와이 등 폴리네시아 지역에 사는 폴리네시아인들보다 피부가 검은 편이다. 그러나 통가는 멜라네시아보다는 폴리네시아 쪽으로 분류되고 있다.

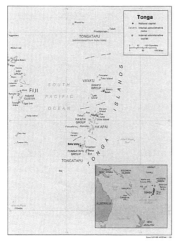

통가제도

통가 왕국의 3대 국왕 살로테 투포우

는 2개 이상의 초호(礁湖)가 있었다. 산호가 경계를 이룬 이런 만들은 대부분 깊이가 얕았고 눈부신 파란색과 녹색으로 빛났다.

내가 보기에 원주민들은 결핵과 이런저런 질병에 시름하고 있었다. 그들의 외모는 피곤해 보이는 눈 때문에 더욱 추레했다. 누쿠알로파 사람들 상당수는 언제부터인가 전통 의상 대신 꾀죄죄한 싸구려옷을 입게 되었다. 이 작은 항구도시에서 사람들은 맨발로 흐늘흐늘돌아다니며 그들에게 유일하게 익숙해 보이는 미국 화폐 '달러'를 벌기 위해 열매와 엽서를 팔았다.

'통가 요정'이라는 곳은 상호만 보면 뭔가 말썽이 생길 것 같았지만 사실 눈가가 축축하고 늙고 지친 원주민이 운영하는 따분한 커피

통가 왕국의 수도 누쿠알로파의
아이들

숍에 불과했다.

　사람들은 도시에서는 병자 같고 지저분했지만 그들에게 좀더 정
상적인 삶을 영위하는 공간인 숲에서는 덜 그랬다. 그렇긴 해도 내가
그곳에서 본 매력적인 원주민은 딱 한 명이었다. 몸매가 날씬하고 얼
굴이 깨끗한 12살가량의 소녀로 이제 막 봉긋해지려는 가슴을 그대
로 드러내놓고 있었다. 사령관의 차를 타고 가다가 그 소녀와 지나친
나는 무의식중에 마른침을 삼키면서도 상관과 나누고 있던 그 섬의
동식물군에 관한 대화를 이어가야 했다.

　그 섬에는 코코넛, 바나나, 파인애플, 아보카도, 땅콩, 파파야, 망고,
참마, 완두 따위의 과일과 채소가 풍부했다. 원주민들은 돼지고기를

많이 먹었다. 사방에 널린 게 돼지들이었다. 그 섬에서 유일하게 생소했던 동물은 과일 먹는 박쥐였다.

7월 24일 금요일, 우리는 귀함하여 항구 입구를 막 나서는 항공모함 갑판에 내렸다. 다음날 우리가 국제날짜변경선을 지나면서 날짜는 7월 26일 일요일이 되었다.

7. 솔로몬제도

다음날인 7월 27일, 누쿠알로파를 빠져나온 우리 제16기동부대는 다른 기동부대 2개—항공모함 새러토가(제11기동부대)와 와스프(제18기동부대)[1]를 중심으로 각각 호위함들로 편성된—와 합류했다. 항공모함을 중심으로 한 3개의 기동부대는 제61기동부대의 일원이 되어 잭 플레처 제독의 지휘를 받았다. 이번 작전을 총괄하는 지휘관은 남태평양 해역 사령관 로버트 L. 곰리 중장이었다.

여기에 알렉산더 아처 반데그리프트 소장이 이끄는 미 해병1사단과 물자를 실은 대규모 수송함들도 집결했다. 호주 해군의 중순양함 2척(HMAS 오스트레일리아, HMAS 캔버라)과 경순양함 1척(HMAS 호

---

1 항모 와스프는 진주만 기습 당시 대서양 함대에 소속되어 있었으며 미드웨이 해전 때는 지중해 몰타에서 활동중이었다. 산호해 해전과 미드웨이 해전에서 렉싱턴과 요크타운을 상실한 미 해군은 빈자리를 메우기 위해 대서양에 배치된 항모들을 태평양으로 불러들였다. 와스프는 1942년 6월 10일 파나마해협을 지나 6월 19일 캘리포니아 샌디에이고에 도착했고 7월 4일에는 남태평양에 도착하여 8월 7일부터 과달카날 전역에 투입되었다.

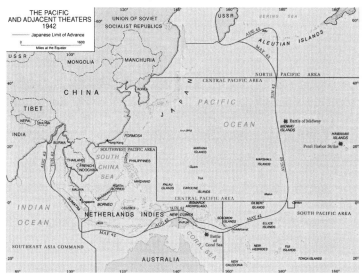

1942년 8월의 태평양 전역

바트)도 가세하여 연합군을 이루었다. 미 해병대와 수송함대, 호주 해군을 포함한 전력은 제62기동부대(상륙강습부대)의 일원이 되어 리치먼드 켈리 터너 제독의 지휘를 받았다. 수평선은 군함들로 어수선했다. 시선이 미치는 범위까지 해상 전체가 군함으로 가득했다. 태평양전쟁 개전 이후 처음일 대규모 연합군 함대의 일원이 된다는 생각에 모두 흥분하고 있었다. 이번 작전의 목적은 적의 중요 거점 상륙임이 분명했다.

우리 중에 이번 임무가 툴라기-과달카날섬 점령이라는 것을 알았던 사람은 많지 않았다. 눈앞에 펼쳐진 함대의 규모 때문에라도 우리는 좀더 큰 전투를 생각하고 있었다. 주요 일본 기지인 라바울섬을

USS 와스프(CV-7)

항공모함 최초로 갑판 가장자리에 승강기를
설치한 USS 와스프

USS 새러토가(CV-3)

과달카날 인근 해역에서 항해중인 엔터프라이
즈(앞)와 새러토가(뒤) 그리고 상공을 비행하
는 SBD 돈틀리스(1942년)

치려는 걸까? 혹은 또다른 일본 기지가 있는 뉴기니의 라에와 살라마우아 아니면 부건빌섬에 대한 대대적인 소탕작전이라는 예상도 많았다. 우리는 대규모 전투에 대한 각오를 다지고 있었지만 그 정체를 정확히 몰랐기에 많은 시간을 추측하면서 보냈다.

7월 말로 접어들면서 이 대규모 함대가 남태평양의 어느 지점으로 가고 있다는 정보가 하급 장교들의 귀에도 조금씩 새어들어오기 시작했다. 나는 몇몇 출처로부터 작전명 '감시탑Watchtower'인 이번 작전은 1호, 2호, 3호 임무로 세분화되어 있다는 소식을 들었다. 1호 임무는 다시 다음 3단계로 구성됐다.

1단계는 피지제도의 코로섬에서 진행되는 상륙 예행훈련이었다. 제61기동부대의 모든 함재기와 군함—전함, 순양함, 구축함—이 참가했다. 제62기동부대 해병 제1사단의 해안 상륙을 지원하는 게 목적이었다. 이 모의 훈련에서 함재기들은 소형 폭탄과 실탄을 사용하기로 되어 있었다.

상륙 예행훈련에서 각 부대의 협조공격은 다음과 같이 계획되었다. 첫째, 작고 강한 그러면 전투기들은 100파운드 폭탄으로 비행장 시설을 파괴하고 50구경 기관총으로 지상과 해상의 적기들을 타격하여 적의 제공권을 무력화한다. 둘째, 돈틀리스 급강하 폭격기들은 적의 해안포 진지를 파괴한다. 셋째, 군함들은 목표 해변에 대한 탄막사격으로 상륙강습부대(미 해병 제1사단)의 상륙을 지원한다.

2단계는 툴라기-과달카날의 실제 점령이고, 3단계는 뉴헤브리디스에서 점령지에 이르는 아군 보급선을 보호하는 일이었다. 나는 2단계

피지제도 코로섬에서 실시된 과달카날 상륙 예행훈련을 위해 미 해병대가 상륙정에 타고 있다.(1942년 7월 26일)

와 3단계의 세부사항까지는 정확히 알지 못했다.

7월 30일, 계획에 따라 상륙 예행훈련이 진행되었다. 뇌격기들은 이날 가상 타격 훈련을 시행하는 동안 후방에서 나타날지도 모르는 적의 공격에 대비하여 전투 정찰 임무를 맡았다. 우리는 2개 편대로 나뉘어 암석이 많으면서도 울창한—해상 여기저기 흩어져 있는—섬들을 초계 비행하고 그 너머 망망대해로 나가 적함을 수색했다. 적의 흔적은 보이지 않았다. 항공모함에서 보면 대부분의 낮시간 동안 코로섬은 북서쪽에서 보였다. 작전은 성공적으로 끝났고 우리는 다시 남쪽으로 항진했다.

광활한 공해상에서 갑자기 대규모 함대와 합류하고 이 거대한 전력이 우리가 이미 점령한 작은 섬에 파상공세를 펴는 상황을 지켜보자니 왠지 우스운 생각이 들었다. 적어도 솔로몬제도 전체는 점령할 수 있겠다는 생각도 들었다.

"이번 작전으로 일본 놈들도 교훈을 얻게 될 거야." 리치는 이날 밤 잠자리에 들면서 말했다.

재커드는 우리가 벌이고 있는 전쟁에 길버트와 설리번(19세기 후반 영국의 작가와 작곡가. 합작을 통해 영국식 희가극의 전성기를 구가했다—옮긴이)의 희가극처럼 우스운 요소가 있다는 말을 하곤 했다. 그는 자신의 말을 뒷받침하기 위하여 어느 제독이 다른 항공모함에서 열리는 회의에 참석하려고 항공모함을 갈아타다가 물에 빠진 얘기를 했다. 붉으락푸르락 씩씩거리고 물을 튀기며 자기 선실로 돌아간 그는 그날 내내 밖으로 나오기를 거부했다.

한번은 다른 항공모함에서 우리 쪽으로 항공기를 보내 계란 한 상자를 빌려달라고 했다. 조종사 말로는 자기네 항공모함에서 점심으로 오믈렛을 만들려고 하는데 계란이 부족하다는 것이었다. 그러나 그는 빈손으로 돌아가야 했다. 우리도 계란이 그리 많지 않았기 때문이다. 이 일은 우리에게 담 너머로 옥신각신하는 가정주부들을 연상시켰다. 그날 오후에 내가 재커드에게 어느 지역을 정찰중이냐고 묻자 그는 이렇게 대꾸했다. "어머나, 그 끔찍한 정찰은 관둬버렸어. 얼굴 피부에 너무 안 좋아! 사라 집에 가서 설탕 한 사발 빌려와야겠어. 딱한 조지가 글쎄 오늘 저녁으로 케이크를 구워주지 않으면 엄청 실망할 테니까."

한번은 밤 동안에 우리 엔터프라이즈가 다른 항공모함 두 척으로부터 떨어져나온 적도 있었다. 무선침묵으로 야간에 군함끼리 연락할 수단이 없는 공해상의 교전 지역에서 이런 일은 종종 벌어진다.

다음날 우리를 찾아온 다른 항공모함의 전투기 1대가 상공을 선회하면서 우리를 찾을 수 없더라는 메시지를 갑판에 떨어뜨렸다. 그러고 나서 착함하겠다는 신호를 보내오길래 요청을 받아들였다. 그는 자신이 모함을 찾지 못했다는 걸 우리에게 알려야 한다는 사실에 분을 삭이지 못했다. 우리가 마치 길 잃은 어린아이를 집에 데려다주듯이 급강하 폭격기 2대를 배정하여 그를 원래의 항공모함까지 데려다주기로 결정하자 그의 굴욕감은 극에 달했다.

그날 밤 모든 승무원에게 인쇄 배포되는 전황뉴스의 맨 아래쪽에는 다음과 같은 문장이 실려 있었다. "똑똑한 새는 자기 어미를 알아본다."

전황뉴스는 종종 조종사나 승무원들에게 요점을 전달하는 방법의 하나로 시를 포함하곤 했다.

유치하고 우스꽝스러운 시라도 대공 포수들에게 항공기의 엔진을 맞혀야 격추할 수 있다는 사실을 주지시키는 데엔 효과가 있었다. 예를 들면 이렇다.

프로펠러를 쏘면
그냥 폴짝 뛸걸
방향타를 쏘면
방방 뜨면서 지릴걸

또다른 것도 있다.

예광탄은 빨개

소이탄은 파래

우리는 쪽발이들Japs이 싫어

그래서 뭘 할지는 뻔해

이런 것도.

이상하고 늙은 새는 똑똑하고 늙은 올빼미

선회포에 올려놓은 올빼미 머리는 사방을 쏘아보는 우거지상

그런 올빼미를 본받자

그래야 어떤 쪽발이도 뒤통수를 치지 못해

이런 것도.

천 파운드 폭탄은 엄청난 파괴력

그러나 맞히지 못하면 처치 곤란 고철덩어리

피지제도를 떠나 하루가 지났을 때 엔터프라이즈에서 전투기를 보내 다른 항공모함에 메시지를 전달한 적이 있었다. 해당 전투기는 귀함하여 엔터프라이즈 상공을 선회하며 항공모함이 바람이 불어오는 쪽을 향할 때까지 기다렸다. 전투기 조종사는 램프 100피트(30미터) 상공으로 진입하여 우현 쪽으로 슬로 롤slow roll을 시작했다. 그

런데 착함에 성공하는 듯하다가 반실속 상태에서 항공모함을 벗어나 90미터 떨어진 해수면에 충돌하고 말았다. 폭발이 일어나 화염과 연기가 솟았다. 전투기는 박살이 나서 곧 수면 아래로 가라앉았다. 나는 그쪽을 쳐다보았지만, 부서진 탱크에서 흘러나온 연료에 붙은 듯 그런 화염이 전투기 충돌 지점을 보여줄 뿐이었다.

기본 기체 동작 중 하나인 롤, 즉 조종사 입장에서 양쪽 어깨 방향으로 기울어지는 롤을 완전히 한 바퀴 느리게 수행하는 슬로 롤을 했다고 그 조종사를 탓하는 사람은 아무도 없었다. 미국 조종사들은 가끔 이론과 다른 것을 시도해보려는 모험심이 충만한 것 같다. 조종사끼리 왜 이론대로 하지 않았냐고 따지는 건 주제넘은 짓이다.

다만 사고 직후에 윌리 와일먼이 이렇게 한마디하긴 했다. "글쎄, 함재기들이야 여기 있어야 하지만 저 조종사도 그럴 운명이었던 건지는 잘 모르겠군."

나는 매일 적어도 한 번은 함교 구조물 앞쪽에 서서 이착함하는 항공기들을 지켜보았다. 항공기들이 육중하게 갑판을 미끄러지다가 함수 위로 날아오르는 동안 스쳐가는 조종사들의 얼굴을 볼 수 있었다. 벅 맨프레드를 비롯한 여러 조종사들은 엄숙하게 굳은 얼굴로 출격의 결의를 확연히 드러냈다. 단순한 표정 이상을 보여주는 이들도 있었다. 빨간 머리 미킬은 혀를 날름 내밀고 깨물려고 했다. 우리 뇌격비행대 대대장인 찰리 제트는 질경질경 껌을 씹었다. 또 어떤 조종사들은 입을 벌린 채 신경을 곤두세우고 앞을 주시했다. 불안한 표정을 짓는 조종사는 거의 없었다. 마셜-길버트제도 공습과 산호해 해전에 참전했던 베테랑 요르겐슨은 꿈에 그리던 여자를 만나기라도 한 것처럼 휘파람을 불었다. '큰곰' 제리 스테이블린은 언제나 기분좋게 배변하기 직전의 표정을 지었다.

솔직히 말하면 나는 착함 광경을 지켜보면서 짜릿함을 느끼고픈 얄팍한 기대로 사고가 나기를 은근히 바라고 있었다. 그러나 너무 잦은 사고로 동료들이 부상을 입자 그런 광경에 진저리가 나서 성공적인 착함을 기원하게 되었다.

한 번에 한 대씩 이함하거나 착함하기 때문에 조종사 개인의 실력이 확연히 드러났다. 비행갑판의 모든 시선이 항공기를 향하고 조종사는 집중 조명을 받는다. 조종사가 정확히 무엇을 하는지 모두가 예의주시한다. 이 때문에 항공모함의 이착함은 한 편의 쇼가 되기 십상이며 조종사들도 적잖이 신경쓰이게 마련이다. 그렇다보니 사출장교 근처에서는 승무원들이 출격 전 얼이 빠져 있을 조종사 대신 기체의 날개, 플랩, 프롭 피치(프로펠러 날의 각도), 후미고리, 꼬리바퀴 등을 점검하느라 부산하다.

연합군 함대가 솔로몬제도로 진입하기 직전의 어느 날 나는 엔터프라이즈에 강제착륙을 했다. 뇌격 훈련을 막 끝냈을 때 엔진이 멈추려고 했다. 내가 한때 몰았던 포드 자동차가 연료 계통에 문제가 생기면 그랬던 것과 똑같이 엔진이 1, 2초 멈추었다가 다시 작동했다. 나는 선회공역으로 진입하여 항공모함 상공을 두 바퀴 선회하면서 바람이 불어오는 쪽 정면으로 착함을 시도했으나 실패했다. 할 수 없이 후미고리를 내리고 우현 쪽을 통과하면서 강제착륙 신호를 보냈다. 항공모함 갑판이 아직 비지 않아서 한번 더 선회한 뒤 좌현 쪽으로 고도를 내리고 즉각 강제착륙해야 한다는 신호를 보냈다. 간신히 착함접근을 시도했으나 이번에는 고도가 낮다는 신호를 받고 엔진 출력을 높이면서 다시 선회하여 비행갑판 뒤쪽으로 접근했다. 착함신호장교의 컷 신호를 받고 제동까지 성공적으로 마친 다음 스로틀을 닫자마자 엔진이 꺼져버렸다. 정비병은 기화기에 문제가 있다고 말했다. 내가 탄 뇌격기의 기체 번호는 '테어 13'이었다.

만약에 재커드가 이 강제착륙 얘기를 들었다면 아마도 '비행대의 에이스'다운 처방을 내놓았을 것이다. 재커드가 하늘에서의 무용담을 쏟아내는 조종사들을 대하는 한결같은 방식이었다. 재커드는 언제나 즉석에서 더 나은 무용담을 만들어내곤 했던 것이다. "내가 라바울 상공 20000피트(6킬로미터)에서 제로 전투기 3대를 꼬리에 달고 쏟아지는 총탄 사이로 날아갈 때였지, 아마" 그는 손바닥을 펴고 날아가는 시늉을 해가며 말하곤 했다.

8월 2일경 우리는 과달카날-툴라기를 점령하고 방어하는 것이 임무라는 공식 지침을 전달받았다. 연합군 함대가 북쪽으로 천천히 산호해를 통과한 8월 7일까지 전반적인 공격 계획도 알려졌다. 각 항공모함 기동부대는 사전에 정확한 임무, 공격 목표, 시간 등을 숙지했다. '감시탑' 작전은 무더운 8월 7일 새벽부터 툴라기와 과달카날 두 섬을 동시 공격하는 것이었다.

항공모함 기동부대는 공중 지원을 담당하기로 예정되었다. 중순양함과 경순양함, 구축함은 과달카날과 툴라기의 각 상륙거점 포격을 비롯한 화력 지원을 담당했다. 나머지 군함들은 수송함과 항공모함을 엄호하는 호위함대를 구성할 예정이었다.

툴라기 공격은 대략 다음과 같이 진행될 계획이었다. 8월 7일 동트기 전 전투기들이 툴라기의 비행장과 육상기들을 집중 공격한다. 대혼란을 야기하여 적을 패닉 상태에 빠뜨리는 것이 목표였다. 지상과 항구에서 적의 항공력을 제거할 수 있다면 전체 작전이 훨씬 수월하게 진행될 터였다.

일출 직전 군함으로 편성된 포격 지원단이 툴라기섬의 적진에 공격을 개시한다. 그다음 엔터프라이즈에서 발진한 급강하 폭격기 18대가 적의 대공포 진지, 통신 기지국, 연료 저장고와 탄약고, 비행장, 병영을 집중 타격한다. 군함들은 급강하 폭격기들이 공격을 끝내자마자 포탄을 계속 쏟아붓는다. 다른 항공모함에서 출격한 급강하 폭격기들이 이번에는 전투기들의 호위와 협공으로 폭격과 기총공격에 나선다. 마지막으로 미 해병 제1사단 최정예 강습부대가 작은 툴라기섬의 '비치 블루Beach Blue' 지점에 상륙한다. 그들을 싣고 온 수송함들은 해안에서 5마일(8킬로미터) 해상에 호위전단의 보호를 받으며 대기한다.

과달카날 작전도 이와 비슷했다. 해병 제1사단이 해상과 공중의 지원을 받아 '비치 레드Beach Red'에 상륙할 계획이었다.

연합군 함대가 솔로몬제도에 접근한 8월 초순 동안 행운의 여신은 우리 편이었다. 일본 대본영의 통신감청반에서는 이미 미군의 움직임을 파악했고 툴라기에 주둔한 일본 항공대가 과달카날 부근을 초계

비행중이었다. 그래서 아군 지휘부는 과달카날의 유효타격 범위에 접근하기 이전에 적의 공격이 있을 거라고 예상했다. 다시 말해 일본군이 연합군 함대를 발견한다면 작전 개시일인 8월 7일 이전에 즉각 교전이 시작될 거라는 예측이었다. 그런데 일본군이 정찰 활동을 강화한 뒤 8월 5일경부터 기상 조건이 나빠졌다. 상륙 작전을 하루 앞둔 8월 6일에는 비바람을 동반한 돌풍까지 심해졌다. 이런 악천후에서는 일본군이 초계 비행으로 연합군 함대를 발견하기 어려웠을 것이다.

결전의 8월 7일이 밝기 직전 우리는 과달카날섬에서 불과 85마일 (140킬로미터) 해상에 있었다. 저녁식사 후에 항공관제장 존 G. 크로멜린이 작전 세부사항과 마지막 훈시를 전달했다.

"절대 주저하지 말고, 인정사정 볼 것 없다. 적도 우리를 그렇게 대할 것이다. 지난 8개월 동안 우리는 줄곧 수세에 몰려 있었다. 내일 흐름이 바뀔 것이다."

다음날 작전에서 TBF 어벤저가 맡은 임무는 아직 미정이었다. 우리는 정찰 임무를 수행하거나 폭탄실에 어뢰를 탑재한 채 적함이 나타날 때를 대비하여 비행갑판에서 출격 준비를 할 터였다.

8월 6일 밤에 나는 부엉이 깁슨의 선실을 찾아갔다. 그 시간 그의 애창곡은 〈밤의 블루스Blues in the Night〉였다. 그는 다음날 출격하자마자 '쿵쿵타쿵'(〈밤의 블루스〉에 나오는 의성어를 살짝 바꾼 말—옮긴이)을 날려주겠다고 말했다. 이어서 그는 노래를 불렀고 나는 귀기울였다.

8. 과달카날 전투

8월 7일 일출 2시간 전, 우리는 집합 나팔 소리에 서둘러 대기실로 향했다. 뇌격비행대의 조종사 대기실은 함교 구조물에 있었다. 우리가 의자에 앉고 얼마 지나지 않아서 전투기들이 비행갑판에서 예열과 출격 준비를 하는 소리가 들려왔다. 일출 1시간 전, 첫번째 전투기가 스로틀을 열고 비행갑판을 질주하여 창공으로 솟구쳐올랐다. 전투기들을 뒤따라 프로펠러에서 금속성의 새된 소리가 더 크게 나는 급강하 폭격기들이 출격했다.

그동안 뇌격비행대 조종사들은 비행지침을 전달받고 있었다. 어벤저 8대는 작전 지역의 북서쪽 200마일(320킬로미터) 반경까지 정찰 임무를 나가 적의 수상함을 탐지할 예정이었다. 어벤저마다 500파운드 폭탄을 4발씩 탑재하기로 되어 있었다. 어벤저 8대가 각각 정찰 지구를 나누어 맡기로 했다. 남은 어벤저 6대는 적함이 나타날 경우에 대비하여 어뢰를 탑재하고 비행갑판에서 대기하라는 명령이 떨어졌다. 나는 이 대기조에 속해 있었지만 정찰 임무를 맡은 8대 중 하나가 출격에 실패할 경우 대신 투입될 준비도 하고 있어야 했다.

그 만일의 상황이 발생했다. 정찰 임무를 맡은 TBF 어벤저 1대가 엔진에 문제를 일으킨 것이다. 나는 즉시 격납고에서 비행갑판으로 이동하여 폭탄 대신 어뢰를 탑재한 채 출격했다. 편대장이 내게 전달한 마지막 지시는 귀함하기 전 어뢰를 버리고 오라는 것이었다. 나는 2000파운드 어뢰를 동체 밑바닥에 매단 채 착함한 적이 없었다. 게다가 항공모함의 어느 누구도 내가 적절한 목표물을 발견하지 못했다고 어뢰를 그대로 가져오기를 바라지 않을 것이었다. 어뢰를 아끼겠다고 항공모함의 함재기와 승무원들의 목숨을 담보로 할 수는 없으니까.

오전 7시 나는 영공에 올라서 담당한 정찰 지구의 첫 구간을 향했다. 맑고 화창하여 정말 멋진 아침이었다. 항로에 가장 먼저 나타난 조그만 러셀제도에 접근해가는 와중에 육지의 식물 냄새가 느껴졌다. 곧이어 눈 아래 펼쳐진 풍광은 이른 아침 햇빛 속에 증기가 피어오르는 울창한 녹색 정글이었다. 전방의 우듬지에서 새하얀 새들이 푸드득 날아올랐고, 나는 줄지어 있는 그 새들을 한두 번쯤 연기로 착각하기도 했다. 하늘에서 보이는 집이라고는 내륙에 있는 두세 채의 초가 오두막과 붉고 하얀 목재로 지은 해안가의 농장 건물들뿐이었다.

러셀제도를 지나 산타이사벨섬 방향으로 해협 상공을 비행하는 도중 왼쪽 제리 스테이블린의 정찰 지구에서 뭔가 폭발하는 게 보였다. 나는 나침반을 확인하고 폭발 상황을 알아보기 위하여 연기 기둥 쪽으로 기수를 돌렸다. 연기는 곧 사라졌지만 이내 전장 23미터의 소형 화물선 1척이 보였다. 배를 조사하려고 해수면 가까이 저공비행으로 접근해가는데 화물선에서 한두 정의 자동화기가―기관단총으로 보였다―이쪽으로 불을 뿜었다. 앞쪽에서 총탄들이 수면을 파헤치며 다가오고 있었다.

나는 일단 화물선을 내버려두고 정찰 임무를 계속하기로 했다. 임무를 끝내고 귀함하는 과정에서 그 화물선을 다시 확인해보려고 마

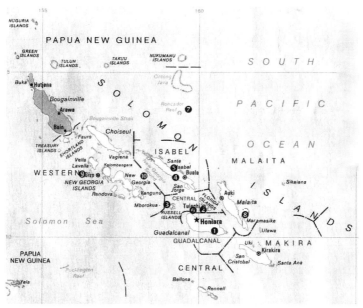

솔로몬제도 (1)과달카날섬 (2)툴라기, 가부투, 타남보고섬 (3)러셀제도 (4)산타이사벨섬 (5)레카타만 (6)사보섬 (7)론카도 리프 (8)말라이타섬 (9)기조섬 (10)슬롯

음먹었다. 남은 정찰 구간에서 좀더 크고 가치 있는 목표물을 발견하지 못한다면 돌아가면서 그 작은 화물선에 어뢰를 떨어뜨릴 계획이었다.

산타이사벨섬의 산간 상공을 지나면서 레카타만을 힐끔 내려다보고 곧이어 북쪽 론카도 리프로 향했다. 이 원형 환초는 남쪽에 수로가 있어서 일본군이 이곳을 투묘지(바다에서 선박이 닻을 내리고 정박하는 장소—옮긴이)로 사용할 수도 있겠다 싶었다. 론카도 리프 전체가 물속으로 1.2미터쯤 잠겨 있었지만 모래톱에 부딪히는 파도 때문에 멀리서도 그 모습이 보였다. 노 젓는 배 한 척조차 보이지 않아서 나는 상공을 선회한 뒤 다시 남쪽으로 항로를 잡았다.

산타이사벨섬을 다시 지난 후 우리에게 발포했던 소형 화물선을 찾아 나섰다. 꽤나 어렵게 찾아내고 보니 화물선은 폭풍우에 갇혀 안간힘을 쓰고 있었다. 수면을 따라 저공비행하자 화물선에서 우리가 사정거리에 들어가기 한참 전부터 기관총을 난사했다. 나는 총탄들이 일으키는 작은 물보라가 우리를 향해 다가올 때까지 지켜보다가 재빨리 회피 기동을 했다. 소형 기관총 한 정으로 중장갑을 두른 군용기와 맞서야 하다니 저 화물선도 참 안됐다는 생각이 들었다. 나는 최소사거리에서 어뢰를 떨어뜨리고 화물선 뱃머리를 지나 상승했다. 뒤를 돌아보니 화물선 앞쪽 6미터 정도에서 어뢰의 궤적이 포착되었다. 화물선이 움직여가는 전방을 조준했으나 오차로 빗나간 것이다.

뇌격 후에는 기총 공격을 가했다. 몇 차례 저공비행을 하면서 화물선 갑판을 벌집으로 만들었다. 그러고는 급상승 반전으로 선박 위에 올라가서 포탑사수에게 더욱 육중한 50구경 포탑 기관총을 퍼부을 기회를 주었다. 우리는 탄약이 거의 바닥날 때까지 맹공을 퍼부었다. 두번째 저공비행을 하는 동안 누군가 화물선에서 바다로 뛰어내렸고, 돛 위를 지나갈 때는 검은 머리의 또다른 승무원이 피가 물든 셔츠 차림으로 비틀거리며 갑판에 쳐놓은 천막 안으로 들어가는 모습이 보였다. 그때 후방 포탑사수가 내 명령에 따라 발포한 예광탄이 호를 그리며 화물선을 직격했다. 공격을 멈추자 화약 냄새가 코를 찔러 나도 모르게 눈물이 나왔다.

처음에 이 선박을 조사할 때만 해도 진로를 막을 생각은 없었다. 그들이 우리를 먼저 공격하지 않았더라면 충돌은 없었을 것이다. 이후 화물선에 발포할 때도 약간 찜찜한 기분이 들었다. 누군가에게 실제로 총격을 가한 것은 그때가 처음이었지만 훈련 덕에 아니면 본능으로 그 공격이 잘못되었음을 느낄 수 있었다.

첫 공격에는 화물선의 갑판을 정조준했다가 6~7초 정도 뒤 약간 옆으로 틀기도 했다. 나는 방아쇠를 세게 당기며 입을 앙다물고 있었다. 처음에는 이런 반응이 영화에서 적을 공격하는 조종사들의 얼굴에 나타나곤 하던 굳은 결의라고 여겼으나 곧바로 착각임을 깨달았다. 그것은 내가 진정으로 원하지 않는 일을 자신에게 강요한 결과였으며 어떻게든 방아쇠를 당겨야 한다는 강박의 결과였다.

어뢰가 빗나간 후 그 자리에서 아쉽다고 느끼진 않았다. 처음에는 이제 어떡해야 하나 생각했고 그 결과 기총 공격이라는 두번째 결정을 내렸다. '뭐, 열여섯 명이나 스무 명이 죽은 것도 아니잖아' 하고 생각하면 조금은 위안이 되는 게 사실이었다. 이것은 진심에서 하는 말이지, 내 실패를 무마하려고 하는 말은 아니다. 내가 뇌격에서 실수했다고 느끼기 시작한 것은 항공모함으로 돌아와서 그 일을 농담처럼 얘기했을 때였다.

하지만 그 작은 화물선을 격침시킨 경험이 나를 좀더 나은 전투 조종사로 만들었다는 건 확실하다. 우선 항공모함으로부터 멀리 비행할 경우 적의 공격에 대비해 반드시 모든 화기를 점검하고 시험발사를 거치게 되었다. 두번째로 내 안의 정신적·윤리적 장벽을 극복할수 있었다. 일방적인 싸움에서 화물선을 어뢰로 명중시켜 승무원들을 죽이겠다고 생각했을 때, 나중에는 기총 공격을 하면서 어떻게든 방어를 해보려고 갈팡질팡하는 그들의 모습을 봤을 때 부끄럽게 느껴졌다. 그러나 나중에 다시 생각해보고 그 사건은 이 더러운 전쟁에서 너무도 필연적인 일이었음을 깨달았다. 다만 다음 기회에는 불필요한 공격을 자제해야겠다고 마음먹었다.

이날 오후 나는 항공모함 반경 50마일(80킬로미터)까지 한번 더 구간 정찰을 나갔다. 그런데 정찰을 마치고 돌아와 착함한 뒤에 내가 하마터면 격추당할 뻔했다는 사실을 깨달았다. 툴라기 교전 지역에서 귀함하던 아군 전투기들이 우리 뇌격기를 미확인 항공기로 판단한 모양이다. 나는 그 전투기 편대 중 2대가 우리 오른쪽 상공에 있는 것을 보고 엄호를 받는 것도 괜찮구나 생각했지만 다른 전투기 2대가 우리 아래에서 은밀히 기동하고 있었다는 건 몰랐다. 그중 한 조종사가 나중에 말해주기를, 90미터도 안 되는 거리에서 우리 뇌격

과달카날-툴라기 상륙 작전(1942년 8월 7일)

과달카날의 '비치 레드'에 상륙하는 연합군
(1942년 8월 7일)

상륙주정과 대형병력상륙주정에서 내려
과달카날에 상륙하는 미 해병대 (1942년
8월 7일)

미 해군 수송함 알키바(AK023)에서 LCM [2]
기계화 상륙정으로 하역되는 M2A4 스튜
어트 경전차(1942년 8월 7일)

2 LCPL(Landing Craft Personnel Large): 태평양 전쟁중 미 해군이 개발한 상륙정. 태평
양 전쟁은 대규모 상륙 작전 중심이었기에 이전과는 다른 다양한 상륙전용 선박이 필요했다.
전차를 실어나르는 LCT(Landing Craft Tank), LCT보다는 작으면서 차량을 실어나를 수 있
는 LCM(Landing Craft, Mechanized), 보병을 수송하는 LCI(Landing Craft Infantry) 등
이 있었다. 그중 LCPL 또는 LCP(L)은 해안에 직접 보병을 내려놓기 위한 소형 상륙용 보트로
만재 배수량 10톤, 최대속력 8노트(13km/h), 한번에 1개 소대(36명)를 수송할 수 있었다. 그
러나 선수부에 램프(출입용 경사로)가 없다보니 병사들은 배 측면에서 뛰어내려야 했고 병력
과 물자를 하역하는 데 많은 애로가 있었다. 따라서 태평양 전쟁 중반부터 LCP(L)에 램프를
부착한 LCP(R)이 등장했다.

과달카날섬에 상륙하는 수륙양용 장갑차

연합군에 폭격당한 툴라기 항만시설(1942년 8월 7일)

툴라기 상륙 작전, 툴라기 근해의 연합군 수송함과 구축함(1942년 8월 7일~8일)

기를 조준하여 방아쇠를 당기려는 찰나 날개 밑에 그려진 별 문양을 확인했다는 것이었다.

솔로몬제도의 툴라기, 가부투, 타남보고, 과달카날섬에 대한 감시 탑 작전 첫날은 성공적으로 끝났다. 이날 이른 시간부터 전투기들은 인접 지역의 일본군 정찰기와 제로 전투기—대부분 육상에 있던— 전부를 전투 불능 상태로 만들었다. 과달카날에 상륙한 미 해병 제 1사단은 헨더슨 비행장³을 향해 파죽지세로 진격해 들어갔다. 반면 툴라기섬에선 일본군의 저항이 거센 편이었으나 이 역시 곧 함락될 것으로 보였다.

이날 오후에 북쪽에서 기동한 일본군 폭격기들은 아군 수송함에 공격 한번 제대로 못하고 아군 전투기들에 격퇴당했다. 일본군 급강 하 폭격기 5대가 과달카날 인근의 아군 함정에 폭격을 시도했으나 곧 격추당했다.

해리 마치는 일본의 굼뜬 오리 같은 수상비행정 1대가 이륙하고 있는 걸 발견하고 몰래 꼬리에 붙어서 한바탕 갈겨줬더니 그대로 바 다에 추락해 화염 속에서 폭발하더라고 말했다. 와일먼은 항공모함 상공에서 전투 공중 정찰을 수행했지만 적의 폭격기는 그림자도 보 지 못했다며 아쉬워했다.

---

3 정확히는 일본군이 건설중인 비행장이었고 일본군은 룽가 포인트(Lunga Point)라고 불렀 다. 코드 네임은 RXI였다. 헨더슨 비행장이라는 이름이 붙여진 것은 1942년 8월 7일 미 해병 제1사단이 일본군을 몰아내고 점령한 뒤였다. 미 해병대는 미드웨이 해전 당시 일본 항모 카 가를 공격하다 전사한 로프턴 R. 헨더슨 소령을 기념하여, 미군이 처음으로 점령한 일본군 비 행장에 그의 이름을 붙였다. 1969년에 호니아라 국제공항으로 이름이 바뀌었다.

간밤에 부엉이 깁슨은 첫 출격에서 기필코 적에게 '쿵쿵타쿵'을 선사하겠다며 요들송을 불러댔지만 나는 막상 하늘에서 그 소리를 전혀 듣지 못했다.

8월 8일 오후 나는 북쪽 200마일(320킬로미터)까지의 정찰 임무를 맡았다. 과달카날 남동쪽 말단에서 해협을 건너 말라이타섬으로 향했고 그곳에서 공해상으로 나갔다. 정찰 두번째 구간이 끝나는 지점으로부터 약 10마일(16킬로미터) 거리에서 비행정 1대를 발견했다. 나는 스로틀을 열고 추격에 나섰다. 그 초계 폭격기는 우리 뇌격기를 보자마자 꽁무니를 빼고 바다를 향해 내려갔다. 아군의 PBY 카탈리나 비행정으로 보였지만 왜 도망을 치는지 이유를 알 수 없었다. 아무튼 내가 밑에서부터 치고 올라가면서 따라붙었을 때 비행정의 기수 측면에 그려진 흰색 별 문양이 스쳐갔다. 우리는 서로를 향해 날개를 흔들고 헤어졌다.

나는 귀환 과정에서 툴라기 상공을 지날 때 1000피트(300미터) 상공에서 교전 지역을 내려다보았다.

툴라기섬의 큰불이 흰 연기 소용돌이를 뿜어올리고 있었지만 그것을 제외하면 그리 치열한 접전의 흔적은 보이지 않았다. 흰 연기와 대조적으로 가부투섬과 타남보그섬은 물에 뜬 붉은 진흙 팬케이크 같았다. 몇몇 집에서 연기가 나는 것을 제외하면 일상의 흔적이 없었다. 가부투섬에는 묘지처럼 흰색 십자가들이 열 맞춰 반듯이 세워진 제법 널따란 직사각형 공간이 있었다.

툴라기항에는 아직 군함과 수송함 들이 있었다. 피격된 수송함 한 척의 갑판 한쪽으로 기다란 깔때기 모양의 연기가 솟아올랐다. 툴라기섬 뒤쪽에서 구축함 한 척이 과달카날을 향해 함포를 쏘고 있었다.

나는 툴라기 상공을 벗어나 과달카날을 지난 뒤 아군 항공모함 기동부대가 있을 것이라 예상되는 지점으로 향했다. 내가 예측한 지점에 엔터프라이즈가 있었더라면 당연히 시야에 보였을 테지만 모함의 실제 위치는 그보다 북동쪽으로 약 30마일(50킬로미터) 떨어진 지점이었다. 내가 신중하게 비행하지 않았다는 사실에 항공모함을 찾는 능력에도 자신감이 없어졌다. 인접 지역에 쌘비구름이 가득했다. 일몰 예정 시각은 오후 6시 18분이었고 6시부터 점점 어두워졌다. 내가 길을 잃었고 금세 밤이 닥쳐올 거라는 생각이 들었다. 이날은 무선침묵이 해제된 상태라 나는 6시 5분에 엔터프라이즈로 귀함중이니 좌표를 알려달라고 무전을 보냈다. 5분을 기다렸으나 모함에서는 응답이 없었다. 그동안에도 연료는 계속 줄어들었고 시시각각 어둠이 짙어져갔다. 우리는 비구름 한복판에 들어가 있었고 약 6000피트(2킬로미터) 상공에서 계기비행중이었다. 나는 한번 더 좌표를 물었다. 귓전으로 전해지는 내 목소리가 크고 공허했다. 그렇게 바다 위 폭풍우 한복판에서 아무것도 볼 수 없는 상황에 처하자 쓸쓸함이 밀려오기 시작했다.

나는 잠시 계기장치에서 시선을 떼고 뒷좌석에 있는 통신수 겸 폭격수 다이치를 돌아보았다. 그의 얼굴은 겁에 질려 굳어 있었다. 나는 그에게 미소를 지어 보였다.

귀함 가능성을 포기한 나는 부득이 바다에 불시착해야 한다면 섬

인근이 낫겠다고 판단하여 과달카날을 향해 북쪽으로 기수를 돌리려고 했다. 잘하면 룽가 비행장(이후의 헨더슨 비행장)까지 가서 착륙할 수도 있겠다는 생각이 들었다. 그때였다. 엔터프라이즈에서 교신이 왔다. "8호기 미어스, 좌표 1-2-0. 반복한다. 8호기 미어스, 좌표 1-2-0."

휴! 이제 연료만 버텨준다면 걱정할 일이 없었다. 좌표에 따라 항로를 잡자 갑자기 동체가 비구름을 빠져나왔고, 그 아래에서 새러토가인지 와스프인지 언뜻 식별이 쉽지 않은 항공모함 한 척이 육중한 선체를 드러냈다. 그 항공모함을 향해 하강하자 곧 동쪽으로 8킬로미터 떨어진 엔터프라이즈가 보였다. 이미 어두워진 뒤였다. 엔터프라이즈는 정풍 방향에 있었고 나는 90노트(170km/h)로 접근하여 착함을 시도했다. 착함신호장교가 너무 빠르다는 '웨이브 오프' 신호를 보내왔다. 나는 다시 선회했고 이번에는 양호하다는 '로저' 신호를 받아 '컷' 신호까지 접근을 유지했다. 착함에 성공한 다음 확인해보니 탱크에는 3분 정도 비행 가능한 연료만 남아 있었다.

"네가 실종됐다고 그러더라." 깁슨이 말했다. "하지만 난 걱정 안 했어. 너는 한밤중에도 항모 바로 위인 줄도 모르고 날아다니다가 와이어에 가뿐히 고리를 걸 만큼 운발 하나는 죽이는 친구니까." 듣고 보니 깁슨의 말이 맞는 것도 같았다.

이날 밤 항공모함의 안전을 걱정한 플레처 제독이 기동부대를 교전 지역에서 벗어나 남동쪽으로 이동하도록 명령했다.

9. 동부 솔로몬 해전

8월 7일과 8일 이틀간의 공격 이후 미 항공모함 기동부대는 일본
군과 삼목두기(두 사람이 9개의 칸에 번갈아가며 O나 X를 그려 먼저 한
줄로 3개를 그리는 사람이 이기는 놀이―옮긴이)를 시작했다. 이런 상황
은 다시 강대강 함대항공전으로 격돌한 8월 24일까지 지속되었다.
함대항공전에서 맞붙는 양측은 똑같은 어려움에 처한다. 어느 한쪽
이 일방적으로 상대를 발견하고 공격하는 경우는 거의 없으며 양측
모두 상대에게 위치를 노출할 수밖에 없기 때문이다. 양측은 대개 동
일한 정찰 범위를 가진다. 대치중인 항공모함 기동부대에서 운용하
는 함재기들은 종종 상대 진영의 목표물을 향해 비행할 때 서로 엇
갈리기도 한다.

남쪽으로 향하던 우리는 일본의 항공력과 해군력이 라바울 인근
에 날로 증강되고 있다는 소문을 접했다.

일본군이 툴라기항의 아군 함정과 룽가 비행장을 포격했다는 보

미 해군 구축함 블루(DD-387)가 사보섬 전투 생존자들을 실어가고 있다. (1942년 8월 9일)

고가 있었다. 아군 순양함 4척이 사보섬 근해에서 벌어진 야간 교전에서 침몰했다는 소식도 들렸다.

미드웨이 해전 이후 미 해군 최악의 패배였던 사보섬 해전

───

과달카날 침공 다음날인 1942년 8월 8일 밤부터 9일 새벽까지 벌어졌다. 일본에서는 '제1차 솔로몬 해전'이라고 부른다. 미카와 군이치 중장이 지휘하는 일본군 제8함대(중순양함 5척, 경순양함 2척, 구축함 1척)가 라바울에서 출격하여 과달카날 인근에 남아 있던 미 해군 남부 함대(southern group)를 덮쳤다. 중순양함 3척, 구축함 5척으로 구성된 남부 함대는 일본 함대의 기습에 변변한 저항도 하지 못했다. 겨우 6분 만에 중순양함 캔버라가 대파되고 중순양함 시카고, 구축함 패터슨이 중파되었다. 일본 함대는 곧장 북부 함대(northern group)로 향했다. 중순양함 3척, 구축함 2척으로 구성된 북부 함대 역시 중순양함 애스토리아, 퀸시, 빈센스 3척이 격침당했다.

약 30분에 걸친 이 해전에서 미 해군은 중순양함 4척, 구축함 2척을 잃었고 나머지 군함도 많은 손상을 입었으며 1273여 명이 전사했다. 반면 일본군은 중순양함 조카이, 아오바가 소파되었고 58명이 전사했을 뿐이었다. 하지만 철수 과정에서 미 잠수함 S-44의 기습으로 중순양함 가코가 격침당했다. 태평양 전쟁을 사실적으로 묘사한 2010년 미국 전쟁드라마 〈퍼시픽〉에서도 과달카날에 상륙한 미 해병대 병사들이 다음날 해상에서 아군 함대가 말끔하게 사라진 모습을 보고 망연자실해하는 장면이 나온다.

이 해전은 항모 없이 벌어진 순수한 함대전이자 미 해군 역사상 최악의 패배로 손꼽힌다. 미드웨이에서 일본 해군이 상대를 얕보고 지나치게 방심했다면 이번에는 미 해군이 같은 잘못을 저질렀다. 또한 플레처 제독이 지휘하는 제61기동부대가 이날 저녁에 모든 항모(엔터프라이즈, 새러토가, 와스프)를 철수시킴으로써 더이상 항공 엄호를 받을 수 없었던 탓도 있었다. 미드웨이 해전의 패배에도 불구하고 일본 해군은 여전히 방심할 수 없는 강적이라는 사실이 증명된 것이다.

8월 12일 날이 밝기 무섭게 출격한 부엉이 깁슨과 제리 리치가 하늘로 올라가자마자 엔터프라이즈 전방 20마일(30킬로미터) 해상에 떠올라 있던 잠수함 한 척이 혼비백산했다. 아니, 깁슨의 말마따나 좀 더 정확히 말하면 잠수함 때문에 깁슨 자신과 제리가 혼비백산했다. 깁슨은 잠수함을 발견함과 거의 동시에 약간 흔들리면서 하강했지만 (이 대목에서 그는 웃음을 터뜨렸다) 이내 잠수함을 식별해내고 지체 없이 500파운드 어뢰를 선체 15미터 거리에 투하했다. 리치가 뒤를 이어 선체 6미터 거리에 어뢰를 투하했다. 잠수함은 5~6분가량 함수가 먼저 물에 잠긴 자세로 떠 있었고, 그동안 깁슨과 제리 리치는 전방 50구경 기관총과 후방 포탑 기관총을 연거푸 발포했다. 리치는 일본군이 잠수함 갑판에 널브러져 있거나 물속에서 허우적거리는 모습을 봤다고 말했다. 마침내 일본 잠수함은 여전히 함수가 물에 잠긴 자세로 가라앉기 시작했다. 이는 잠항이 아닌 침몰을 의미했다. 나중에 깁슨과 리치는 습격자를 말끔하게 처리한 수훈으로 표창을 받았다.

급유를 마친 아군 항공모함 기동부대는 과달카날 공격을 준비중인 일본 해군 수상함들을 기습하고자 다시 북쪽으로 속력을 높였다. 그러나 여전히 적과 만나지 못해서 속력을 15노트(28km/h)로

줄었다.

8월 20일 이후 적군이 근처에 있다는 징후가 점점 더 뚜렷해졌고, 어떤 형태로든 교전이 임박했다는 느낌이 들었다.

8월 21일, 22일, 23일 중순양함 2척과 구축함 3척, 수송함 4척으로 이루어진 일본 함대 전열과의 접전이 벌어졌다.

사보섬 해전 이후 미 해군의 멋진 복수전이었던 동부 솔로몬 해전

1942년 8월 21일부터 25일까지 동부 솔로몬제도에서 벌어졌으며 일본은 '제2차 솔로몬 해전'이라고 부른다. 미드웨이 해전으로 일본 해군은 정규 항모 4척을 잃었지만 여전히 정규 항모 4척(쇼카쿠, 즈이카쿠, 준요, 히요)과 1만 톤급 경항모 4척(류조, 즈이호, 지토세, 지요다)을 가지고 있었으며 수상함 전력에서는 미 태평양함대를 완전히 압도했다. 미 태평양함대는 정규 항모 4척(새러토가, 엔터프라이즈, 와스프, 호넷)이 전부였다.

야마모토는 과달카날을 탈환하고 미 해군에게 결정타를 기할 요량으로 '가호 작전'을 수립하고 대규모 함대를 파견하여 결전에 나섰다. 일본 해군의 전력은 미드웨이의 패장인 나구모 주이치 제독이 지휘하는 제3함대(정규 항모 쇼카쿠, 즈이카쿠, 경항모 류조, 전함 2척, 중순양함 4척, 경순양함 1척, 구축함 13척)였다. 니미츠 제독은 이들을 저지하기 위해 태평양함대 최강 전력인 플레처 제독의 제61기동함대 산하 3개 항모부대(항모 새러토가, 엔터프라이즈, 와스프)를 급파했다.

동부 솔로몬 해전은 산호해 해전, 미드웨이 해전을 잇는 항공모함 간의 세번째 전투이기도 했다. 앞서 사보섬 해전과 달리 이 해전에서는 일본군의 손실이 훨씬 컸다. 미 해군의 항모 엔터프라이즈가 폭탄 세 발을 맞고 중파되어 전열을 이탈하고 함재기 20대를 잃은 반면, 일본 해군은 경항모 류조가 격침되었으며 함재기 75대와 다수의 베테랑 조종사들을 잃었다. 또한 과달카날로 향하던 일본 수송함대는 헨더슨 비행장에서 출격한 미 항공기들의 폭격으로 엄청난 손실을 입었다. 이로 인해 대부대를 투입하여 단숨에 미 해병대를 제압하고 과달카날을 탈환하겠다는 일본군의 계획은 허사가 되었다.

과달카날 전역 내내 야마모토는 대국적인 판단 없이 미드웨이의 패배를 만회하고 일본 해군의 체면을 회복하는 데 급급하여 미 해군과의 결전에 매달렸다. 그렇다고 미군을 확실하게 제압할 만큼 압도적인 전력을 과감하게 투입하는 것이 아니라 찔끔찔끔 투입하여 끝없는 소모전을 벌이는 식이었다. 그에 따른 막대한 자원과 인력 손실은 미드웨이 해전에 비할 바가 아니었다. 결과적으로 이는 일본의 패망을 더욱 앞당기게 되었다.

8월 23일에는 아군 정찰기들이 일본군 잠수함 2척을 탐지하고 폭격했다. 같은 날 저녁과 24일 오전에는 일본 함대가 우리 북쪽으로 접근해왔다. 이는 물론 우리가 기다려온 상황이었다.

24일 오후에 엔터프라이즈의 TBF 어벤저와 SBD 돈틀리스가 일본군 항공모함을 찾아내기 위하여 솔로몬제도 북쪽 250마일(400킬로미터) 반경까지 정찰 비행에 나섰다. 아군 항공모함 와스프는 급유를 위하여 지난밤에 남쪽 에파테섬으로 향했지만, 엔터프라이즈와 새러토가의 비행갑판에는 함재기들이 적의 출현을 알리는 보고가 들어오는 즉시 출격하기 위하여 대기중이었다.

우리 뇌격비행대 대대장 찰리 제트가 제일 먼저 적군을 발견했다. 오후 2시 30분 그와 (지저분한 농담을 곧잘 해서 '비행非行소년'이라는 별명이 있던) 바이 소위가 경항공모함 류조를 발견하고 무전 보고를 한 뒤 곧 공격에 나섰다. 그들은 12000피트(3.6킬로미터) 상공에서 수평 폭격을 가했지만 명중시키진 못했다.

엔터프라이즈의 함상폭격기 돈틀리스에 500파운드 폭탄을 적재하는 모습

오후 3시 30분 엔터프라이즈 제6폭격비행대 대대장 봄런 레이 데이비스가 일본군의 또다른 함대를 발견했다. 정규 항공모함 2척[1]을 중심으로 반경 40마일(65킬로미터)까지 순양함과 구축함이 호위하고 있었다. 폭격비행대는 무전 보고를 끝내고 폭격을 시작하여 항공모함 1척에 두 발을 명중시켰다.

이날 오후 나는 위즐 와이센번과 정찰 비행에 나섰다. 한차례 무전으로 웅얼거리는 소리를 들었지만 무슨 내용인지 알 수 없었다. 무선 침묵이 깨졌다는 단순한 사실 하나가 우리를 긴장 상태로 몰아넣었

---

1 나구모 제독이 지휘하는 제3함대 산하 제1항공전대 쇼카쿠, 즈이카쿠였다. 산호해 해전에서 큰 피해를 입었던 이 두 항모는 미드웨이 해전 이후 사실상 일본 해군에 남은 정규 항모 전부였다. 이들 외에도 1942년 5월과 7월에 각각 취역한 25000톤급 개조 항모 준요, 히요가 있었으나 비행대 편성이 완료되지 않아 전력화가 늦어지면서 이들은 10월에야 트럭섬에 당도했다. 준요는 그 직후에 벌어진 산타크루즈 해전에 참전하여 미 항모 호넷을 격침시킨다.

지만 그래도 만족스럽게 엔터프라이즈를 향해 귀함하기 시작했다. 오후 5시 15분 항공모함 상공에 도착하여 미리 약속된 식별 신호를 보낸 뒤 접근했다. 그런데 주위에 있던 순양함 1척에서 연기가 나고 있었다. 피격된 것 같았는데 그렇다면 우리가 정찰을 나가 있는 동안 아군 항공모함이 공격을 받았다는 생각이 들었다.

별안간 아군 함정에서 대공포의 무시무시한 굉음이 일제히 터져나왔다. 엔터프라이즈를 호위하는 전함이 마치 크리스마스트리처럼 번쩍거렸다. 검고 흰 연기가 부풀어올라 늦은 오후의 창공을 뒤덮었다. 아군 기동부대가 방향을 틀기 시작했고 그뒤로 곡선의 항적이 포말을 일으켰다.

시선을 들어보니 일본군 급강하 폭격기 3대가 한 줄로 엔터프라이즈를 향해 내려오고 있었다. 굉장히 느리게 하강하는 것처럼 보였다. 내가 진주만 공습에서 봤던 풍경과 비슷했다.

그때 무전이 들어왔다. "모든 아군 함재기는 공격 동안 착함을 금지한다." 위즐과 나는 아군 전열의 외곽을 선회하면서 포격 장면을 지켜보았다. 그 광경에 너무 정신이 팔린 나머지 나는 뇌격기를 조종하고 있다는 사실을 깜박 잊을 뻔했다.

불덩어리 하나가 보였다. 맹렬하게 불타는 항공기 한 대가 나비처럼 퍼덕거리며 바다에 처박혔다. 포탄 파편들이 장대비처럼 바다로 떨어졌다. 포탄들이 우리 가까이의 해상에 떨어지면서 수면에 지저분한 갈색 원을 만들었다. 피격되어 연기에 휩싸였다고 생각했던 순양함은 알고 보니 대공포의 포연에 불과했다.

다시 무전이 들어왔다. "SBD 돈틀리스, 적군 뇌격기를 공격하라." 우리 어벤저들도 가만히 있을 이유가 없었다. 나는 와이센번과 갈라져 엔터프라이즈를 향해 기수를 돌렸다. 그런데 도중에 갑자기 나타난 일본군 급강하 폭격기 2대와 맞닥뜨렸다. 그렇게 가까운 거리에서 일본군 항공기를 본 것은 처음이었다. 나는 그 2대가 제로 전투기라고 생각했다. 이런! 나는 뱅크(경사선회) 기동으로 포탑 기관총의 발사각을 확보하는 동시에 다시 위즐과 합류하려고 돌아갔다. 적기에 쫓기던 나는 아군의 편대 비행에 합류했고, 위즐은 편대장을 호위하는 윙맨 역할을 하고 있었다. 적기 1대가 갑자기 기수를 돌리고 이탈했다.

다른 적기 한 대가 자기 편대에서 떨어져나오더니 우리 쪽으로 돌진하기 시작했다. 우리는 3대 편대 비행으로 해수면 가까이 저공으로 기동했다. 나는 우리에게 접근해오는 일본군 항공기를 넋 빠진 사람처럼 쳐다보았다. 누르스름한 흰색 동체에 일장기의 붉은색 원이 그려져 있었다. 위장이라고 하기 무색하리만큼 형편없는 페인트칠이었다. 적기가 맹렬히 발포하면서 우리에게 다가오는 동안 기수 쪽에서 두 줄기의 길고 누르스름한 연기가 흘러나왔다. 마치 나를 정조준하고 있는 것 같아서 이렇게 생각했던 기억이 난다. '젠장, 날 쏘지 말아주라' 적기는 우리보다 높은 고도에서 접근해오다가 갑자기 속도를 높이기 시작했고, 나는 재빨리 전방의 기관총을 쏘기 시작했다. '하, 이거 돌겠네. 내가 제로기를 쏘고 있다니!' 나는 여전히 그것이 제로 전투기라고 생각하고 있었다. 내가 발포한 예광탄의 궤적을 보고 놈이 맞았다고 확신했지만 적기는 그대로였다.

적기는 도합 7차례에 걸쳐 공격해왔다. 우리도 계속해서 50구경 기관총 3정으로 반격했지만 격추시키진 못했다. 모두가 미친듯이 쏘아대는데 아무도 다치지 않으니 어이가 없었다.

일단 공중전을 끝낸 후 우리는 다시 엔터프라이즈 상공을 선회했는데, 비행갑판 후방에 난 화재를 진압하느라 소방요원들이 악전고투를 벌이고 있었다. 항공모함을 선회중인 비행대 조종사는 제트, 와이센번, 바이, 와이스 그리고 나였다. 조니 마이어스는 보이지 않았다. 제트 대대장 쪽을 쳐다보니 수통을 입에 대고 머리를 뒤로 젖히고 있었다. 나도 갑자기 갈증을 느꼈다.

조니 마이어스가 곧 선회중인 우리와 합류했다. 그의 뇌격기는 온통 총탄을 맞아 만신창이였고 꼬리 부분 절반은 아예 사라지고 없었다. 그런데도 아직 하늘에 떠 있었다. 그는 나를 향해 씩 웃으면서 손가락을 두 눈가에 가져다대고 일본놈과 한바탕했다는 신호를 보냈다.

오후 6시 15분에 우리는 폭탄을 비우고 착함하라는 무전을 받았다. 나는 편대를 벗어나 8킬로미터가량 날아가서 500파운드 폭탄 두 발을 떨어뜨렸다. 동체 밑으로 쿵 하는 폭발음이 느껴졌다. 다시 엔터프라이즈로 돌아오니 착함 선회중인 함재기가 한 대도 없어서 기수를 돌려 다른 항공모함 USS 새러토가를 선회하는 함재기들에 합류했다. 밥 디바인도 거기 있었다. 나는 디바인에게 날개를 흔들다가 엔터프라이즈를 선회하는 함재기들을 발견했다. 그들이 다시 착함을 시도하고 있음을 알고 나도 그쪽으로 돌아갔다.

갑판 승무원들이 돈틀리스 급강하 폭격기를 이동시키고 있다.

내가 착함하는 과정에서 피격으로 비행갑판의 후방 일부가 부서졌다. 내가 흰색 패들의 안내에 따라 어레스팅 와이어에 후미고리를 걸었을 때는 날이 거의 어두워져 있었다. 나를 비행갑판으로 안도한 갑판 승무원은 헬멧 안의 머리를 붕대로 칭칭 감고 있었다. 모두가 지쳐 보였다.

대기실에서 우리는 폭격 얘기를 들었다. 그동안 전투 경보는 없었다고 했다. 피격 시점은 엔터프라이즈의 마지막 뇌격기가 갑판을 막 떠났을 때였다. 조종사 대기실에서 느낀 최초의 징후는 항공모함 대공포의 일제 사격이었다.

그때 조종사들은 모두 크리비지(카드놀이의 일종―옮긴이)에 한창이었다. 빌 에스더스의 말에 따르면 공격을 받고 모두가 우당탕 의자를 박차며 바닥에 엎드리는 동안 카드와 점수를 기록하는 크리비지

보드가 사방으로 날아다녔다고 한다. 항공장교 한 명은 쓸데없이 헬멧 위로 구명조끼를 뒤집어쓰느라 버둥거렸고 또 한 명은 자기 양손을 움켜쥐며 마구 흔들어댔다. 착함하고 나서 대기실에서 본 그들은 모두 사흘 동안 한숨도 못 잔 몰골을 하고 있었다. 듣고 보니 폭격의 목표물이 된 함선에 남아 있는 일이 얼마나 섬뜩한 경험인지 알 것 같았다. 항공모함에 몸을 피할 참호가 있는 것도 아니니 말이다.

그 공격 직후 조타 장치가 갑자기 고장났고, 이로 인해 엔터프라이즈의 방향이 급격히 바뀌면서 구축함 한 척과 충돌 직전까지 갔다. 엔터프라이즈는 조타 장치가 복구될 때까지 계속 빠르게 원을 그리며 맴돌았다.

모두에게 담배 한 모금이 절실했으나 그런 위안마저 허락되지 않았다. 항공모함의 화재가 완전히 진압되지 않았으니 흡연을 금한다는 명령 때문이었다.

엔터프라이즈에는 뇌격기 4대만 돌아와 있었다. 와이센번은 바이가 편대를 벗어나 바다에 불시착했다고 말했다. 문득 오른쪽으로 급선회하던 함재기와 항공모함 앞쪽의 고무보트 3척을 본 기억이 떠올랐다.

조니 마이어스는 다른 항공모함에 착함했다.

빙거맨과 콜은 실종 상태였다. 이틀 후에 빙거맨이 스튜어트섬(현재의 시카이아나Sikaiana섬. 동부 솔로몬 해전을 스튜어트섬Stewart Islands 전투라고도 한다—옮긴이) 인근에 불시착했다가 구축함에 구조되어 있다는 소식이 들려왔다. 콜의 소식은 없었지만, 그가 조니 마이어스와 편대 비행을 했고 마이어스의 뇌격기가 만신창이가 될 정도로 맹공격을 당한 것으로 미루어보면 콜 또한 적기들의 공격을 이기지 못하고 격추되었을 확률이 높았다.

나는 재커드를 만나서 깁슨도 실종되었다는 소식을 들었다(깁슨은 바다에 불시착했다가 이후 구축함에 구조되었다). 우리가 아는 조종사 상당수가 이런저런 이유로 항공모함에 없었다. 한 가지 이유는 항공모함이 공격을 받기 직전에 급강하 폭격기와 뇌격기 모두 출격했기 때문이다. 또다른 이유로는 연료가 떨어져 바다에 불시착했거나 다른 항공모함에 착함해서였다. 그리고 몇몇은 격추되었다. 당시로서는 누가 어떤 상황에 처해 있는지 알 수 없었다.

그런 상황에서도 우리는 장교식당에서 푸짐한 저녁식사를 했고, 식사 후에는 달빛에 의지해 일본군의 폭격에 따른 피해가 어느 정도인지 확인하러 갑판으로 올라갔다.

밤 10시경 TBF 어벤저 6대가 귀함했다. 달빛이 구름에 가려져 희미했다. 어벤저들은 착함 선회중이었고 우리는 탄약고에 올라가 야간 착함을 지켜보았다. 베이커가 제일 먼저 착함했다. 멋진 성공이었다. 홀리는 최종 접근에서 고도가 높았는데, 그렇게 어둠 속으로 사라진 것 같았다. 마침내 동체가 다시 또렷하게 나타냈을 때는 갑판 상공에서 크고 위협적인 모습을 띠고 있었다. 지켜보던 우리는 그가 큰 사고를 낼 것 같다고 직감했다. 보고 있기 괴로운 광경이었다. 홀리의 어벤저는 함교 구조물 후면 끝에 있던 크레인에 정면충돌하여 한쪽 날개가 동체에 가까운 부분까지 박살났다. 어벤저는 몇 번 구르다가 선사시대의 거대한 새가 죽음을 맞듯이 남은 날개를 하늘로 어렴풋이 들어올린 채 갑판에 멈췄다. 충돌 결과는 더없이 심각해 보였다. 그런데 기적적이게도 조종사와 통신수 겸 폭격수, 포탑사수 아무도 다치지 않았다.

다른 뇌격기 4대는 갑판에서 사고 잔해를 치울 때까지 기다리는 대신 다른 항공모함에 착함하는 쪽을 택했다.

다음날 아침 딕과 나는 전날의 피해를 환한 햇빛 아래서 확인하려고 비행갑판으로 올라갔다. 300파운드(136킬로그램) 폭탄이 우현 2번 승강기 부근에 떨어져 바로 폭발했다. 갑판에 난 구멍은 철판으로 덮여 있었다. 갑판과 40밀리 대공포 포신에도 군데군데 파편 구멍이 있었다. 사상자들은 보이지 않았다.

후방 승강기 부근에는 500파운드 폭탄 두 발이 명중했다. 두 발 모두 갑판에 30센티미터 정도의 구멍을 뚫고 들어가 아래에서 폭발했는데 그중 한 발은 장교 숙소에서 터졌다. 구멍 아래를 내려다봤더니 승무원들이 멀리 아래서 무릎 깊이의 물과 조타 장치 위에 떨어진 파편들 사이를 오가며 바삐 움직이고 있었다.

나머지 폭탄 한 발은 비행갑판 아래 무기고를 관통하면서 폭발했다. 무기고가 폭발하면서 비행갑판을 밀어올렸고, 우현의 5인치(127밀리미터) 함포 2문이 포탑과 함께 완파되었다.

포탑 부근에는 아직 수병들의 시체가 남아 있었다. 대부분 폭발 과정에서 사망했고 그을려 있었다. 대부분의 시신은 온전한 상태였다. 검게 그을리긴 했지만 타거나 오그라들진 않아서 청동상처럼 보

일본의 아이치 D3A1 발Val 99식 함상 급강하 폭격기[2]

일본의 나카지마 B5N 케이트Kate 97식 함상
공격기[3]

2 태평양 전쟁중 일본 해군의 주력 급강하 폭격기. 아이치 항공사에서 개발하여 1938년
1월 첫 비행을 했으며 1945년까지 1500여 대 생산되었다. 독일 공군의 Ju-87 슈투카와 마
찬가지로 랜딩 기어가 수납식이 아니라 고정식이었다. 진주만 기습부터 태평양 전쟁 내내 제
로 전투기, 97식 함상 뇌격기와 함께 태평양을 누비는 일본 해군의 트리오였다. 미 해군에 돈
틀리스가 있다면 일본 해군에게는 99식 함상 폭격기가 있었다고 할 만큼 많은 활약을 했
다. 그러나 성능 자체는 돈틀리스보다 훨씬 빈약했으며 특히 화력과 방어력이 형편없었다. 연
합군의 실력이 형편없던 태평양 전쟁 초반에는 큰 활약을 했지만 대전 중후반 이후에는 날
아다니는 표적에 지나지 않았다. 승무원 2명, 엔진 1300마력, 최대속력 430km/h, 항속거리
1352km, 7.7mm 기관총 3정(전방 2정, 후방 1정), 폭탄 250kg 탑재.
3 태평양 전쟁 중 일본 해군의 주력 뇌격기. 나카지마 항공사에서 개발하여 1937년 1월에
첫 비행을 했으며 1945년까지 1400여 대 생산되었다. 일본 해군 함상기 최초의 전체 금속 항
공기이기도 했다. 미 해군은 일본이 97식 함상 폭격기를 개발하면서 주력 뇌격기 데버스테이
터가 구식으로 전략하자 부랴부랴 어벤저 개발에 나섰다. 뇌격기로서의 성능은 준수했지만
무장과 방어력이 형편없다는 건 모든 일본 항공기들의 고질적인 문제였다. 대전 중반에 후계
기인 덴잔이 등장하면서 일선에서 물러나 훈련용이나 가미카제 특공에 투입되었다. 승무원
3명, 엔진 970마력, 최대속력 378km/h, 항속거리 1021km, 7.7mm 회전식 기관총 1정(후방),
800kg 어뢰 1발 또는 500kg 폭탄 1발 탑재.

동부 솔로몬 해전에서 엔터프라이즈의 5인치
함포가 완파된 모습(1942년 8월 24일)

동부 솔로몬 해전에서 엔터프라이즈의 비행갑
판이 폭격당하고 있다. (1942년 8월 24일)

동부 솔로몬 해전에서 일본 급강하 폭격기들이 엔터프라이즈를 폭격하고 있다. (1942년 8월
24일)

였다. 팔다리는 매끈했고 머리는 머리칼 없이 둥그런 모양이었다. 얼
굴은 누가 누구인지 식별할 수 없었지만 거의 대부분이 희미하게 웃
는 것처럼 입꼬리가 올라가 있어서 어딘지 설치류의 표정이 연상되
었다.

시신들의 모습은 기이할 정도로 평범해 보이는 동시에 기괴해 보였다. 한 포수는 여전히 자리에 앉아서 한 팔을 들어 눈가에 댄 채 어딘가를 바라보고 있었다. 그는 조각가가 빚어놓은 하나의 형상 같았다. 몸은 균형잡혀 있었고 엉덩이는 동그랗고 탱탱했으며 몸 어디에도 털이 남아 있지 않았다. 또다른 청동상들이 얼굴을 위로 또는 아래로 향하고 널브러져 있었다. 얼굴을 위로 향한 두세 명은 구부린 팔로 몸을 막고 손으로 얼굴을 가린 채였다. 그렇게 심하게 타지 않은 시신 하나는 가슴을 앞으로 쭉 내밀고 머리는 뒤로 젖힌 채 두 주먹을 불끈 쥐고 있었다.

검게 그을린 시신들보다 오히려 일부만 그을린 시신들이 더 충격적이었다. 뒤틀린 모습이 오히려 인간적으로 느껴졌다.

사망자는 총 100명가량이었다. 장례식은 8월 26일에 거행되었다.

항공모함 엔터프라이즈에서 전사자들을 수장하는 모습. 산타크루즈 해전(1942년 10월)

시신 한 구는 격납고 갑판 2번 승강기 근처에서 바다에 수장되었다. 나머지는 후미갑판에서 수장되었다. 모든 시신은 범포 자루에 들어 감으로써 "적절한 수의를 갖추었다"고 군목이 말했다. 군악대가 소등 나팔 겸 진혼곡을 연주했고, 해병대 경호대가 받들어총 자세를 취하자 우리는 경례를 붙였다.

후미갑판의 시신들도 동시에 수장되었다.

엔터프라이즈는 여전히 필요하다면 비행 작전을 수행할 수 있었다. 함재기의 손실 여부는 금세 드러나지 않았고 나는 정확한 통계를 접하지 못했다. 그래도 확실한 것은 일본군의 손실이 훨씬 크다는 점이었다. 50대 이상의 일본군 항공기가 대공포에 격추됐다. 뇌격기 8대로 이루어진 일본군 편대가 엔터프라이즈로부터 100킬로미터 거리에서 기습당해 바다로 격추되기도 했다.

다른 아군 항공모함 USS 새러토가는 엔터프라이즈가 폭격당하는 동안 수평선 부근에 있었다. 이날 오후에는 새러토가에서 출격한 함재기들이 일본군 수상함들을 공격했다.

새러토가의 제8뇌격비행대는 2개 편대로 나뉘어 적을 타격했다. 브루스 하워드 대위가 이끄는 뇌격기 7대는 일본군 항공모함 류조를 공격했고, 아군 폭격비행대와의 협공으로 류조에 화재를 일으키는 데 성공했다. 한편 뇌격기 5대를 이끈 라슨은 적군 순양함과 구축함 18척을 공격했으며 그중 순양함 1척을 명중시켰다.

8월 26일 저녁, 제트 대대장이 우리 뇌격비행대에서 항공모함에 남아 있던 조종사 8명을 호출했다. 우리 중 5명이 남은 뇌격기로 다음날 아침 출격할 거라고 말했다. 항공모함 교체를 준비하기 위하여 뉴헤브리디스제도의 비행장으로 갈 예정이었다. 엔터프라이즈는 귀항하여 수리를 받게 되어 있었다. 편대장, 에스더스, 엥글, 홀리, 나 이렇게 5명이 가기로 결정되었다. 제6급강하 폭격비행대도 우리와 함께 엔터프라이즈를 떠날 예정이었다.

다음날 아침 우리는 조종석에 앉아서 얼굴에 와닿는 부드러운 바람과 동체 아래서 움직이는 바다의 일렁임을 느끼며 대기하고 있었다. 엔터프라이즈의 많은 고참들이 오늘 이 항공모함을 떠날 예정이었고, 그들 대부분이 다시는 항공모함을 볼 수 없는 운명이었으니 고별식이나 다름없었다. 항공관제장이 확성기에 대고 말했다. "여기는 항공관제장이다. 놈들을 박살내라." 이어서 부(副)항공관제장이 말했다. "여기는 부항공관제장이다. 출격 준비." 감상적인 말 한마디도 없었다. 모두가 웃었다.

내가 뇌격기 조종사 중에서 제일 먼저 발진하기로 되어 있었다. 어뢰 한 발과 1000파운드가 넘는 화기와 개인 장비들을 적재하고 있었다. 사출장교는 내게 엄지를 들어 보이며 행운을 빌어주었고 미소 띤 얼굴로 이륙 신호를 보냈다. 나는 최대출력으로 갑판을 질주했지만 그래도 함수에서 불과 3미터 정도 높이로 이륙했다. 엥글과 에스더스가 내 뒤를 따랐다. 우리는 상공을 선회하면서 제트와 홀리의 합류를 기다렸다.

우리는 대대장이 비행갑판으로 올라오는 광경을 지켜보았다. 그는 우리 중에서 가장 무거운 짐을 실었고 함수를 넘어가기 직전까지도 꼬리를 들지 않았다. 이륙에 거의 성공할 뻔했지만 한쪽 날개가 수면에 부딪치면서 바다에 처박히고 말았다. 홀리가 다음 주자였다. 그는 엔진이 최대출력에 이르지 못한 상태라서 재시도하려다가 동체가 급회전하여 갑판을 벗어나 역시 바다로 추락했다. 두 뇌격기의 승무원들은 모두 호위중인 구축함에 구조되었다.

우리는 선회하면서 수면 아래로 가라앉는 동체 2대와 아직 바다에 떠 있는 승무원들을 바라보았다. 해군은 많은 군용기를 바다에서 잃었다. 어쩔 수 없는 일이었다. 우리가 흠씬 젖은 채 바다에 떠 있는 동료들을 보면서 솔직히 걱정했던 일은 대대장의 뇌격기에 실려 있던 월급 명세서였다. 몇 달 치 월급을 못 받으면 어쩌나 싶었다.

이륙에 성공한 뇌격기 3대는 급강하 폭격비행대와 함께 뉴헤브리디스로 향했다. 우리는 밀림으로 에워싸인 지저분하고 비좁은 비행장에 착륙하여 항공기들을 고정했다. 그날 저녁 우리는 한잔할 요량으로 만 가까이에 있는 작은 프랑스 마을에 들렀다. 술집이고 아니고를 떠나 어디든 들어갈 수 있는 공간이라고는 딱 하나, 프랑수아라는 열여섯 살 소년이 운영하는 지저분한 프랑스 레스토랑뿐이었다. 프랑수아는 자기가 그 섬에서 맥주와 포도주를 독점 판매하는 위치에 있음을 잘 아는 독재자였다. 우리는 프랑수아의 여자 후리는 능력과 카드 속임수를 입이 마르게 칭찬한 후에야 포도주를 넉넉히 살 수 있었다. 프랑수아가 제공한 모래 씹히는 적포도주를 양껏 마신 뒤 재커드와 엥글과 나는 달빛이 비추는 야외에 나가 돌아다니기로 했다. 밤기운이 너무도 유쾌한데다 취기까지 올라서 우리는 섬을 한번 돌아보고 싶어졌다. 군용 지프 한 대를 훔쳐서 갈 수 있는 길은 다 돌아다녔다. 너무 지쳐서 잠자고 싶어질 때까지.

일주일 후 나는 파견 명령을 받고 짐을 꾸리는 딕 재커드에게 작별인사를 했다. "이삼주 후면 또 만나게 될 거야, 미어스." 그는 이렇게 말했다. 우리는 악수를 나누었다.

빌 에스더스, 래리 엥글, 나 세 명은 뉴헤브리디스의 다른 밀림 주둔지에 있던 제8뇌격비행대에 합류하기 위하여 북쪽으로 비행했다. 우리의 다음 목표지가 과달카날이라는 느낌이 왔다.

나는 미드웨이 해전 이후 얼마 동안 제8뇌격비행대의 라슨 분견대 대원들 대부분과 알고 지냈다. '앤디' 디바인은 내가 제3뇌격대로 전출된 후에도 계속 제8뇌격비행대에 남아 있었다. 그와 버트 어니스트가 비행장 활주로까지 우리를 마중나왔다. 비행장 뒤쪽 언덕에 있는 비행대 막사에 도착해보니 제8뇌격비행대원들은 수풀을 베어 자르고 텐트를 세우고 모기장을 쳐서 간이 침상을 설치하는 등 바삐 움직이고 있었다. 그들도 상륙한 지 얼마 되지 않았으며 무덥고 습한 밀림에서 가능한 한 쾌적한 시설을 직접 마련하고 있었던 것이다.

우리가 과달카날로 가기 전인 9월의 어느 날, 카드놀이의 달인이자 노련한 비행하사인 빌 에스더스와 오리건주 출신의 미끈한 멋쟁이 래리 엥글 그리고 나는 다른 대원들을 도와서 비행대 막사의 환경 개선에 나섰다. 화장실로 쓸 구덩이를 파고 통나무 받침대를 세운 다음 물을 가득 채운 기름통 두 통을 올려 샤워시설도 만들었다. 1934년 프린스턴대학을 이긴 예일대 풋볼 팀의 '철인 11인' 중 하나였던 베니 그로스컵 대위가 우리의 작업을 감독했다. 대원들 사이에서 '찌라시'로 통하는 베니는 비행대 정보장교였는데, 참모본부에서 입수했다면서 자꾸만 암담한 소식을 가져왔다. "곧 대규모 교전이 있을 것 같아. 얼마 전에 일본 군함 60척이 트럭섬을 출항해 남쪽으로 향하고 있어." 그는 이렇게 경고하는가 하면 "놈들의 다음 공격지점은 바로 이곳이야"라고도 말했다.

우리 뇌격비행대에는 예일대 출신이 두 명 더 있었다. 제8뇌격비행대의 서류 업무를 정확하고 효과적으로 처리하는 조지 플린(별명은 '제독') 대위, 거의 모든 시간을 해먼드 정비중대장과 함께 항용기 관리에 몰두하는 드윗 피터킨 주니어 정비장교였다.

제8뇌격비행대 조종사 중에서 키가 작고 열정적인 다혈질 잭 바넘(바니)은 에드 핸슨(한스)을 짓궂게 놀려서 기어이 울리곤 했다. 한스가 맥주 두세 잔만 들어가면 여자친구 조이스를 그리워한다는 이유였다. 낙천주의자 '스마일리' 모건, 나중에 실종된 과묵한 미남자 '더티 존' 타우먼, 늘 외설적인 웃음거리를 찾아내고 마는 '색마' 리스, 한스와 가장 친한 밥 에바트, 소처럼 커다란 갈색 눈망울의 그레이디, 라슨이 질색하는 에런 카츠, 선임 장교 브루스 하워드, 빨간 머리 수다쟁이 벤 도깃(나중에 전사했다). 그 밖에도 우리 뇌격비행대에는 다이, 디바인, 어니스트, 그리고 물론 대대장 라슨이 포함되었다.

USS 와스프의 비행단으로 파견되었던 재커드의 전사 소식을 들은 곳도 그 정글 막사였다. 나와 헤어진 직후 재커드는 와스프에 배속됐다. 와스프가 어뢰 공격을 받는 동안 자기 침상에서 곤히 잠들

어뢰 공격을 받은 직후 화염에 휩싸인 USS 와스프[4] (1942년 9월 15일)

4 와스프는 1942년 9월 15일 일본 잠수함 I-19의 어뢰에 맞아 격침당했다. 앞서 8월 31일 새러토가가 일본 잠수함 I-26의 어뢰에 맞아 진주만에서 몇 달 동안 수리에 들어갔으며 10월 26일 산타크루즈 해전에서는 엔터프라이즈가 대파되고 호넷이 격침당했다. 이로 인해 미드웨이 해전에서 일본 항모 4척을 격침한 극적인 승리가 빛을 잃었고 한동안 태평양에 미 해군의 항모가 단 한 척도 남지 않았을 정도였다. 하지만 일본 해군의 손실 또한 적지 않았기에 모처럼 되찾은 전략적 우세를 활용할 수 없었다. 오히려 과달카날과 솔로몬제도를 놓고 반년간 벌인 끝없는 소모전에서 일본 해군은 10년 이상 양성했던 베테랑 조종사와 승무원을 거의 전부 잃었다. 게다가 1943년 중반부터 신형 에식스급 항모가 한 달에 한 척꼴로 쏟아져나오자 태평양의 주도권은 순식간에 미 해군에게 기울었다.

어 있던 그는 두 번 다시 깨어나지 못했다. 그가 만약 비행중이었더라면 그 어떤 일본군도 그를 건드리지 못했을 것이다. 어쨌든 재커드가 조종간을 붙잡고 있는 한 죽일 방법은 없을 테니까. 하지만 그가 자주 하던 말이 떠오르는 건 어쩔 수 없다. "그게 전쟁이지. 그게 인생이지. 그게 사랑이지."

10. 헨더슨 비행장에서

제8뇌격비행대의 조종사들은 방금 과달카날에서 도착한 벅 맨프리드를 에워싸고 있었다.

USS 엔터프라이즈에서 벅을 만났던 3주 전만 해도 그는 훤칠하게 잘생긴 남자였다. 검은 곱슬머리에 늘 웃음이 떠나지 않는 건강한 얼굴이어서 솔직히 그가 해군 항공대 전속 광고 모델은 아닐까 생각하곤 했다. 그런 그가 기진맥진한 부랑자 꼴을 하고 있었다. 두 눈이 튀어나왔고 몸은 쇠꼬챙이처럼 마른데다 군복은 남루했으며 수염은 당장 면도해야 할 정도로 덥수룩했다.

그는 과달카날 소식을 우리에게 전해주고 있었다. 금방이라도 쓰러질 것처럼 지쳐 있었지만 우리가 샤워하고 잠자리에 들기 전에 무슨 일이 벌어지고 있는지 말해달라고 닦달했던 것이다.

"어떻게 된 건가 하면," 그가 말했다. "주간에는 우리 전투기가 놈들의 폭격기를 박살내고 제로기를 쫓아버려서 격추된 놈들도 많고 폭탄을 비우고 도망치는 놈들도 많아. 그런데 밤이 되면 비행장에 불을 켤 수 없으니까 우리도 출격할 수 없거든. 그때부터 놈들 순양함이 하나둘 항구로 기어들어와서는 8인치 포를 갈겨대는 거야. 게다가 놈들의 군용기가 비행장 상공을 돌면서 포격을 유도하려고 조명탄을 떨어뜨려. 낮에는 놈들 전함을 공격하고 귀환하는 우리 항공기들이 착륙선회를 하는 동안 놈들이 포격을 해대지." 조종사들은 정찰이나 요격 임무로 하루 6시간에서 8시간까지 비행하고 돌아온 다음에는 포격과 총격에 시달렸다. 게다가 노획한 일본군의 생선과 쌀 등 형편 없는 음식으로 연명해야 했고 대부분이 이질 아니면 말라리아에 걸려 고생하고 있었다.

우리는 정보를 얻는 데 관심이 많았다. 우리 뇌격비행대의 조종사 6명이 닷새 전에 과달카날로 갔고 나머지도 곧 그쪽으로 이동할 거라 예상했기 때문이다.

벅과 얘기를 나누고 사흘이 지난 뒤 우리 중 6명이 그러면 어벤저를 몰고 헨더슨 비행장으로 향했다. 이로써 나는 평생 처음 과달카날에 발을 디뎠다. 우리는 두 비행장을 왔다갔다했다. 우리의 임무가 단순히 뉴헤브리디스 비행장에서 헨더슨 비행장으로 어뢰를 실어나르는 일이었기 때문이다.

우리는 과달카날항으로 비행하는 동안 항행중인 대여섯 척의 군함을 발견했다. 그중 크기가 순양함만하고 연돌이 깔때기 모양인 군함은 아군이 아니라 일본 군함이 확실해 보였다. 나는 헨더슨 비행장에 도착하기 전에 그 적함들을 공격해야 하지 않을까 생각했다. 하지

과달카날 헨더슨 비행장. USS 새러토가의 함재기에서 촬영(1942년 8월 말)

미드웨이 해전에서 전사한 로프턴 R. 헨더슨 소령. 과달카날 헨더슨 비행장은 그의 이름을 딴 것이다.

만 그 군함은 호주 해군의 순양함으로 밝혀졌고, 우리는 곧 착륙을 시작했다.

헨더슨 비행장은 밀림에 에워싸인 지리적 특성에도 불구하고 내가 예상한 것보다 훨씬 더 크고 깨끗했다. 착륙선회를 하는 동안 아무런 공격도 받지 않았다. 우리가 그 튼튼한 비행장에 착륙한 것은 해가 지기 두 시간 전이었다. 제일 먼저 눈에 띈 것은 폭탄 구멍과 활주로 주위에 쌓여 있는 항공기 고철더미였다. 비행 가능한 항공기는 보이지 않았다. 나중에 가용 항공기들은 다른 지역에 분산 수용되어 있다는 얘기를 들었다.

과달카날은 천혜의 자연이 숨쉬는 참으로 아름다운 섬이라 전쟁의 야만과 연결 짓기가 쉽지 않았다. 먼저 와 있던 조종사들이 우리를 해변으로 데려갔고, 거기서 우리는 황금빛 바다 건너 플로리다제도와 그 옆으로 저멀리 살포시 윤곽을 드리운 말라이타섬을 바라보았다.

해질녘 우리는 비행장에서 가까운 레버브라더스 코코넛 그로브(영국의 제조사 레버브라더스가 소유했던 코코넛 숲―옮긴이) 외곽에 서서 산 너머 서쪽으로 퍼지는 마법과도 같은 구름 빛깔을 쳐다보았다.

그곳에서 재회한 버트 어니스트와 페리어는 미드웨이 해전에서 함께했던 비행을 회상하기 시작했다. 함께 호된 시련을 극복하고 죽음의 문턱을 넘어온 그들이었기에 서로에 대한 신뢰가 남달랐다. 버트는 유능한 포탑사수가 필요하니 혹시 페리어를 양보해줄 수 있는지 내게 물었다. 나는 뉴헤브리디스로 돌아가서 사수가 필요 없게 된다면 페리어를 데려가도 좋다고 대답했다.

과달카날섬이 처음이었던 우리 셋은 그날 밤 같은 막사에서 잤다. 비가 내리고 있었다. 자정 무렵 누군가 막사 앞을 달려가면서 고함치는 소리에 잠을 깼다. "참호로 대피!"

우리는 별일도 아닌데 쓸데없이 나가서 비에 젖고 싶지는 않았다. 그래서 계속 침상에서 뭉그적거렸다. 그때 북쪽 하늘에 섬광이 보이고 곧바로 그리 멀지 않은 곳에서 폭발음이 들려왔다.

"저 소리 때문에 멍청한 짓은 하지 말자." 에런 카츠의 목소리였다.

"내 생각엔 심상찮은 일이 벌어지고 있는 것 같은데." 이번에는 래리 앵글이었다. 우리 모두 주섬주섬 막사 밖으로 나와 우리에게 배정된 참호라고 판단되는 곳으로 들어갔다. 이미 꽉 차서 빈자리가 없었다. 다음 참호로 들어갔지만 그곳에도 선점한 장병들이 잠들어 있었다. 간신히 찾아낸 참호는 깊이가 얕고 위쪽이 뻥 뚫려 있었다. 그래도 우리는 안으로 비집고 들어갔으며 결국 서로 뒤엉켜 옴짝달싹 못했다. 적군 잠수함 한 척이 우리를 향해 포물선을 그리며 포탄을 날리고 있었다.

그리 놀랄 만한 일은 벌어지지 않았고, 우리는 막사의 침상으로 돌아갔다. 다음날 아침 나는 헨더슨 비행장을 떠나면서 과달카날 전역에 관한 이야기들이 과장됐다고 생각했다. 나중에야 과달카날의 위험을 제대로 파악하게 되었고 참호로 뛰어들어가는 실력도 일취월장했지만 수평선에서 단 한 번의 섬광만 보여도 침상을 뛰쳐나가 폭발음이 들리기도 전에 철모까지 갖추고 가장 가까운 참호로 들어갈 수 있다는 사실에 나는 큰 자부심을 가졌다.

10월 1일, 밥 에바트와 나는 B-17 플라잉 포트리스 편으로 다시 과달카날에 도착했다. 그때 우리 뇌격기 5대가 솔로몬제도 서부 주의 뉴조지아 해협에 있는 작은 섬 기조Gizo 인근에서 일본 순양함 4척을 잡으러 출격했다는 소식을 들었다. 당시에는 선임 장교 브루스 하워드 대위가 파견 나간 해럴드 라슨 대위를 대신하여 과달카날에 주둔한 우리 뇌격비행대의 대대장을 맡고 있었다. 브루스는 키가 큰 역전의 용사로 동작이 굼뜨고 무뚝뚝하지만 관대하고 뛰어난 지휘관이었다.

하워드 대위와 밥 리스는 밤 9시경에 착륙했다. 리스가 심각한 얼굴로 우리 막사에 들어오더니 뇌격기 3대가 실종됐다고 말했다. 실종된 조종사들은 엥글, 디바인, 다이였다. 그들은 공습 후에 하워드 대위와 합류하지 못했는데, 아마도 하워드의 무전기가 작동하지 않았고 항행등과 경고등까지 고장났기 때문이었던 것 같다. 우리는 그날 밤 늦게 잠자리에 들었고 새벽에는 일본 항공기 1대가 빈둥거리듯 폭탄을 떨어뜨리는 바람에 또 한번 참호로 뛰어들어야 했다.

날이 밝은 후 나는 비행에 나섰다. 과달카날섬을 돌면서 세 시간 동안 실종된 조종사들을 수색했지만 소득이 없었다. 도중에 격추된 일본군 폭격기와 제로 전투기 5, 6대와 아군 그러면 와일드캣 1대의 잔해가 해변에 흩어져 있는 것을 발견했다. 다음날 우리는 실종된 뇌격기의 모든 승무원들이 구축함에 구조되었다는 소식을 들었다.

뉴헤브리디스로 갔다가 다시 과달카날에 돌아오니 나와 호흡을 맞출 사수로 조지 힉스가 재배정되었다. 힉스는 원래 그레이디의 사수였지만 그레이디는 어느 날 공습 때 질주하는 트럭에서 떨어져 손목을 삐고 무릎을 접질렸다. 힉스는 두뇌 회전이 빠르고 기동시에 방심하지 않아서 나는 그를 사수로 맞은 것이 무척 기뻤다.

오후 12시 15분 점심식사를 하는 동안 공습경보가 울렸다. 우리는 급히 트럭에 올라 해변으로 갔다. 커피는 가면서 마셨다.

우리는 방공호 옆에 서서 아군 전투기들이 북쪽에서 나타난 제로 전투기 편대와 공중전을 벌이는 광경을 지켜보았다. 해역 상공에 있던 전투기들은 대부분 흰색 뭉게구름에 가려 보이지 않았다. 그러나 종종 나타나는 전투기들의 비행운을 따라가면 멀리 작고 검은 십자가처럼 보이는 전투기들이 치열한 공중전을 벌이는 모습을 볼 수 있었다. 우리는 전투기들의 급상승zooming, 비틀기twisting, 선회circling를 보았고, 난데없이 들려오는 타-타-타 소리에 아군 전투기들이 50구경 기관총을 쏘고 있단 걸 알아차리곤 했다.

헨더슨 비행장 상공에서 공중전을 벌이는 와일드캣과 제로 전투기

　제로 전투기 1대가 창공에서 하강하더니 아군 급강하 폭격기를 향해 돌진했다. 그때 아군 급강하 폭격기들은 인근 해협에 있는 아군 함정 2척을 위해 대잠 정찰을 하느라 저고도에서 비행하고 있었다. 제로 전투기는 곧 루프 기동을 하고 서쪽으로 빠졌다. 일본군 조종사들은 기동성이 탁월한 제로 전투기로 곡예비행을 즐겼으며 심지어 교전이 한창일 때도 종종 그랬다. 곡예비행의 희열이 조종사들에게 목숨을 담보로 할 만큼 엄청난 모양이었다. 그러나 제로 전투기는 루프 기동을 하는 바람에 아군 전투기들에게 위치를 드러냈다. 아군 전투기 4대가 제로 전투기를 향해 연달아 내려오자 전투기는 갑자기 조종불능 상태에 빠진 것처럼 바다 쪽으로 떨어지기 시작했다. 역시나 속임수였다. 제로 전투기는 바다에 충돌하기 직전 수평비행으로 바꿨다. 그러나 아군 전투기들이 머리 위에 있었고, 이번에는 날고뛰는 제로 전투기도 격추당할 운명을 피해가지 못했다.

다음날 나는 생애 첫 타격 임무에 나섰다. 늦은 오후에 그러면 TBF 어벤저 뇌격기 3대와 더글러스 SBD 돈틀리스 급강하 폭격기 7대가 출격했다. 임무는 '슬롯'(뉴조지아 해협)의 서쪽 150마일(240킬로미터) 해상에 있다고 보고된 적군 순양함 1척과 구축함 2척을 공격하는 것이었다. 임무 특성상 나는 어뢰 대신 500파운드 폭탄 4발을 탑재했다.

뇌격기 3대가 북서쪽을 향해 가는데 헨더슨 비행장 인근의 어느 아군 항공기 조종사가 관제탑과 무전 교신하는 내용이 들려왔다. 전투기의 엄호 없이 뇌격기를 출격시켜서는 안 된다는 것이었다. "전투기 없이 보내는 건 자살행위다. 반복한다. 자살행위다." "인근에 제로 전투기 15대가 있다." 그는 계속 관제탑에 무전을 보내며 우리를 회항시킬 것을 끈질기게 종용하고 있었다. 마침내 누군가 마이크를 들더니 조종사에게 이렇게 말했다. "닥쳐."

그때 우리 뇌격기 3대는 선두에서 비행중이었고 급강하 폭격기나 전투기의 모습은 보이지 않았다. 나는 몹시 긴장했고 무작정 벌떡 일어나 조종석 안을 마구 돌아다니고 싶은 충동에 사로잡혔다. 명예로운 자살 공격 따위의 생각은 내게 짜릿한 전율을 주지 못했다. 그러나 내가 취할 수 있는 유일한 선택은 제로 전투기들이 공격해올 경우 어떤 기동으로 대처할지 생각하는 것이었다. 나는 기관총이 장전되어 있는지, 폭탄실은 문제가 없는지 확인했다. 그리고 하강을 시작할 때 폭탄실 문을 열도록 알려달라고 폭격수에게 일렀다.

우리 편대를 이끌던 에바트가 드디어 선회를 했다. 그동안 급강하 폭격기들이 합류했다. 전투기들은 여전히 보이지 않았다.

우리는 오후 5시 30분경, 그러니까 예상보다 훨씬 일찍 군함들을 발견했다. 구축함-순양함-구축함 순으로 단종진(군함들이 일렬 종대로 늘어선 진형―옮긴이) 이동하고 있었다. 우리가 있는 고도에서는 좀 더 자세히 확인해봐야 피아를 식별할 수 있었다. 다만 트림(선박의 추진력을 높이기 위해 프로펠러가 있는 함미 쪽을 함수보다 좀더 깊게 만드는 것―옮긴이)과 견고한 윤곽을 보면 군함은 확실했고, 순양함과 구축함도 그 크기의 차이를 비교하면 구별 가능했다. 순양함은 이미 피격당해 연기가 나고 있었다. 군함들이 변침을 시작하자 우리는 그 주위를 비행했다. 포탑사수가 복엽 수상기로 보이는 항공기 2대가 우리

동부 솔로몬 해전에서 일본 급강하 폭격기의 USS 엔터프라이즈 공습중 지근탄으로 일어난 물기둥(1942년 8월 24일)

밑에 있다고 보고했다. 나는 우리 편대가 선회하는 동안 또다른 수상 복엽기 4대가 상승하는 모습을 보았다. 제로 전투기는 없었다. 일본군 복엽기는 기동성이 좋지만 빠르진 않았기 때문에 나는 적잖이 안도했다.

급강하 폭격기들이 먼저 9000피트(2.7킬로미터) 상공에서 순양함을 향해 하강했다. 폭격기들이 투하한 폭탄들이 수면을 뒤덮었으나 그중 적함에 명중한 것은 없었다. 리스는 구축함 한 척을 겨냥하여 강하했지만 아쉽게도 두 번 다 지근탄(near miss, 폭탄이나 탄환이 명중하지는 않았으나 그에 상응하는 피해를 줄 만큼 표적 가까이 떨어진 상태―옮긴이)이었다. 리스는 곧 상승하여 복엽기들을 상대하며 폭탄을 두 발 더 투하했다.

한편 내 앞에 있던 에바트는 순양함을 겨냥했다. 나는 위치를 잡기 위하여 활공으로 하강하는 동안 그가 급강하하는 모습을 보았다. 그가 순양함의 함미 가까이에 지근탄을 날리는 순간 나는 60도로 하강하고 있었다.

비행장에서 조종석에 내려앉은 먼지가 한순간 거의 시야를 가릴 정도로 뿌옇게 일어 앞을 볼 수 없었다. 당시 나는 다이치가 언제나 말끔하게 청소해두던 내 뇌격기가 아닌 다른 뇌격기를 조종하고 있었다. 그제야 이런 생각이 떠올랐다. "빌어먹을, 출격하기 전에 다이치한테 이 녀석을 좀 봐달라고 했어야 하는 건데." 마침내 먼지가 걷히자 연기 사이로 순양함의 모습이 보였다. 한가로이 잡생각을 하고 있을 여유가 없었다. 나는 그 중순양함의 함수를 정확히 겨냥하는 데 집중하여 폭탄 투하 버튼을 세 번 누르고 급상승했다. 슬쩍 고도계를 확인하니 2000피트(600미터)였다.

왼쪽에서 수상 복엽기 1대가 우리를 향해 접근해오자 나는 재빨리 회피 기동했다. 그때 포탑 기관총이 발포되는 진동이 느껴졌고, 힉스가 인터폰으로 그 수상 복엽기를 격추시켰다고 알려왔다. 거의 동시에 무전을 통해서 들려오는 목소리가 있었다. "미어스가 한 발 명중." 나중에 힉스는 순양함의 꼴사나운 깔때기 모양 연돌 바로 뒤에서 솟아나는 화염과 연기 한복판으로 우리가 투하한 폭탄 한 발이 내리꽂히는 광경을 봤다고 말했다.

나는 약 1500피트(450미터)까지 고도를 낮추고 순양함 앞쪽에 있는 구축함을 지나가며 다음 폭탄을 어디에 투하할지 고민했다. 그때 구축함의 현측 함포들이 일제히 포문을 열고 우리 뇌격기를 향해 맹렬히 포화를 퍼부었지만 모두 빗나갔다. 나는 선회를 하고 이번에는 순양함을 살펴보면서 함미의 연기를 뚫고 들어가 저고도에서 갑판에 폭탄을 투하하자고 생각했다. 그때 나는 폭탄이 한 발밖에 남지 않았다고 생각했지만 사실 두 발이 남아 있었다.

우리는 순양함에서 불과 730미터 거리에 있었다. 힉스가 순양함의 갑판에 기총사격을 가했다. 그들도 우리를 향해 발포했고, 나는 비처럼 수면에 흩뿌려지는 총탄을 볼 수 있었다. 다음 순간 우리를 향해 날아오는 예광탄의 궤적이 보였고, 곧이어 동체의 꼬리를 후려치는 듯한 충격이 느껴졌다.

힉스가 소리쳤다. "중위님! 다이치가 맞았습니다! 동체의 피해도 심각합니다. 빨리 여기서 빠져나가야 해요!" 나는 선회한 뒤 수면 가까이 비행했다. 적함들은 내가 1.5킬로미터 이상 멀어질 때까지 공격을 멈추지 않았다. 전방의 수면에 연거푸 대공포탄이 작렬했다. 적함의 공격에서 벗어난 후 나는 힉스에게 다이치를 도와주라고 했다. 힉스는 다이치의 부상이 너무 심각하다고 말했다.

나는 과달카날로 귀대할 것을 결정하고 속력을 200노트(370km/h) 이상으로 높였다. 다만 손상을 입은 동체가 갑자기 문제를 일으킬 경우에 대처하기 쉽도록 수면 가까이 저공비행을 유지했다. 포탑사수 힉스는 다이치를 살리려면 서둘러야 한다고 말했으나 나는 이미 속력을 높이고 있었다. 다이치를 위해서이기도 했지만 동체의 피해가 어느 정도인지 알 수 없는 상황이었기 때문이다.

나는 무전으로 관제탑에 부상자가 있다고 알렸다. 160킬로미터를 40분 만에 주파했을 때는 막 땅거미가 진 후였다. 우리는 다이치를 급히 병원으로 후송했다. 다이치는 머리 오른쪽에 총상을 입었다. 5센트 동전만한 작은 구멍이 나 있었다. 호흡에는 지장이 없었지만 몸이 차갑고 창백했다.

다음날 나는 병원으로 다이치를 보러 갔다. 그는 병실 한복판 수술대에 누워 있었다. 핏기 없는 얼굴이 노랗게 보였고, 두 눈은 이리저리 움직였지만 나를 알아보는 것 같지는 않았다. 의사는 다이치의 머리에 파편 세 개가 박혀 있는데 회생 가능성은 희박하다고 말했다. 하지만 한 달 후쯤 마지막으로 전해진 의사의 전언에 따르면 다이치는 여전히 생사의 싸움을 계속하고 있으며 차도가 보인다고 했다.

그날 출격 직전에 나는 장갑을 어디 두었는지 몰라서 다이치에게 혹시 못 봤냐고 물었다랬다. 내가 퍽 낙담한 표정을 지었는지 그는 이렇게 물었다. "괜찮습니까? 장갑을 껴야 하는 미신 같은 게 있나요?"

"응, 약간." 내가 대답했다.

"그렇다면 내 걸 끼십시오. 나는 미신 같은 거 없으니까요."

그가 부상을 당했을 때 나는 그의 장갑을 끼고 있었다.

다음날 그 뇌격기를 점검한 정비병들은 승강타와 방향타의 조정 케이블이 3개밖에 안 남았더라고 말했다. 폭탄실에는 성인 남자의 머리가 들어갈 크기의 구멍이 나 있었다. 20밀리미터 포탄이 뚫고 들어

헨더슨 비행장에 배치된 미 육군 항공대의 Bell P-39 에어라코브라. 조종석이 일반 캐노피가 아니라 자동차처럼 여닫이식이 특징이었다. 원래 고고도 전투기로 개발되었지만 형편없는 성능으로 인해 태평양 전선에서는 주로 훈련과 지상공격용으로 활용되었다.

보잉 B-17 플라잉 포트리스

가 내부에서 폭발한 결과였다. 꼬리 부분에도 작열탄 구멍이 20개가
량 나 있었다.

다음날 아침 뇌격기 4대가 출격하여 순양함과 구축함의 흔적을
수색했다. 해협 북쪽 150마일(240킬로미터) 해상에서 적함들을 발견
하고 공격했다는 무전이 들어왔다. 순양함에 어뢰 2발을 명중시켰다
는 보고였다.

과달카날에 주둔중인 아군 항공기와 섬들 사이의 해협으로 침투
하는 일본군 항공기와 군함의 충돌 양상은 대체로 다음과 같았다.

그러면 와일드캣 전투기와 더글러스 돈틀리스 급강하 폭격기는 아
군 공수 전력의 핵심이었다. 여기에 소수의 뇌격기가 추가되어 막강
한 전력을 구축했다. 당시 헨더슨 비행장에는 지상 공격을 위한 벨
P-39 에어라코브라 몇 대 외에 육군 군용기가 없었다. B-17의 경우
뉴헤브리디스제도에서 솔로몬제도 북부의 일본 점령지로 가는 과정

에서 헨더슨 비행장을 기착지로 사용하는 정도였다.

아침마다 아군 정찰대가 헨더슨 비행장 주변으로 호를 그리며 초계 임무를 수행했다. 간밤에 과달카날 잠입에 성공했다가 이탈중인 일본군 순양함과 구축함 정도 말고는 대개 별다른 이상이 발견되지 않았다.

한낮은 일본군 차례였다. 15대에서 35대에 이르는 은색 날개의 폭격기들이 까불대는 제로 전투기들과 함께 완벽한 대형을 이루고 헨더슨 비행장 상공을 날았다. 그때 그들을 상대해주러 출격하는 비행기가 아군의 와일드캣 전투기였다. 와일드캣은 종종 일본 폭격기를 격추하거나 쫓아버렸지만 일본군 항공기들이 별다른 피해를 입지 않고 유유히 사라질 때도 있었다.

비행중이 아닌 조종사들은 대체로 대기 상태였다. 그들은 비행장 중앙의 대기용 막사 주변을 어슬렁거렸다. 막사 안에서는 독서를 하거나 잡담을 나누기도 하고 담배를 피우거나 전황보고서를 훑기도 하면서 어떻게든 햇빛을 피해 다니려고 애썼다. 공습이 있는 경우에는 서둘러 자기 군용기로 가거나 해변 방공호로 피신했다. '황색경보'는 45분 이내 공습이 있을 것으로 예상될 때 발효되는데 흰색 깃발을 올려 신호한다. 이때 전투기 조종사들은 즉각 출격하고 뒤이어 남은 조종사들이 비행장 내의 다른 군용기들을 폭격에서 안전한 지정 집결지로 이동시켰다. '적색경보'는 10분 내 적기가 출현한다는 의미로 검은 깃발을 올려 신호한다. 이때 남은 조종사와 장병 들은 비행장을 떠나 참호로 대피했다.

해변에서는 모두가 방공호 옆에 서 있다가 상공에서 폭탄의 휘파람 같은 소리가 처음 들려오면 방공호로 뛰어들어갔다. 불규칙한 휘파람 소리는 나뭇가지를 뒤흔드는 바람처럼 점점 더 커지다가 '쿵' 소리로 끝났다. 폭탄이 떨어질 때의 '휘-휘-휘-휘' 하는 휘파람 소리를 처음 듣는 사람들은 "지금 터졌구나" 하고 착각하기 십상이다. 그만큼 그 소리가 예상을 뛰어넘도록 요란하기 때문이다.

일본군이 세운 커다란 탑은 미 해병 제1사단이 과달카날을 탈환한 뒤로도 2개월 동안 비행장 한복판에 그대로 남아 있었는데 아이러니하게도 이것이 일본군의 표적이 되었다. 하지만 폭탄 한 발 맞지 않고 말짱하게 남아 미군 행정반 건물로 사용되었고, 해병대 사령본부도 이 건물에 설치되어 있었다. 그러나 이 건물은 결국 10월 중순에 일본군의 포격으로 파괴되었다.

매일 오후에 정찰대가 한 차례 더 임무를 나갔다. 거의 날마다 '슬롯' 해협을 따라 침투하는 순양함과 구축함 들이 발각되기 마련이었다. 정찰대는 이들을 가리켜 "브로드웨이를 내려오는 도쿄 급행"이라고 불렀다.[1] 이런 적함들의 목표는 병력과 보급물자를 상륙시키거나

---

1 일본 해군 내에서는 '쥐수송(鼠輪送)'이라고 불렀다. 원래 병력 증원과 물자 보급에는 당연히 수송선을 사용해야 했지만, 일본 해군은 아무리 기를 써도 헨더슨 비행장의 미군 항공력을 제압할 수 없었고 수송선들은 헨더슨 비행장에서 출격한 미군 폭격기들의 공격으로 막대한 손실을 입었다. 수송선의 손실이 너무 커지자 일본 해군은 구축함과 잠수함에 보급품 드럼통을 싣고 야음을 이용해 섬 쪽으로 흘려보냈고 해안에서 기다리던 일본군 병사들이 이를 회수했다. 하지만 구축함 1척당 기껏해야 15~20톤을 수송할 수 있었고 전차나 중포 같은 중장비는 탑재가 아예 불가능했다. 따라서 이런 식으로는 2만 명이 넘는 병사들의 병참을 유지할 수 없었다. 그 와중에도 많은 군함들이 격침되거나 피격되었다. 결국 일본 해군은 1943년 2월 과달카날에서의 패배를 인정하고 잔여 병력을 철수시킬 수밖에 없었다.

과달카날에서 '도쿄 급행' 구축함에 승함하는 일본군

우리를 포격하는 것이었다. 만약에 아군 전투비행대가 그들을 막지 않고 미군 군함의 강습도 없을 경우 그들은 목표를 달성하기도 했다. 실제로 몇 차례 그런 사례가 있었다.

오후에 출격 대기중인 조종사들은 정찰대가 관측 보고를 보내올 때까지 긴장 상태일 수밖에 없었다. 이들은 다른 누구보다도 줄담배를 피워댔고 안절부절못했다. 이들이 오후 내내 알고 싶어하는 정보는 '오늘은 몇 척'인가였다. 구축함 2척 정도라면 그리 나쁘지 않았다. 하지만 순양함 4척과 구축함 8척이라면 위험한 임무가 될 터였다.

타격대는 어김없이 해진 후에 귀대했고, 그다음에는 역시나 일본군 항공기가 나타났다. 오후 8시 30분경 우리끼리 '세탁기 찰리'[2] 때로는 '골칫거리 윌리'로 통하는 일본군 폭격기가 단독으로 유유히 비행장 상공을 돌면서 조명탄과 폭탄을 떨어뜨렸다. 이 시기에 누구든 불빛을 보인다면 총알을 먹여주십사 사정하는 셈이었다. 아군 이등병 하나가 손전등 불빛이든 담뱃불이든 보는 족족 총질을 하는 바람에 우리가 그만하라고 말려야 했다. 우리의 참호는 어둠 속에서 가장 좋은 친구였기에 낮 동안 더 깊게 파서 더 견고히 다지고 더 정교하게 만들었다.

처음에 과달카날에서 먹은 음식은 형편없었다. 식사는 비행장의 남서쪽 구석에 마련된 임시 식당에서 했다. 아침식사로 '시리얼'을 먹었지만 말이 그렇지 실상은 '그루얼(묽은 죽)'이었다. 그나마 정량으로 지급받는 묽은 우유와 설탕에 시리얼을 타 먹은 다음 커피를 마셨다. 점심은 딱딱한 크래커 아니면 생선조림 약간과 커피였다. 저녁은 좀 괜찮은 편이어서 대체로 고기가 거의 없는 맹탕 스튜와 과일 통조림 그리고 커피였다. 우리를 살게 하는 건 커피였다. 나는 그렇다고 확신했다. 이런 음식이라도 군말 없이 먹을 만큼 허기가 지는 점심시간조차 공습 때문에 해변의 방공호로 달려가야 했고 저녁식사는 출격하느라 건너뛰어야 했다. 아침식사도 종종 거르는 조종사들이 많

2 과달카날 전역 당시 야간에 단독으로 날아와 폭격하는 일본 폭격기에 미군이 농담삼아 붙인 별명. 워낙 엔진 소리가 시끄러워 모든 사람의 잠을 깨운다고 '취침 점호 찰리'라고 부르기도 했다. 주로 미쓰비시 1식 쌍발 육상 폭격기였다.

있다. 하루 중 유일하게 평온한 시간인 이른 아침의 고요 속에서 잠을 더 청하는 편을 택했기 때문이다. 음식과 이질과 말라리아가 과달카날에서 많은 장병들의 몸을 축내고 있었다.

그런데 일주일 뒤 우리 뇌격비행대 승무원들은 해병대 급강하 폭격비행대와 함께 식사하자는 초대를 받았다. 우리를 초대한 사람은 급강하 폭격비행대 대대장 리처드 C. 맹그럼 중령이었다. 식탁에는 과일 통조림과 생채소에 심지어 고기까지 있었다.

10월 5일 오전 1시 30분, 우리는 일어나 비밀 임무에 나갈 준비를

미군 장병들에게 과달카날의 생활은 고통이었지만 아예 병참선이 끊어지고 쉴새없이 미군의 폭격에 두들겨 맞던 일본군은 극심한 기아와 질병으로 허덕였고 그 고통은 미군에 비할 바가 아니었다.

하라는 지시를 받았다. 나는 비행 일정상 출격 순번이 아니었지만 '비밀 임무'라는 말에 솔깃해서 아직 비몽사몽인 조종사 하나를 구슬려 그 대신 내가 출격하기로 승낙을 받아냈다. 우리는 모두 냉기에 몸을 떨면서 하워드의 막사로 모였다. 하워드는 우리가 새벽에 산타이사벨섬의 북쪽 레카타만을 공습할 예정이라고 설명했다. 그는 아주 중요한 목표 지점이라고 강조했다. 해안 군사시설을 타격하고 만에 있는 수상기들을 폭격하는 임무였다. 급강하 폭격기 15대와 B-17 플라잉 포트리스 몇 대도 동참한다고 말했다. 공격 시각은 새벽이었다.

브루스 하워드의 설명에 따르면, 이번 공격은 오전에 아군 항공모함 기동부대가 솔로몬제도 북부의 부건빌섬 일본군 기지를 타격할 예정이므로 그전에 적의 수상기들이 출격하여 아군의 위치를 알아내지 못하도록 차단하기 위한 것이었다.

우리는 새벽 3시 정각에 이륙했다. 모두 합류하기까지 꽤 어려움을 겪었지만 결국은 다 함께 북쪽으로 향했다. 뇌격기는 5대였고 급강하 폭격기들이 앞서갔다.

그런 악천후에서 비행하기는 처음이었다. 하워드는 대부분 계기비행을 했고, 나머지 조종사들은 오로지 선도 비행중인 급강하 폭격기들의 배기 화염에만 의지해 시계비행을 하고 있었다. 어둠이 짙었고 하늘은 짙은 쎈구름으로 가득했다.

산타이사벨섬 해안 부근에는 구름이 수면 가까이 낮게 깔려 있었다. 우리는 짙은 안개와 폭우 속에서 해안을 따라 비행했다. 나는 몇번인가 선도기의 배기 화염을 놓쳐서 슬립 스트림이 느껴질 때까지 방향타를 계속 좌우로 차주면서 감속해야 했다. 그리고 전방으로 서행하면서 다시 선도기의 배기 화염을 찾아보았다.

그때 우리는 목표 지점과 평행으로 비행하고 있는 것 같았다. 우리 뇌격기 5대 중에서 4대만 시야에 들어왔다. 곧 전방에 나타난 배기 화염도 단 2개뿐이었다. 그마저도 곧 시야에서 사라지는 바람에 뒤쫓아가느라 진땀을 흘렸다. 나중에 하워드가 한 말에 따르면 그는 강한 난기류에 고전하다가 타우먼의 뇌격기를 시야에서 놓쳤다고 했다. 우리는 뿔뿔이 흩어졌다.

항로에서 벗어나자 나는 선회를 하면서 날이 밝기를 기다렸다. 그때 동쪽에서 섬광이 보였다. 목표 지점이 남쪽이라는 것을 알면서도 나는 그 섬광 쪽으로 기수를 돌렸다. 그러나 곧 그것이 번개임을 확인하고는 다시 선회를 계속했다. 날이 밝자 남쪽으로 향했고 산타이사벨섬 해안에 도착한 뒤에는 서쪽 목표 지점으로 날아갔다.

활공폭탄

목표 지점에 접근하는 동안 처음 시야에 들어온 광경은 바다에서 불타고 있는 항공기였다. 그때 우리 급강하 폭격기 1대가 활공폭탄 한 발을 투하했고, 그 바로 뒤쪽에 적군의 수상 복엽기 1대가 나타났다. 나는 포탑사수에게 저 복엽기를 놓치지 말라고 했다.

내가 접근하자 복엽기는 급강하 폭격기를 놔두고 내 꼬리쪽으로 붙었다. 나는 폭격수에게 공격 준비를 지시하고 전방 화기의 스위치를 확인한 다음 뒤돌아보았다. 포탑사수가 쏜 예광탄이 처음에는 복엽기 아래쪽으로 향하다가 곧 커브를 돌아 정면으로 날아가는 광경이 보였다. 놀란 복엽기가 냉큼 방향을 틀며 꽁무니를 뺐다. 힉스는 정말 훌륭한 사수였기에 구태여 격려 같은 건 필요 없었다. 그러나 나도 그 순간만큼은 충동을 이기지 못해 마이크를 들고 말했다. "힉스, 자넨 정말 대단해!"

그런데 다른 복엽기가 왼쪽에서, 또 한 대가 오른쪽에서 접근해 오고 있었다. 설상가상으로 제로 전투기(직접 눈으로 확인하진 못했지만 함재기가 아닌 육상기 기종)까지 오른쪽 아래에서 접근해왔다. 나는 사수에게 복엽기에 주의하라고 일러준 뒤 목표 지점 상공으로 진입했다.

나는 폭탄 투하 버튼을 누르고 뒤돌아보았지만 떨어지는 폭탄은 보이지 않았다. 오른쪽 후방에 있는 일본군의 대공포 진지가 시야에 들어왔다. 한편 왼쪽에서는 복엽기가 접근해왔다. 나는 왼쪽으로 방향을 틀어 복엽기가 공격을 개시하기 전에 시저스 기동(Scissors, 낮은 속도에서 적기와 계속 마주보고 교차하면서 적기를 기수 앞으로 위치시키

전투 기동, 공중회전 루프(Loop)

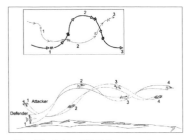

전투 기동, 시저스 기동 1(Flat scissors)

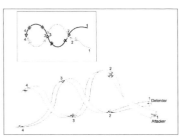

전투 기동, 시저스 기동 2(Rolling scissors)

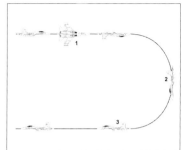

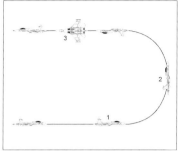

전투 기동, 급강하 후 원을 그리며 단번에 고도를 낮추는 스플릿 에스(Split S), 180롤-하프루프-수평비행

전투 기동, 수직 상승해 원을 그리며 단번에 고도를 확보하는 임멜만 턴(Immelmann turn), 수평비행-하프루프-180도 롤

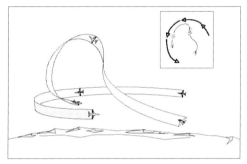

전투 기동, 원을 그리며 전진하는 배럴 롤(Barrel roll)

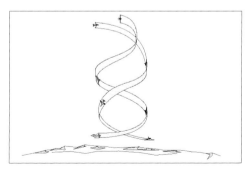

전투 기동, 나선 강하(Spiral dive)

는 기동―옮긴이)을 했다. 번쩍 우리 옆을 스쳐가는 적의 예광탄이 보였다. 하지만 상대적인 위치상 적기가 우리를 격추시키는 건 거의 불가능에 가깝다는 사실을 나는 알고 있었다.

나는 다시 대공포 진지 상공으로 돌아가서 비상 폭탄 투하 레버를 당겼다. 그동안 밑에서 적의 대공포가 불을 뿜는 바람에 우리 뇌격기의 날개와 꼬리에 구멍이 몇 개 뚫렸다. 그때 세번째 복엽기가 우리 후방으로 달려들었다. 나는 엔진 출력을 높이고 적기와 거리를 벌렸다.

목표 지점 상공을 지나는데 힉스가 맨 처음에 도망쳤던 복엽기가 다시 나타나 우리를 향해 하강중이라고 보고했다. 힉스는 그 복엽기를 격추시켰다. 그와 동시에 통신수 겸 폭격수가 밑에서부터 접근하던 제로 전투기를 격추시켰다.

헨더슨 비행장까지 약 3분의 1을 지났을 때 나는 폭탄들이 아직 폭탄실 장착대에 그대로 놓여 있는 걸 알아차렸다. 그러나 폭탄을 투하하기 위해 목표 지점으로 되돌아갈 연료도 의지도 없었다. 나중에 알게 된 사실이지만 이 뇌격기는 전날에도 어뢰 투하에 실패했다.

귀대하는 중 포탑사수 힉스가 산타이사벨 남쪽의 작은 섬 해안에서 고무보트 한 척을 발견했다. 우리는 이 사실을 보고했다. 그 고무보트에는 적의 공격을 받고 바다에 불시착한 급강하 폭격기 조종사가 타고 있었다. 그 조종사는 산타이사벨 원주민에게 구조되어 이후 복귀했다.

이번에 다이치 대신 투입되어 제로 전투기를 격추시킨 통신수 겸 폭격수는 스트러블이었다. 스트러블은 체구가 작은데다 기관총 방아쇠를 당길 수는 있을까 싶을 정도로 허약해 보였다. 기지로 돌아온 뒤 그는 내게 이렇게 말했다.

"어휴, 미어스 중위님. 제로기를 쏘려던 게 아니었습니다. 그냥 겁만 주려고 했던 겁니다. 그런데 그만 불에 휩싸여서 산산조각이 나버리지 뭡니까."

나는 그에게 이번만큼은 의도하지 않은 실수가 좋은 결과를 가져왔으니 괜찮다고 말했다.

스트러블은 제로 전투기를 조준하면서도 격추시킬 거라고는 예상 못했던 터라, 화염을 일으키며 폭발하는 적기를 보는 순간 마치 자기 발이라도 쏜 것처럼 펄쩍 뛰며 놀랐다. 자기가 무슨 일을 해냈는지 깨닫고 짜릿한 전율을 느낀 그는 그때부터 무차별 공격의 전의를 불태웠다.

그러나 악천후 탓에 그의 뜨거운 전의는 그리 성공적으로 실현되지 못했다. 육군 항공기는 전무한 가운데 오로지 해군 항공기 9대만 목표 지점에 도달하여 어둠이 가시기 전부터 일몰 한 시간 뒤까지 고군분투해야 했다. 그래도 내가 생각하기에 그 공격은 최소한 적군의 수상기들을 묶어둔다는 목표를 달성했다.

그날(10월 5일) 밤 우리는 최고의 조종사 두 명을 잃었다. 벤 도깃과 존 타우먼.

도깃과 빌 에스더스는 어두워진 후에 각각 급강하 폭격기 1대와 한 팀을 이루어 출격했다. 그들의 임무는 상륙을 시도하는 적군 구축함 6척을 폭격으로 괴롭혀주는 것이었다.

무사히 귀환한 비행하사 빌 에스더스가 그날 무슨 일이 벌어졌는지 말해주었다. "나는 귀대할 때 도깃 중위님과 합류했습니다. 중위님이 고도를 잘못 본 것 같습니다. 왜냐면 중위님이 무전으로 고도를 조금 낮추는 게 좋겠다고 말했는데, 그때 내가 확인한 고도는 1000피트(300미터)였거든요. 나는 도깃 중위님의 윙맨을 맡고 있었습니다. 그런데 별안간 수면에 동체의 배기 화염이 비치기에 저는 정신없이 급상승했습니다. 그러고서 뒤돌아보니 도깃 중위님의 어벤저가 수면과 충돌했다가 100피트(30미터) 정도 튀어오르지 뭡니까. 채 1분도 안 되어 급강하 폭격기 한 대가 그 지점을 선회하며 조명탄을 떨어뜨렸지만 아무도 보이지 않았습니다."

빌은 너무 빨리 급상승하는 바람에 등을 삐끗했다.

타우먼은 같은 날 좀더 일찍 실종됐다. 그는 비행장으로 돌아오는 길에 항로를 벗어났고 연료가 떨어지자 과달카날 남동쪽 끝 바다에 불시착했다. 그와 승무원 두 명은 고무보트에 올라탔지만 바닥에 구멍이 나 있었다. 그들은 밤새 고무보트에 차오르는 물을 퍼냈고 다음 날 아침에는 다행히 바뀐 조류를 타고 해안으로 이동했다. 육지에서 8킬로미터 반경까지 접근했을 때 조류가 다시 바뀌어 이제는 그들을 난바다로 데려가기 시작했다.

승무원 한 명이 해안까지 헤엄쳐 갈 수 있다고 판단하여 바다로 뛰어들었다. 그는 여섯 시간 헤엄친 끝에 마침내 해변과 연결된 산호초에 올라설 수 있었다. 비틀거리며 원주민 부락을 찾아간 그는 손짓 발짓으로 아직 동료 두 명이 바다에 표류중임을 원주민들에게 이해시켰다. 원주민들은 커다란 카누를 저으며 그날 내내 두 대원을 찾았으나 아무런 흔적도 보이지 않았다. 과달카날에서도 항공기를 보내 수색했지만 며칠 동안 짙은 안개가 계속되어 별다른 성과가 없었다.

타우먼도 수영을 잘했기 때문에 그 정도 떨어진 해변까지는 능히 갈 수 있었을 것이다. 그러나 그는 수영을 전혀 못하는 다른 승무원과 함께 있기를 선택했던 것이다.

타우먼의 실종은 우리 모두에게 비통한 소식이었다. 그는 원하기만 했다면 얼마든지 본토로 돌아갈 수 있었기에 우리의 슬픔은 더욱 컸다. 그는 8월 말에도 일본 기동부대의 공격을 받고 실종되어 솔로몬제도의 산크리스토발섬(현재 명칭은 마키라섬. 과달카날섬 동쪽에 있다─옮긴이)에서 한 달간 체류하다가 구조되었다. 복귀한 그는 중대장에게 자신은 한 달 동안 이렇다 할 고초를 겪지 않았으니 본토로 돌아가라는 결정이 내려진다 해도 계속 비행대에 남겠다고 말했다.

타우먼은 섬에서 겪은 일들을 우리에게 얘기해주었다. 원주민들이 미군 조종사를 어떻게 대하는지 잘 보여주는 사례이므로 여기에 소개해보겠다.

타우먼은 산크리스토발섬의 북쪽 작은 만에 불시착한 뒤 다른 승무원들과 함께 고무보트에 올랐다. 조류 때문에 해변에 닿기까지 적잖이 고생한 그들은 용케 해변에 닿자마자 곯아떨어졌다.

타우먼이 바다에 불시착하는 광경을 목격했던 원주민들이 다음날 아침 카누를 타고 해변에 서 있는 세 사람에게 다가왔다. 타우먼은 거기가 어느 섬인지 알 수 없었고 마체테(날이 넓고 무거운 칼─옮긴이)를 든 원주민들이 우호적인지 아닌지도 확신이 서지 않아서 다른 두 승무원과 함께 우두커니 서 있었다.

그런데 뭍에 오른 원주민들은 세 미국인에게 악수를 청했다. 그런 다음 커다란 카누에 모두를 태우고 자기네 부락으로 향했다.

타우먼의 말에 따르면 원주민들은 세 사람을 융숭하게 대접했다. 마을 추장은 아내를 오두막에서 내쫓고 그들과 함께 생활했다. 그들은 바나나, 코코넛, 타로토란, 고구마에 이따금씩 닭고기를 곁들여 먹었다. 그리고 미국인들과 만난 첫날밤에는 멧돼지를 잡았다.

세 미국인들은 처음 2주 동안 거의 대부분의 시간을 원주민들과 함께 해변에서 항공기를 쳐다보며 보냈다. 섬을 지나가는 B-17을 향해 가지고 있던 조명탄을 발사했지만 마지막 한 발을 쏘고 나서야 가까스로 항공기에 그들의 존재를 알릴 수 있었다. 그들을 본 B-17이 기수를 돌리고 다가오자 그들은 노란색 고무보트와 구명조끼를 들어올려 마구 흔들었다. 금세 B-17은 사라졌다. 그들은 얼마 있으면 해군 초계함이 와서 그들을 데려갈 거라고 예상했다.

그사이 원주민들로부터 '미스터 포스터'라는 백인 추장이 섬에 살고 있다는 얘기를 듣고 그들은 자기네가 섬에 불시착했다는 전갈을 보냈다. 타우먼은 그 백인 족장이라는 사람이 선교사일 거라고 확신했지만 나중에 알고 보니 영국의 세금 징수관이었다.

답답하게도 원주민이 가져간 전갈은 다른 마을의 원주민에게 전달되고 그다음 마을의 또다른 원주민에게 전달되는 방식으로 간신히 포스터에게 닿았다. 포스터는 그것이 어느 마을에서 왔는지 알 수가 없었지만 자칭 '소년병' 하나를 시켜 전갈을 보낸 당사자들을 찾아보게 했다. B-17이 세 미국인을 발견한 지 2시간 후에 소년병도 그들의 정체를 알아냈다.

타우먼은 하루 동안 구조대가 오기를 기다렸다가 카누를 타고 섬을 빙 돌아서 키라키라 마을로 갔다. 포스터 씨는 그 마을의 현대식 대저택에 살고 있었다. 30세 정도의 젊은 영국인인 그는 그들을 반겨주었고 이후 2주간 아주 편안히 머물 수 있게 배려해주었다. 그들은 매일 아침 7시에 일어나서 침대 옆에 놓인 커다란 유리잔에 담긴 오렌지주스를 마시며 하루를 시작했다. 그리고 아래층으로 내려가 아침식사를 한 뒤 낮에는 말을 타고 화살을 쏘거나 고리던지기 놀이 따위를 하면서 시간을 보냈다. 오전 중간에는 브랜디 탄 달걀술을 한

산크리스토발(마키라)섬의 원주민이 만든 카누

잔 마셨다. 저녁식사 후에는 브랜디를 홀짝이면서 포스터에게 하트 빼기(hearts, 하트 패를 잡지 않는 사람이 이기는 게임―옮긴이)와 진 러미(gin rummy, 가지고 있는 패의 합계가 10점 혹은 그 이하일 때 가진 패를 보이는 카드놀이의 일종―옮긴이)를 가르쳐주었다.

타우먼의 이야기에 따르면 그 섬의 원주민들은 마을마다 서로 생김새가 달랐다. 어느 마을 사람들은 키가 크고 건장한 반면 어느 마을 사람들은 전부 마맛자국이 얽은 몰골이었고 어느 마을 사람들은 체구가 왜소하며 외모가 매우 추했다. 눈에 띄는 여자들은 전부 뚱보 노파 아니면 주름투성이에 말라깽이였고 젊은 여자들은 아예 보이질 않았다.

세 미국인은 원주민들에게 영웅 대접을 받았다. 섬의 모든 마을에서 선물로 보낸 과일과 음식이 키라키라 마을로 모였다. 어느 밤에는 원주민들이 그들을 위해 축제를 열고 훌라 비슷한 춤을 추었다. 게다가 자기들에게 섬을 남겨준 미국인들을 칭송하는 노래를 부르면서 끝부분에 '힙 힙 허레이(hip, hip, hurray. 영어로 응원할 때 쓰는 말―옮긴이)'라는 후렴구를 넣기도 했다.

섬을 떠나기 전에 타우먼과 승무원들은 마을을 돌면서 원주민들과 작별의 악수를 나누었다. 어느 마을에서 키가 아주 큰 흑인이 다가와 영어로 말했다. "안녕들 하시오?"

타우먼은 깜짝 놀라서 말했다. "영어를 하잖아!"

"정확히 맞혔소. 난 영어를 하지. 미국인이니까." 상대방이 말했다.

그의 이름은 에지키얼 리처드슨이었다. 그는 필라델피아의 헤이마

켓가에서 태어났고 나이가 95세라고 했다. 마닐라에서 조지 듀이 장군과 함께 싸웠을 때 오른쪽 팔의 팔꿈치 아래를 잃었다. 산크리스토발에 정착한 때는 25년 전이었다. 그곳에서 농장을 시작한 동업자를 따라왔던 것이다. 그러나 동업자가 수익배당을 놓고 그를 속이자 그는 미련 없이 동업자와 결별하고 원주민 여자와 결혼했다.

타우먼의 경험은 원주민들의 호의를 입은 많은 미국인들의 전형적인 후일담이었다.

10월 7일, 우리 뇌격비행대 대대장 라슨 대위가 파견 근무를 마치고 과달카날로 복귀했다. 라슨은 다음날인 8일 우리를 이끌고 공격 임무에 나섰는데, 그날 우리는 두 번 다시 겪고 싶지 않을 만큼 고약한 경험을 했다.

뇌격기 4대, 급강하 폭격기 7대, 전투기 8대가 슬롯을 따라 접근하는 순양함 1척과 구축함 5척을 공격하기 위해 늦은 오후에 출격했다. 나는 라슨의 윙맨을 맡았다.

적함을 발견했을 때는 그저 수면에 그어진 줄의 형태로밖에 보이지 않았지만 그래도 우리는 공격 태세를 갖추고 접근했다. 뇌격기 4대가 대공포 사거리 바로 밖에서 적함의 상공을 선회하기 시작했고, 그동안 급강하 폭격기들은 고도를 잡고 하강할 준비를 했다.

구축함 5척이 순양함 양쪽으로 U자 진형을 갖추고 있었다. 적함들은 우리를 발견하고 변침을 시작했다. 우리가 공격을 준비하는 동안 해는 수평선 가까이 내려앉았다. 금속성 광택을 띠며 저물어가는 빛이 서리처럼 바다를 덮었다. 저 아래 적함들은 기껏해야 작은 모형처럼 보였다.

우리는 10000피트(3킬로미터) 상공에서 하강을 시작했다. 그때 첫 폭탄이 떨어졌다. 나는 300미터 정도 떨어져서 라슨을 따르고 있었다. 우리가 사거리에 들어가면서 소구경 화기들의 기세가 점점 더 맹렬해졌다. 우리를 향해 날아오는 예광탄들이 보였고 창공에는 가늘고 검은 대공포 연기가 가득했다.

우리는 순양함을 바짝 뒤쫓았다. 그러려면 적어도 2척의 구축함에서 퍼붓는 십자포화를 견뎌야 했다. 우리는 순양함 좌현으로 접근했다. 중순양함이었는데 이미 폭탄 한 발을 맞아 연기가 나고 있었다. 잠시 동안 순양함과 평행을 유지하던 나는 라슨과 떨어져 폭탄 투하 위치로 기수를 돌렸다.

방향을 바꾸는데 순양함의 함수 부분이 연기를 뚫고 불쑥 나타났다. 마치 커다랗고 흉측한 주둥이처럼 위협적이고 무자비하게 보였다. 자욱한 연기 속에서 튀어나온 선체는 영락없이 동굴에서 나온 용을 연상케 했다.

그때 쏟아진 기관총과 소형 자동화기, 대공포의 맹렬한 사격은 정말이지 오싹했다. 총탄과 포탄에 솟구치는 물보라가 얼마나 거세던지 폭포수 아래 서 있는 느낌이었다. 나는 곧 순양함의 함수를 비켜갔다.

막 함수를 비켜가는 순간 멀리서 쾅 하는 굉음이 네 번 들렸다. 헬멧을 쓰고 있었던데다 동체의 엔진 소리가 요란했지만 묘하게도 나는 그 굉음을 들을 수 있었다.

순양함과 두 척의 구축함이 줄곧 우리 뇌격기를 공격했다. 끝나지 않을 것만 같던 지옥은 8킬로미터 거리를 벗어난 후에야 그쳤다.

뒤돌아보니 버트 어니스트가 따라오고 있었다. 나는 출력을 높였고, 나중에 버트는 자기도 전속력을 냈지만 나를 따라잡을 수 없었다고 말했다. 적함들의 공격에서 벗어났을 때 인근 해상에서 불타고 있는 아군 급강하 폭격기 1대가 보였다.

적의 공격을 피하는 도중에 묵직한 탄약통이 굴러떨어져 스트러블의 한쪽 다리를 부러뜨렸다. 나는 편대기들의 합류를 기다리지 않고 즉시 헨더슨 비행장으로 복귀했다.

힉스가 바로 자기 코앞에서 무전 안테나가 잘려나갔다고 보고한 것만 제외하면 나는 우리가 적의 공격으로 특별한 피해를 입진 않았다고 생각했다. 그런데 착륙할 때 랜딩 기어 바퀴가 조금씩 꺾이는가 싶더니 동체 밑바닥이 활주로에 부딪히는 상황이 벌어졌다.

우리 공격대는 어뢰 한 발을 명중시킨 것으로 판단했다. 조종사 대여섯 명이 목격한 폭발이 그 근거였다. 그리고 명중의 주인공은 가장 뛰어난 기동을 선보인 버트 어니스트라는 데 의견이 모아졌다. 미드웨이 해전에서 그러면 어벤저 6대 중 유일하게 생환했던 어니스트는 이번 출격에서의 일본군 대공 포화가 평생 겪어본 가장 무시무시한 공격이었다고 말했다.

스트러블은 다음날 아침 배편으로 후송되었다. 다리는 부러져서 깁스를 했고 한쪽 어깨에도 스친 총상이 있었다. 그의 깁스는 동료들의 낙서로 가득했다. 나도 "멋진 폭격수에게 멋진 행운이 있기를"이라고 적은 다음 갖고 있던 담배를 모두 그에게 주었다. 이후로는 그의 소식을 듣지 못했다.

그 무렵 우리는 모두 비행장에서 300미터가량 떨어진 레버브라더스 코코넛 그로브의 막사에서 생활하고 있었다. 주간에 비행장 중앙의 대기 막사에서 출격 대기를 하지 않을 때는 참호를 더 깊이 파거나, 빨래를 하거나, 카드를 치거나, 룽가에서 목욕을 했다.

10월 12일의 출격은 과달카날에서 나의 마지막 뇌격기 비행이 되었다. 뇌격기 6대, 급강하 폭격기 6대, 전투기 12대가 뉴기니 남쪽에서 작은 경순양함 2척을 공격했다. 우리는 그중 한 척에 집중했다. 협공은 아주 효과적이었다. 가장 먼저 급강하 폭격기들이 내려갔고 전투기들이 기총 공격으로 적의 대공포를 봉쇄한 다음 우리 뇌격기들이 어뢰를 투하했다.

나는 적함에서 치솟는 작은 불길을 보았다. 하지만 에런 카츠는 기수 부분에 한 발 맞았고 에바트의 동체는 몇 군데 구멍이 뚫렸다. 우리는 어뢰를 한 발 이상 명중시켰다고 확신했다.

해가 지기 직전에 뇌격기 2대가 구조 임무를 띠고 발진했다. 전날 사보섬 인근에서 벌어진 교전의 생존자들에게 구명조끼와 고무보트를 떨어뜨려주는 임무였다. 보고에 따르면 생존자 6명이 파편 하나에 매달려 있는데 그 주위를 커다란 상어 한 마리가 유유히 돌아다니고 있다는 것이었다. 뇌격기는 생존자를 발견하지 못했지만 일단 가져간 구명조끼와 고무보트를 떨어뜨렸다.

태평양 전쟁 최초로 레이더가 승패를 갈랐던 에스페란스곶 해전

——

1942년 10월 11일 밤에 벌어진 해전으로 일본에서는 '사보섬 해전'이라고 부른다. 과달카날 북쪽 사보섬 인근 해역에서 고토 아리토모 중장이 지휘하는 일본 해군 제6전대(중순양함 3척, 구축함 2척)와 노엄 스코트 소장의 미 해군 제64기동함대(중순양함 2척, 경순양함 2척, 구축함 5척) 사이에서 해전이 벌어졌다. 10월 11일 밤 11시 30분 경순양함 헬레나에 탑재된 최신 레이더가 북서쪽 17킬로미터 지점에서 접근중인 일본 함대를 발견했다. 반면 고토 제독은 주변 해역에 미군이 없다는 말만 믿어 방심하고 있었다. 이로 인해 미 해군의 선제 포격을 허용했고 기함 아오바의 함교에 포탄이 직격하면서 고토 중장은 두 다리를 잃어 출혈과다로 전사했다. 이 와중에도 그는 미 함대를 아군으로 생각하고 "멍청한 녀석들!"이라고 외쳤다. 그러나 스코트 소장 역시 자칫 어둠 속에서 아군 함정을 오인 포격할지 모른다는 이유로 공격을 계속하기를 머뭇거리면서 우세한 상황을 제대로 활용하지 못했다. 그 덕분에 일본 함대는 전멸을 면하고 재빨리 탈출할 수 있었다.

이 해전에서 일본은 중순양함 1척과 구축함 1척이 격침되고 기함이 대파되었으며 400여 명의 전사자를 낸 반면, 미군의 손실은 경순양함 1척이 대파되고 구축함 1척이 격침되었으며 160여 명이 전사했을 뿐이었다. 에스페란스곶 해전은 전략적 가치가 없는 소규모 해전에 불과했지만 전술적으로는 일본 해군의 특기였던 야간전에서 처음으로 미 해군이 승리한 전투였다. 승리의 가장 큰 원인은 레이더였다. 사람의 눈으로 볼 수 없는 원거리의 적 함대를 먼저 발견함으로써 미군은 전투를 시작하기도 전에 훨씬 유리한 고지를 차지할 수 있었다. 이후 미 해군은 더욱 강력한 레이더와 전투 지휘소(CIC, Combat Information Center)를 기함에 설치하여 각 함정에서 수집한 방대한 전자 정보를 실시간으로 통합 처리할 수 있었다. 덕분에 전투 효율은 한층 높아졌다. 이러한 기술적 우위는 일본 해군이 아무리 기를 써도 도저히 따라잡을 수 없는 것이었다. 결국 태평양 전쟁의 승패는 단순히 미국의 압도적인 물량만이 아니라 기술 격차에서도 결정난 셈이었다.

11. 참호의 열기

제8뇌격비행대의 비행은 10월 13일에 예고 없이 중단되었다. 그날 오후 1시 정각에 일본군 폭격기 27대가 헨더슨 비행장 상공으로 날아오더니 주기장에 폭탄을 퍼부었다. 그로부터 한 시간 반 뒤 또다시 폭격기 12대가 나타나서 같은 지점에 폭탄을 떨어뜨렸다. 아군 전투기들은 두 번 모두 적기를 막지 못했다.

공습이 끝난 후에 확인한 결과 비행 가능한 뇌격기는 단 2대에 불과했다.

우리는 그날 밤을 뜬눈으로 지새웠다.

'세탁기 찰리'가 밤 8시 30분과 11시 30분에 연거푸 나타났다.

그때 우리 귓가에 새로운 소리가 들려오기 시작했다. 공중에서 떨어지는 포탄의 휘파람이 '퓨-우' 하는 소리를 내더니 이번에는 '팍' 하고 마치 볼트가 든 바구니를 엎은 것 같은 소리로 이어졌다. 폭발이 일어난 곳은 비행장의 중심 구역이었다.

이렇게 그곳까지 끌고 올라갔는지 모르지만, 일본군은 언덕 위에서 곡사포 아니면 함포로 포격을 가하기 시작했다. 포격은 간헐적이었다. 우리는 이 새로운 위협에 '밀리미터 마이크'라는 별명을 붙였다.

10월 14일 오전 1시 30분, 우리는 일본군의 막강한 함포 세례에 침상을 박차고 나왔다. 이후 파악한 정보에 따르면 일본군은 그날 밤 전함 1척, 순양함 3척, 구축함 10척 이상으로 우리를 포격했다.[1]

다섯 명이 참호 하나로 뛰어들었다. 우리는 입구에서 가장 먼 벽으로 몰려가서 한데 웅크렸다. 하늘을 밝히는 일제 포격의 섬광을 보았고 포성을 들었으며 이어서 포탄의 휘파람과 마지막에는 섬뜩한 폭발음을 들었다.

야자수들이 쪼개져 쓰러지고 파편이 공중에서 휘몰아쳤다. 불발탄이 폭발 없이 떨어졌다가 튀어오르며 밀림을 유린했다.

폭약 냄새가 진동했다. 하늘은 유령처럼 어슴푸레하다가도 어느새 회전 불꽃을 일으키는 조명탄으로 화들짝 환해졌다.

포탄 몇 발은 참호에서 불과 몇 미터 거리에 떨어졌다. 묵직한 한 발이 근처에 떨어졌을 때는 초콜릿 푸딩을 숟가락으로 탁 치는 것처럼 참호 벽이 뒤흔들렸다.

리스와 나는 극도로 동요하여 마구 웃어댔다. 좀더 정확하게는 낄

---

1 실제로는 구리타 다케오 중장이 지휘하는 정신공격대(挺身攻擊隊) 산하의 순양전함 공고와 하루나, 경순양함 이스즈, 구축함 9척이었다. 이들은 일본군 제17군 2개 사단의 상륙을 지원하기 위해 10월 13일 밤 11시부터 다음날 새벽 1시까지 약 2시간에 걸쳐 헨더슨 비행장에 유산탄인 3식탄을 비롯해 1000발에 달하는 맹포격을 퍼부었다. 그러나 미군의 복구 능력은 일본군의 예상을 훨씬 뛰어넘었다. 피해는 곧 복구되었고, 헨더슨 비행장에서 출격한 미군 폭격기들은 해안에 한창 상륙중이던 일본군을 폭격하여 막대한 손실을 입혔다.

낄대고 있었다. 참호에 있던 조종사 하나는 포성이 들릴 때마다 자기도 모르게 온몸을 부들부들 떨었다. 또다른 조종사는 아예 우리 발밑에 파고들려고 기를 썼다.

참호에 있던 누군가는 은연중에 계속 세 단어를 되풀이했다. "빌어먹을!" "염병!" "징글징글하네!"

"걱정 마. 놈들은 제대로 조준을 못했어." 리스는 이렇게 말했지만 몇 초 만에 그 말을 주워담아야 했다. 나무 한 그루가 쓰러져 우듬지가 참호 입구를 가로막고 몸통은 안쪽 벽 위쪽을 짓눌렀다.

포격은 한 시간 동안 줄기차게 이어졌다. 그러고는 잠잠해졌다. 우리는 참호에서 기어나와 맹폭당한 막사 지역에서 피신했다.

70명가량의 장병이 비행대에 배정된 대형 트럭에 빽빽이 올라탔고, 나머지 인원은 이용 가능한 지프 몇 대에 오르고 매달렸다. 일부는 도보로 이동했다. 우리는 그렇게 해변의 커다란 방공호로 향했다.

우리가 아직 트럭에 오르는 동안 또다시 포격이 시작되었다. 병사들이 사방에서 기어오르는 와중에 갑자기 트럭이 구르기 시작했다. 병사들은 멈추라고 소리쳤다. 성질 급한 경주마가 멈췄다가 뛰쳐나갔다가 하기를 반복하듯이 우리는 몇 번이나 트럭을 세웠다가 다시 보냈다가 했다. 그래도 타지 못한 장병들을 내버려둔 채 트럭은 달리기 시작했다.

해변까지 가는 과정은 내가 술에 취하지 않고 제정신으로 가본 최악의 길이었다. 병사들은 악을 쓰고 심지어 울부짖었으며 서로의 뒤에 숨으려고 하거나 비집고 들어가 트럭 바닥에 바짝 엎드리려고 난리도 아니었다. 그중 몇몇은 입고 있는 상의를 끌어올려 철모처럼 머리에 뒤집어쓰기도 했다. 트럭 운전병은 운전 실력이 뛰어나서였는지 아니면 천천히 간다는 건 상상할 수 없어서였는지 아무튼 근처에 떨어지는 포탄의 화염 외엔 빛이라고는 없는 어둠 속에서 시속 60킬로미터로 질주했다.

막사 부근의 병원을 지나치면서 보니 의사들은 포화 한복판에서도 환자를 돌보고 있었다.

해변에 가까워지자 우리는 바다를 바라보았다. 포화가 바닷가를 밝히면서 한순간 그 포탄을 발사한 적함 한 척의 모습이 드러났다. 적함은 아군의 해안 포진지 한 곳을 포격하고 있었다.

한 병사가 오히려 더 위험한 곳으로 끌려왔다고 생각했는지 이렇게 소리치기 시작했다. "놈들이 우릴 모조리 죽이고 말 거야! 놈들이 우리를 모조리 죽이고 말 거야!" 누군가 트럭 뒤로 던져버리겠다고 윽박지른 다음에야 그는 입을 다물었다.

트럭은 적함이 포격중이던 포진지 바로 뒤쪽에 멈췄다. 우리는 우르르 트럭에서 뛰어내렸다. 숲속을 지나 방공호 방향으로 내달렸다. 도중에 바다 쪽에서 번쩍임이 보이면 냅다 엎드리거나 도랑 같은 움푹한 곳으로 뛰어들었다. 한번은 몇 명이 한꺼번에 가장자리를 콘크리트로 바른 구덩이로 뛰어들었는데, 다음날 아침에 보니 일본군이 사용하다 버리고 간 변소였다.

우리가 방공호에 도착한 직후인 오전 3시에야 포격이 멈추었다.

얼마 뒤 우리 사이에서 '세탁기 찰리'로 통하는 폭격기가 한 대씩 나타나더니 날이 밝을 때까지 15분 간격으로 비행장과 그 인근에 폭탄을 퍼부었다. 여기에 간헐적으로 '밀리미터 마이크'의 포격이 찰리를 거들었다.

아침에 우리는 녹초가 되고 얼이 빠진 채 방공호에서 기어나왔다. 리스는 양쪽 눈가를 귀까지 잡아당기며 이렇게 물어서 우리를 웃게 만들었다. "정말 미안합니다만, 헨더슨 비행장은 어디로 가야 하죠?"

나는 그때까지도 파란색 줄무늬 파자마를 입고 있었다. 카츠는 아무것도 입지 않은 채 달랑 비옷만 걸친 상태였고 몇 명은 팬티 바람으로 뛰어다녔다. 그래도 대부분은 한밤의 그 난리통에서도 옷을 입고 있었다.

취사장으로 보냈던 트럭이 커피를 가득 담은 연료통 두 개를 싣고 왔다. 우리가 당장 마실 수 있고 기운까지 북돋아주는 커피는 더할 나위 없이 달콤한 맛이었다.

미 해병대 상사 존 데이비스John Davis가 제8뇌격비행대 소속 버트 어니스트의 어벤저 잔해를 살펴보고 있다.

헨더슨 비행장에서 파괴된 SBD 돈틀리스

우리는 돌아가서 막사 구역과 주기장의 피해 정도를 파악했다. 모든 뇌격기가 파손되었고 비행 가능한 기체는 단 1대도 없었다. 막사의 모습은 온데간데없이 사라지고 없었다. 막사 한 동은 완전히 사라져서 그것이 세워져 있던 자리임을 보여주는 것이라고는 폭탄 구멍뿐이었다. 다른 막사도 무너져내려서 모기장과 침상, 탁자, 서류와 짐 같은 물건들이 구멍난 채 뒤죽박죽 흩어져 있었다. 8인치에서 12인치까지 다양한 포탄 파편이 사방에 굴러다녔다.

버트 어니스트가 자기 물품 중에 찾아낸 것은 딱 하나, 여자친구에게 쓰고 있던 편지 한 통이었다. 첫 문장은 다음과 같았다. "자기야, 여기 있는 게 그리 나쁘진 않아……."

"아무래도 이건 내가 자초한 상황인가봐." 그가 말했다.

비행장에 있던 다른 항공기 중에는 급강하 폭격기 5대와 전투기 2, 3대 정도만 비행 가능한 것으로 파악되었다. 하늘을 동경하고 비행을 좋아했던 우리가 본 그날의 과달카날은 잠담했다. 한낮에 일본군 폭격기 24대가 나타나고 조금 뒤 8대가 추가로 날아오자 우리는 속절없이 짙어져가는 패전의 그늘을 바라보기 시작했다. 뉴헤브리디스제도에서 출발한 제8폭격비행대가 그날 오후 늦게 도착했을 때 나는 그들을 과달카날에서 보게 된 것이 미안할 정도였다. 조종사들 대부분이 나의 좋은 친구였으니까.

우리는 뇌격비행대 막사를 포기하고 해병대와 함께 최전선 부근으로 이동할 것을 결정했다. 뇌격비행대의 무기와 탄약을 모두 해병대에 인계한 뒤 가져갈 수 있는 개인 소지품과 보급품만 챙겨서 언덕으

미 해병대 부상병들이 수송기로 후송되고 있다.

로 이동했다. 우리는 그곳의 한 골짜기에 해병 특공대와 함께 집결했다. 일본군이 과달카날 상륙과 점령을 시도할 경우 우리는 8개 부대로 나뉘어 언덕으로 돌격할 예정이었다.

며칠 밤 일본군의 포격이 계속되면서 누가 전세의 주도권을 잡았는지 더이상 의심할 수 없게 되었다. 그래도 해병대의 보호 아래 있으니 절망감이 누그러졌다. 당시에 우리 뇌격비행대 조종사들이 임시 배속된 해병 특공대는 마호니 소령이 이끌고 있었다. 그는 니카라과에서 밀림 전투를 많이 경험한 노련한 군인이었고 밀림 작전의 전문가로 인정받는 사람이었다. 게다가 그 험지와 악조건에서도 양질의 음식과 시가를 공수해오고 멋진 대화를 주도하는 등 놀라운 수완을 발휘했다.

다른 해병대 장교가 내게 일본군이 과달카날을 재탈환하려면 병력이 35만 명은 있어야 한다고 말했다. 나는 그 말을 반기면서도 동의하지는 못했다. 우리의 항공력 수준을 감안하면 더더욱 그랬다.

예를 들어 우리 뇌격기 중에 비행 가능한 것은 단 한 대도 없었다. 정비장교가 판단하기에 수리 가능한 뇌격기는 3대였고 그중 가장 피해가 적은 1대도 수리를 마치려면 일주일 정도는 걸릴 터였다. 급강하 폭격기와 전투기 중에도 당장 운용할 수 있는 기종은 소수에 불과했다.

비행을 할 수 없는 처지였지만 우리 조종사들은 계속 과달카날에 머물렀다. 당시 며칠간 섬을 오가던 수송기들은 중상자들로 발 디딜 틈조차 없었기 때문이다. 조종사들이 부상병보다 우선권이 있는 경우는 단 하나, 항공기보다 조종사가 부족할 때뿐이었다. 당시 과달카날 전역에는 뇌격기보다 조종사가 더 많았다. 혹시라도 항공기들이 추가 배치될 때를 대비하여 우리는 섬에 남아 있었던 것이다.

10월 15일, 날이 밝은 후 더글러스 급강하 폭격기와 B-17 플라잉 포트리스가 섬 북동쪽 끝단에서 일본군 수송함 6척을 폭격하기 위해 제로 전투기들과 공중전을 펼쳤다. 수송함 2척이 침몰하고 2척은 불탔으며 남은 2척은 달아났다. 우리는 일본군 수송함들을 보진 못했지만 플라잉 포트리스가 기동하고 급강하 폭격기들이 하강하는 광경을 지켜봤다.

10월 15일과 16일 이틀 동안은 이른 시간부터 과달카날 해역에서 아군 수상함과 일본 함대 및 침투부대가 뒤엉켜 난장판을 벌였다.

10월 16일에는 아군 함재기들이 헨더슨 비행장으로 오는 적군 폭격기를 기습하여 총 16대를 격추했다.

그날 우리 조종사 중에 신경쇠약 증세가 심각한 6명을 후송하기 위해 구축함에 태웠다. 다음날 적군 폭격기 10대가 그 구축함을 폭격해 함미를 날려버렸다. 우리가 안전한 곳으로 후송하려고 했던 6명중에 1명이 사망했다.

이후 2, 3일 동안 우리는 아군 전투기들이 제로 전투기들과 치열한 접근전을 벌이며 적군 폭격기를 요격하는 과정을 지켜보면서 시간을 보냈다. 손에 땀을 쥐게 하는 공중전이 많았다. 한번은 바로 우리 머리 위에서 접전이 벌어지는 바람에 참호로 대피해야 했다. 일본군 폭격기와 제로 전투기가 계속 시야에 들어왔다. 대부분 화염에 휩싸인 채 연기를 뿜으며 추락하거나 조종불능 상태로 추락했다. 적기들은 추락하는 도중에 공중 분해되었고, 꽤 높은 고도에서 추락할 경우에는 시야에서 완전히 사라지기 전까지 20개 정도의 파편으로 산산조각 나는 것 같았다.

이 기간 동안 드윗 피터킨 중위가 이끄는 정비대원들은 줄곧 일본군의 주간 포격에 노출되어 있었다. 주간에 그들은 수리 가능해 보이는 뇌격기 3대를 고치느라 위험을 무릅썼다.

마호니 소령은 일본군이 며칠 내로 상륙 작전을 시도할 거라고 예상했다.

10월 22일, 정비대원들이 뇌격기 1대의 수리를 마쳤다. 라슨이 시험 비행에 나섰고 곧이어 우리는 그 한 대의 뇌격기를 활용해 섬의 일본군 포진지를 폭격했다.

일본군은 포진지 가까이에 고성능 대공화기를 배치하고 있었다. 하나뿐인 뇌격기는 두 번 출격했다가 동체에 포탄 파편 구멍을 안고 돌아왔다. 파편 하나가 출격했던 폭격수의 팔꿈치를 부숴놓았다.

10월 23일 해질녁, 에드 핸슨이 그 외톨이 TBF 어벤저로 적의 대공포 진지를 따라 폭탄을 투하하다가 결국 격추당했다. 호기심으로 공습에 동승했던 마호니 소령은 익사하고 말았다.

핸슨은 폭탄을 투하한 직후 엔진에 충격이 가해졌다고 말했다. 피격된 엔진이 정지하면서 화염을 일으키고 폭발했다. 시속 550킬로미터로 비행하던 어벤저는 엔진 손상에도 불구하고 다행히 아군 진영으로 활공했다. 핸슨은 바다에 불시착했지만 내려오던 바퀴 하나에 부딪혀 뒤로 튕겨나갔다.

핸슨은 정신을 잃고 물속에 가라앉았다가 간신히 수면 위로 올라왔다. 어벤저는 마호니 소령과 함께 침몰하고 있었다. 그래도 핸슨과 다른 두 승무원까지는 탈출할 수 있었다.

일본군의 총탄이 그들의 귓가 옆 수면을 파헤쳤다. 핸슨과 두 명의 승무원은 해안을 따라 헤엄치다가 마침내 해변에 있는 해병대원들을 발견했다.

"암구호를 대라." 해병대원이 수하를 했다.

핸슨이 해병대원들을 향해 소리쳤다. "대박Lucky Strike!" 암구호는 정확했고, 핸슨과 두 승무원은 해변까지 헤엄쳐 해병대원들의 부축을 받으며 뭍에 올랐다.

23일 밤 일본군의 상륙 작전이 전개되었다.[2] 그때부터 섬을 떠날

2 정확히 말하면 상륙 작전은 아니었다. 이날 밤부터 10월 26일 새벽까지 마루야마 마사오 중장의 제2사단이 헨더슨 비행장을 공격하면서 과달카날 최대의 격전인 헨더슨 비행장 전투가 벌어졌다. 일본군은 한때 비행장 근처까지 접근하여 미군을 몰아내고 비행장을 점령하는 데 성공했다고 착각하기도 했지만 미 해병대의 맹렬한 저지로 결국 시체만 무수히 남긴 채 격퇴되었다. 미군 사상자가 수십여 명에 불과한 반면 일본군 사상자는 3천여 명에 달했으며 특히 선봉에 섰던 제29연대는 문자 그대로 전멸했다. 이때 활약했던 미군 병사가 존 바실론 병

때까지 우리는 아군의 기관총, 소총, 박격포, 곡사포로 이루어진 끝없는 혼성곡과 중화기들의 '쿵, 쾅' 하는 변주곡을 곁들여 잠을 청했다. '골칫거리 윌리'와 '밀리미터 마이크'는 잠자리를 더욱더 불편하게 만들었다. 일본군 저격수들이 몇 차례 우리 전열을 뚫고 잠입했고 주간에는 '푸쉭' 하는 그들의 총성이 들려왔다. 저격수들은 밤이면 나무에 올라가서 바구니를 매달고 그 안에 들어가거나 나뭇가지를 따라 누웠다가 총신의 번뜩임이 보이지 않는 낮에 공격했다. 그들은 야자수 잎으로 군복과 군모를 위장했다.

어느 밤인가 두들겨패는 듯한 포성 속에 잠을 청하려는데 누군가 막사로 들어와 내 어깨를 건드렸다. "중위님, 바, 밖에 저, 저, 저격수가 있는 것 같습니다." 그가 숨죽이고 말했다.

나는 알았다고 대답한 다음 권총을 장전하고 철모를 썼다. 그러고는 조용히 막사 한 모퉁이로 기어가 웅크렸다. 그런데 나를 깨운 병사가 별안간 저격수를 향해 두 차례 총격을 가하는 바람에 나 자신과 막사 안의 동료들 모두가 극한의 위험에 빠졌다는 공포를 느끼게 되었다.

카츠가 벌떡 일어나더니 권총을 움켜잡고 막사 입구에서 나를 향해 권총을 흔들어댔다. 그 모습을 보니 공포가 사라지고 부아가 치밀었다.

장이었다. 해병 제1사단 제7연대 제1대대 B중대 기관총 분대장이었던 그는 맨손으로 40킬로그램이 넘는 M1917 수냉식 기관총을 쥐고 돌격하여 팔에 3도 화상을 입으면서도 혼자서 수십여 명의 일본군을 사살했다. 이 공로로 바실론은 최고 무공훈장인 명예 훈장을 받았다. 미국 드라마 〈퍼시픽〉 2화에 그의 활약상이 나온다.

"빌어먹을, 카츠. 그 권총 치우지 못해. 대갈통을 날려버리기 전에!"

그때 나는 그런 말을 하고도 남을 정도로 지쳤고 야비했으며 불안정한 상태였다.

10월 25일에 일본군은 전면 공습을 시작하는 것 같았다. 일본군 제로 전투기들은 새벽부터 공습하여 비행장 주변을 초토화시켰다. 앞서 이틀 동안 내린 폭우로 비행장은 진창이 되어 있었다. 아군 전투기들이 출격하려면 비행장이 마르기를 기다려야 했다.

일본 폭격기들은 평소처럼 오후 1시경에 나타났다.

하루가 저물어가면서 일본군 항공모함이 인근에 있다는 우리의 추측에 힘이 실렸다. 제로 전투기들은 께느른한 상어떼처럼 비행장 상공을 유유히 날아다녔다. 아군 전투기가 이륙하려고 하거나 착륙하려고 선회비행을 할 때면 그들은 기다렸다는 듯이 하강하여 위협을 가했다. 제로 전투기들의 체공 시간은 지상기지에서 출격했다면 불가능할 정도로 길었다. 오후 3시쯤 타원형 날개와 고정식 랜딩 기어를 가진 일본 해군 급강하 폭격기 8대가 비행장으로 활공하자 우리의 의혹은 확신이 되었다.

나는 비행장에서 가까운 대공포 포대 옆에 서 있었다. 일본 급강하 폭격기들의 활공각으로 미루어 판단했을 때 우리를 직격하려는 듯이 보였다. 그런데 활공 중간쯤에 그들의 목표가 가설 활주로라는 확신이 들었다.

해병대 이등병 하나가 45구경 권총 두 자루로 무장하고 내 옆에 서 있었다. 그는 하강하는 급강하 폭격기들을 향해 권총을 쏘기 시

산타크루즈 해전, 엔터프라이즈가 일본 급강하 폭격기들의 공습을 받고 있다. (1942년 10월 26일)

작했다. 권총 두 정이 뿜어대는 요란한 총성에 내 귀가 먹먹했다. 이 등병은 "와아! 와아!" 하고 정신없이 소리지르며 급강하 폭격기들을 뒤쫓아 달려갔다. 마구 휘젓는 두 손에서 발사된 총알이 내 오른쪽 귓가를 스쳐갔다. 나는 해병대의 뛰어난 사격 실력을 잘 알고 있었지만 전적으로 신뢰하지는 않았던 터라 재빨리 그 자리를 피했다.

10월 28일은 하늘이 조용했다. 내가 처음 승함했던 항공모함이자 미드웨이 해전을 치렀던 USS 호넷이 어제 침몰했다. 역시 내가 배속됐던, 그리고 얼마 전 동부 솔로몬 해전의 피해를 복구하고 남태평양 해역으로 복귀한 USS 엔터프라이즈는 중파되는 큰 손상을 입었다. 25일부터 27일까지 또 한번 치열하게 전개된 대규모 함대항공전인 산타크루즈 해전의 결과였다. 일본은 정규 항공모함 쇼카쿠가 대파됐고 경항모 즈이호도 적잖은 피해를 입었지만 그럼에도 미군의 손실에 비교하면 승리한 전투였다. 이제 미군에게 남은 항공모함은 멀리 대서양에서 기동하는 USS 레인저[3] 외에 손상으로 신음하는 엔터프라이즈와 (8월 31일 일본 잠수함에 피격되어 진주만에서 수리중인) 새 러토가뿐이었다. 그러나 일본에는 산타크루즈 해전이 이기고도 진 전투로 기록될 터였다. 일본군은 미군보다 많은 함재기와 조종사를 잃었다. 특히 미드웨이 해전부터 누적되어온 베테랑 조종사의 손실은 일본 해군에 치명타였다. 일본군이 산타크루즈 해전 이후 함대항공전을 회피하게 된 이유였다. 이는 곧 미군이 확실히 승기를 잡았음을 의미했다.

과달카날에서의 마지막 며칠 동안 우리는 모두 기진맥진해 있었다. 나는 특히 보스턴 출신의 친구 때문에 마음이 짠했다. 그는 여전히 날마다 SBD 돈틀리스로 출격하고 있었다. 그의 급강하 폭격비행대는 11월 15일까지 휴식할 수 없었다. 이미 제로 전투기의 공격으로 큰 타격을 입은 것이 여러 번이었지만, 그의 앞날에는 그저 적에게 격추될 때까지 계속 비행하는 것 외에 다른 길이 없어 보였다. 그는 밤이면 종종 우리 막사에 들러 이렇게 말하곤 했다. "프레드, 나는 오래 버티지 못할 것 같아. 20일은 너무 길어." 포성이 들려올 때마다 그는 눈에 띄게 긴장한 표정을 지었고 금방이라도 사냥개처럼 귀를 세우

---

3 1934년 6월에 취역한 미 항모로 2차 대전중에 유일하게 대서양에서 활동한 정규 항모이기도 했다. 1942년 11월 북아프리카 상륙작전인 토치 작전에 참전했으며 주로 대함작전과 항공기 수송에 활용되었다. 1944년 5월 이후에는 미 본토에 돌아와 훈련용으로 돌려졌고 1946년 10월 스크랩 처리되었다. 만재 배수량 17500톤, 속도 29.3노트, 함재기 86대, 승무원 2148명.

산타크루즈 해전, 피격된 일본 발val 급강하 폭격기가 호넷을 향해 돌진하고 있다. (1942년 10월 26일)

산타크루즈 해전, 급강하 폭격기가 충돌한 직후의 호넷

퇴함 명령과 함께 침몰하는 호넷

고 뛰쳐나갈 것만 같았다. "우리 쪽이야? 우리 쪽에서 쏘는 거야?" 그는 그렇게 물었다. 내가 3주 후에 봤을 때 그는 드디어 교체된 상태였다. 그는 50킬로그램쯤 되는 짐을 어깨에서 내려놓은 것처럼 나를 바라보며 예전처럼 웃고 유쾌한 표정을 지었다.

당시에 리스와 나는 가벼운 이질을 앓았다. 내가 생각하는 가장 유쾌한 휴식은 막사 근처의 그늘에 앉아서 비행장을 바라보는 것이었다. 우리는 아침의 상쾌함 또는 저녁의 고요함 속에 몸을 맡기고 두런두런 얘기를 나누며 밀림과 산의 아름다움을 음미했다.

대대장 라슨을 제외한 모든 조종사들은 10월 27일 과달카날에서 철수했다. 그날 아침 우리는 중상자를 후송하는 수송기에 올랐다.

철수 하루 전 리스와 나는 해안 진지까지 걸어갔다가 그곳에서 해병대원 몇 명과 이야기를 나누었다. 한 포병은 최근에 있었던 교전 상황을 설명하면서 이렇게 말했다. "내 기관총은 완벽한 위치에 있습니다. 쪽발이들이 사방에서 날아옵니다. 내가 해야 하는 일이라고는 총구를 한 바퀴 획 돌리며 갈기는 것뿐입니다."

"무슨 말인지 알겠군." 리스가 대답했다.

과달카날에서 해병대가 보인 영웅적 행동 이야기는 무수히 많지만 장병 한 명 한 명이 모두 찬사를 받아 마땅하다.

우리를 실은 수송기가 이른 아침의 태양 아래 이륙하면서 야자수들의 우듬지를 쳐낼 때, 나는 그 해병대원들을 생각했다. 그들 대부분이 8월 7일 과달카날에 상륙했고 전투가 완전히 끝날 때까지 떠나지 않을 터였다. 언젠가 읽었던 글의 마지막 문장이 불현듯 떠올랐다.

참 옳은 말처럼 느껴졌다.

육군은 훈장을 받고, 해군은 미인을 얻지만
진짜로 싸우는 청년들은 미 해병이다.

12. 고향 앞으로

우리가 과달카날을 떠났을 때 제8뇌격비행대의 전투가 끝난 것은 아니었다. 우리 뇌격비행대 대대장 라슨 대위는 적법한 교체 명령이 아니면 섬을 떠나지 않겠다고 못박았다. 그리고 그동안 가능하다면 단 몇 대라도 비행 가능한 뇌격기를 확보하겠다고 말했다. 우리가 뉴헤브리디스에 도착한 직후 라슨은 운용 가능한 항공기 3대를 확보했으니 휴식을 충분히 취한 조종사 몇 명을 보내달라고 했다. 밥 에바트, 래리 엥글, 밥 디바인이 과달카날로 향했다.

그들은 뉴헤브리디스로 돌아오기 전까지 과달카날에서 몇 차례 더 교전을 치렀다. 그들은 전날 밤 해전에서 손상을 입고 사보섬 근해에 떠 있던 일본의 공고급 전함 히에이를 침몰시키는 데 한몫했다. 그들이 그 전함에 치명타를 가하기 위해 접근하는 동안, 죽음의 문턱 앞에 선 일본군들은 주포인 14인치 함포로 맹렬히 포격하며 접근 중인 아군 항공기 앞에 거대한 물기둥을 만들었다.

순양 전함(고속 전함) 히에이. 1910년대에 건조된 전함으로 당시 기준에서는 준수했으며 일본 천황이 승선한 적도 있었다. 몇차례 근대개장이 있었으나 태평양 전쟁에 오면 완전히 구식함이 었고 속도 이외에는 화력과 방어력 모두 문제가 있었다. 진주만 기습, 미드웨이 해전 등 굵직굵 직한 해전에 참여했지만 항모의 호위 임무만 수행했기에 실전에서 포격을 할 일은 없었다. 유일 한 실전 경험은 1942년 11월 13일 과달카날 해전이었다. 히에이는 중순양함 샌프란시스코를 대 파하고 캘러핸 제독을 전사시켰지만 히에이 또한 큰 피해를 입었고 헨더슨 비행장에서 출격한 어벤저의 공습으로 결국 침몰했다.

태평양 전쟁의 진정한 분기점이었던 과달카날 해전

1942년 11월 12일부터 15일까지 벌어졌으며 일본에서는 '제3차 솔로몬 해전'이라고 부른다. 아베 히로유키 중장이 지휘하는 제11전대(전함 히에이, 전함 기리시마, 경순양함 1척, 구축함 6척)가 헨더슨 비행장을 공격하려고 과달카날로 접근하다가 미 해군 제67기동함대 산하 대니얼 캘러핸 소장이 지휘하는 순양함대(중순양함 2척, 경순양함 3척, 구축함 8척)와 충돌했다. 이 해전에서 캘러핸 제독은 히에이의 공격으로 전사했고 히에이가 집중 난타당하면서 아베도 중상을 입었다. 날이 밝은 뒤 헨더슨 비행장에서 출격한 미 항공기들의 공습으로 히에이가 회생 불능이 되자 결국 배수 밸브를 열어 자침시켰다.

일본 해군은 히에이를 잃었지만 캘러핸 함대는 사실상 괴멸되었다. 이로 인해 미 해군의 방어선에 구멍이 뚫리면서 한때 과달카날을 포기하고 철수하는 방안을 고려할 정도로 미국에는 절체절명의 위기였다. 그러나 항모의 엄호를 받을 수 없었던 일본 함대는 수상전에서는 승리했어도 미 항공기들의 맹렬한 공습을 견디지 못하여 엄청난 손실을 입었다. 게다가 다음날인 14일 밤에 벌어진 2차 과달카날 해전에서 일본 해군은 전함 기리시마를 잃었고 수송함대 역시 수송선 11척이 전멸했다. 일본 해군 수뇌부는 더이상 과달카날에서 미 해군과 소모전을 벌일 수 없다는 사실을 비로소 깨닫게 되었고 지루한 논쟁 끝에 결국 다음해 2월 철수했다. 미드웨이 해전이 일본 해군의 파죽지세와 같은 기세를 꺾었다면 과달카날 해전은 태평양 전쟁에서 미국이 드디어 주도권을 빼앗은 싸움이었다. 이 해전을 계기로 일본 해군은 완전히 수세에 내몰리게 된다.

덧붙여 말하자면 많은 사람들이 뇌격기를 격추하는 데 물기둥이 효과적이라고 말하지만 나는 그렇게 생각하지 않는다. 물기둥에 부딪혀 바다에 추락했다거나 곤두박질쳤다는 얘기는 들어본 적도 없고 직접 목격한 적도 없다. 게다가 많은 조종사들은 동체에 아무런 피해도 입지 않고 고속으로 육중한 물보라를 뚫고 비행할 수 있음을 증명해 보였다.

훗날 래리 엥글은 그날 밤의 공격에 관해 들려주었다. "교체를 위해서 공수된 군용기들이 많았지. 해병대의 교체 병력도 증원되었고 항공모함 비행단에서 조종사들이 파견되기도 했어.

새로 투입된 조종사들이 과달카날 부근의 사보섬 맞은편에 있던 전함들을 공격하고 있었지. 그 전함들은 전날 밤 있었던 대격돌에서 우리 수상함들에 크게 당한 상태였어. 그런데 우리 공격대가 썩 좋은 성과를 내지 못하자 라슨이 우리도 출격해야겠다고 말하더라. 그러는 편이 낫겠다고 생각했나봐. TBF 어벤저 5대와 SBD 돈틀리스 9대가 발진했고 5분 만에 표적들 상공에 닿았어. 뇌격기는 서너 발 정도 명중시켰지. 나도 한 발 맞혔던 것 같아."

래리는 그날 2차 출격 때 수송함 1척에 어뢰를 먹여 침몰시킨 이야기도 해주었다. 전투 조종사들로서는 좀처럼 누릴 수 없는 만족스러운 성과였다.

"우리가 전함을 해치우고 헨더슨 비행장으로 돌아간 직후 뉴기니와 산타이사벨 사이에 파손된 수송함들이 있다는 보고가 들어왔어. 전투기 4대와 뇌격기 4대가 다시 출격했을 때는 아직 오전이었어. 라슨과 나 그리고 항공모함에서 온 두 녀석이 뇌격기를 조종했지.

수송함들은 이미 공격받아 불타고 있더군. 주위에 제로기들은 보이지 않았어. 수송함들은 대공포도 거의 갖추지 않았고.

호위하던 군함들도 간밤에 돌아가버린 터였으니 수송함들은 우리에겐 손쉬운 상대에 불과했지.

항공모함에서 온 녀석 하나가 심각하게 손상되어 불타고 있던 수송함 한 척을 뇌격했지만 아쉽게도 빗나갔어. 그때 라슨이 배수량 10000톤가량으로 가장 멀쩡해 보이는 수송함에 어뢰를 투하했지. 최소 인원만 갖춘 배였는지, 선체가 움직이고 있는지조차 알 수 없을 정도로 속도감이 거의 느껴지지 않았어.

내가 선회하면서 보니 라슨의 어뢰는 수송함 선미를 살짝 빗나갔어. 어뢰가 떨어진 후 쪽발이 하나가 바다로 뛰어내리더군. 나는 라슨의 어뢰가 빗나갔다고 확신해서 200피트(60미터) 상공에서 어뢰를 투하했어. 그리고 185노트(340km/h) 속력으로 내려가다가 '어뢰 투하'라는 통신수의 보고를 듣고 상승하여 수송함 주위를 선회했지.

내가 먹인 어뢰가 수송함 선체 중앙을 직격했어. 폭발음이 생각보다 크더라고. 연기와 연료와 파편들이 한데 뒤엉켜 갑판에서 기둥처럼 솟구쳤어. 침몰하기까지 7분에서 10분 정도 걸린 것 같아. 그동안 항공모함에서 온 또다른 녀석이 다른 수송함의 방향타 쪽에 어뢰를 투하했어.

어뢰를 모두 투하한 후 공격을 마무리하기 위하여 잠시 기총 사격을 가했지. 바다에는 나뭇조각과 이런저런 파편들 사이로 기름 더껑이가 떠다녔고 온통 구명뗏목과 구명보트로 가득했어. 충격을 가했을 때도 여전히 가라앉지 않은 수송함 세 척이 있었어. 우리는 수송함이며 구명보트며 눈에 보이는 모든 것을 향해 무차별 발포했고 전투기들도 마찬가지였지. 우리가 헨더슨 비행장으로 기수를 돌렸을 때 수송함 세 척 중에서 두 척은 거센 화염에 휩싸여 침몰 직전이었고 한 척은 이미 가라앉은 터였어.

귀대하는 과정에서 궁금해지더군. 과연 이 시시한 소탕 작전으로 과달카날에 대한 일본군의 대대적인 공격을 차단하고 우리가 집으로 돌아갈 수 있을지 말이야."

밥 에바트는 투하한 어뢰가 첫번째 순양함을 빗나가고 두번째 순양함의 함수를 빗나가더니 세번째 순양함의 정중앙에 명중하는 드문 경험을 했다. 적함들은 처음엔 일렬종대로 항해중이었으나 공격당하는 시점에서는 90도로 변침한 일렬횡대가 되어 뇌격의 완벽한 집단 표적이 되었다.

다른 대원들이 돌아오기를 기다리는 동안 우리는 하루종일 독서나 카드놀이, 다이아몬드 게임, 체스, 크리비지를 하거나 일광욕을 즐기는 것 외에 달리 할일이 없었다. 그 섬의 협곡이 해변에 만들어놓은 천연 수영장은 우리의 또다른 합법적인 쉼터가 되었다. 하지만 USS 쿨리지가 수뢰에 부딪혀 침몰한 뒤로는 이 수영장을 이용할 수 없었다. 쿨리지가 침몰하면서 한동안 수영장이 바위에 달라붙은 기름 더껑이로 가득찼기 때문이다. 결국 해변에서 누릴 수 있었던 유일한 오락거리는 난파선의 보물찾기였다. 우리가 그때 찾아낸 보물 중에는 많은 장기말, 노, 끈을 서로 묶어놓은 구두 한 켤레, 심지어 어떻게 물위에 떴을지 궁금할 만큼 꽉 찬 맥주병까지 있었다.

한번은 '찌라시' 베니가 막사로 걸어들어와 미묘한 표정을 짓고 서 있는 바람에 한창 진행되던 카드놀이를 망쳐버렸다. 카드를 뽑으면서도 우리는 연신 그를 힐끔거렸다. 혹시 그가 나쁜 소식을 가져왔으면 어쩌나 하는 불안감 때문이었다. 항구에는 항공모함 한 척이 정박하고 있었는데 그 항공모함에는 뇌격기가 부족했다. 우리가 원하는 것은 오로지 휴식뿐이었지만 현실이 그걸 허락하지 않을 것 같아 걱정이었다.

"제군들 항공모함으로 돌아가고 싶지 않나?" 베니가 물었다. 카드가 바닥으로 떨어져 흩어졌다. 모두가 벌떡, 아니 펄쩍 뒤집히듯 일어서며 끙 하고 신음소리를 냈다. 카드 판은 엎어졌다. 베니는 방금 참모진과 만나서 내부 정보를 어렵게 얻어왔다고 말했다. 우리가 다시 조종사 대기 명단에 올랐다는 것이었다.

11월 15일에 해병대 뇌격비행대와 교체된 라슨과 다른 조종사 3명이 더글러스 DC-3 편으로 교전지대를 빠져나와 우리가 휴식중인 섬으로 돌아왔다.

라슨은 도착하자마자 우리가 본국으로, 즉 집으로 돌아갈 예정이라고 말했다. 우리로서는 그만한 희소식이 없었다. 그러나 실제로 떠날 때까지는 혹시라도 다른 명령이 떨어져 다시 항공모함에 배치되는 것은 아닐까 하는 걱정을 떨칠 수 없었다. 우리에게 주어진 선택지는 항공기 편으로 누메아까지 가서 그곳에서 하와이로, 다시 샌프

안개 낀 금문교 밑을 지나는 미 해군 중순양함 USS 샌프란시스코

란시스코로 가는 것과 당시 항구에 정박중이던 수송함 편으로 미국까지 직행하는 것, 둘 중에 하나였다.

　나는 수송함을 택했다. 경유지 없이 집으로 가는 편도 여행, 그것이 내가 원하는 바였다. 솔직히 말해서 항공편의 경우 기착 예정지인 누메아나 진주만에서 항공모함 비행단의 조종사 부족 문제가 갑자기 현실로 닥쳐서 크리스마스에도 집에 가지 못하고 다시 항공모함으로 돌아가야 할지도 몰랐다. 조용한 남태평양에서 보름이나 이십 일쯤 일광욕이나 즐기고 휴식을 취하면 될 배편이 훨씬 간단해 보였다. 일주일 내내 수송기에 올랐다 내렸다 하며 요란을 떠느니 평온한 여행 뒤에 어느 날 아침 문득 금문해협에서 잠을 깨는 편이 훨씬 나았던 것이다.

11월 18일 해질녘 우리가 탄 수송함이 구축함 1척의 호위를 받으며 출항했다. 만을 떠나는 동안 순양함 3척과 구축함 5, 6척이 북쪽으로 항로를 잡고 짙어지는 먹구름 속으로 들어가는 것이 보였다. 우리 눈에 그것은 전운(戰雲)처럼 보였다. 우리 뒤로는 불타듯 화려한 저녁놀이 무수한 섬 위로 변화무쌍한 그림자를 드리웠다. 우리 앞에 자유의 바다가 펼쳐져 있었다. 우리는 집으로 가고 있었다.

육지가 시야에서 사라지고 수송함이 15노트(28km/h)의 속력으로 공해상을 미끄러지자 우리는 모두 마음놓고 대부분 잠을 청했다. 이제 걱정은 사라졌다고 생각했다. 우리가 즐거운 마음으로 기대하는 딱 한 가지는 미국에 닿기까지 15일 동안의 순항뿐이었다.

그런데 그날 밤 수송함이 회항하여 다음날 아침 다시 뉴헤브리디스 근해에서 눈을 떴을 때 우리의 실망은 이만저만한 것이 아니었다. 해병 항공대 소속 전투 비행사 일부를 우리와 함께 데려가라는 공식 명령에 따른 회항이었다. 같은 날 우리는 다시 항해를 시작했다.

이번에는 위험 지역을 벗어나기 전에 어뢰를 맞지 않았으면 하는 바람이 컸다. 함장은 수송함이 포탄이나 마찬가지여서 어뢰에 맞으면 침몰하기까지 4분밖에 걸리지 않을 거라고 말했다.

이후로는 길고 나른한 항해가 이어졌다. 선실은 비좁았다. 수송함 정원은 250명이었으나 당시에는 800명이 넘는 인원이 승선하고 있었다. 갑판에 가져다놓은 침상에서 잠을 잤는데 미국에 가까워지자 날이 무척 추워졌다. 오락거리는 아예 없어서 모노폴리가 시간을 때우는 유일한 수단이었다. 저녁에는 가로세로 3미터의 카드실에 우르르 몰려들어 카드를 치거나 철 지난 잡지를 읽었다. 등화관제중이라서 누군가 카드실에 들어올 때마다 약한 불빛이 파르르 떨었다. 그래도 우리는 집에 가고 있었기에 그 정도의 작은 불편에는 마음 쓰지 않았다. 수송함의 움직임과 그 옆을 가르는 높은 파도가 안도감을 주었다.

우리는 시나브로 미국 본토에 다가갔다. 어서 뭍에 올라 고국의 풍요를 만끽하고 싶었다. 멋진 여자들, 두툼한 스테이크, 진짜 아이스크림, 움직이지 않는 부드러운 침대, 밝은 조명, 조간신문, 칵테일, 댄스 악단. 일단은 문명의 이기를 게걸스럽게 즐기고, 그런 다음 가족을 만나러 가는 거야. 생각만으로도 좀이 쑤셔 주체할 길이 없었다.

태평양 전쟁 발발 후 1년 만인 12월 7일, 우리는 무사히 미국으로 귀환했다. 대잠망에 다가가는데 모의 훈련중인 뇌격비행대가 우리 머리 위로 날아갔다. 우리 수송함은 전함과 소형 보조 함선 들의 미로를 헤치고 정박지로 나아갔다.

수송기 편으로 우리보다 먼저 도착했던 브루스 하워드 대위가 부두에 서 있었다. 우리 수송함이 접안하자마자 그가 승선했다. 우리는 그의 입을 통하여 미국으로 귀환한 우리가 앞으로 어떻게 될지를 듣고 싶었다. 머지않아 다시 전장으로 나갈 것인가? 우리 뇌격비행대는 해단된 것인가? 우리 중 일부는 지상 임무를 부여받을 것인가?

브루스는 통로를 따라 느긋하게 걸어오면서 우리를 쭉 훑어보았다. 그러고는 (당시 선임 장교였던) 잭 바넘, 일명 '바니'를 향해 이렇게 말했다. "바니, 명령이다. 이 녀석들을 전부 가장 가까운 술집으로 데려가서 맥주를 실컷 마시게 해라. 그리고 이틀 후에 복귀해서 보고하도록. 지금 너희들이 알아야 할 건 이게 전부다."

누가 감히 상관의 명령에 시비를 걸겠는가?

과달카날 전역 그 이후

1942년 11월의 과달카날 해전으로 과달카날을 놓고 벌어졌던 처절한 함대항공전은 일단락되었다. 양측 모두 손실이 너무 컸기 때문이었다. 미 해군은 항모 호넷과 와스프를 잃었고 엔터프라이즈와 새러토가도 대파되어 수리받기 위해 전선을 떠나야 했다. 따라서 일시적이지만 태평양에서 작전 가능한 미 항모가 단 한 척도 남지 않게 되었다. 하지만 일본 해군 역시 경항모 류조를 잃었고 히요는 고장, 쇼카쿠와 즈이호, 준요는 대파되어 이탈했기에 작전 가능한 항모가 즈이카쿠 한 척밖에 없었다. 게다가 항공기 900여 대와 2400명에 달하는 조종사도 잃었다. 미 해군도 이에 상응하는 손실을 입었지만 얼마든지 보충 가능했던 반면, 일본 해군에게 이는 불가능한 일이었다.

과달카날 해전 이후 양측은 전력을 회복하는 데 급급했고 한동안 함대항공전은 벌어지지 않았다. 물론 이후에도 과달카날로 향하는 해상 병참선을 놓고 일본 해군과 미 해군의 소규모 수상전이 반복되었다. 하지만 일본군 수뇌부가 과달카날을 탈환할 수 없다는 결론을 내리고 1943년 2월 9일 잔여 병력을 모두 철수시키면서 과달카날 전역은 미군의 승리로 끝났다. 이때부터 태평양에서의 주도권은 완전히 미 해군에 넘어갔다. 맥아더는 남서태평양에서부터 꾸준히 북상하며 일본의 방위선을 하나하나 무너뜨렸다. 미드웨이 해전 이후 또 한번의 항모 결전은 1944년 6월 19일 마리아나제도에서 벌어졌다. 양측은 그동안 모아둔 항모 전력을 총동원하여 사상 최대의 해상 결전을 벌였다. 그 규모는 미드웨이 해전에 비할 바가 아니었다. 하지만 미드웨이 해전과 달리 이번에 압도적으로 우세한 쪽은 미 해군이었다. 미 해군의 베테랑 조종사들은 애송이나 다름없는 일본 조종사들을 상대로 이른바 '마리아나의 칠면조 사냥'이라고 불리는 일방적인 학살을 벌였다. 하루 동안의 공중전에서 미 해군은 항공기 31대를 잃은 반면 일본 해군은 257대를 잃었고 금쪽같은 항모 3척도 잃었다. 더구나 여기서 살아남은 항모들도 4개월 뒤 레이테 해전에서 전멸했다. 진주만 기습 이래 태평양을 누비며 미 해군과 건곤일척의 싸움을 벌였던 일본 항모 부대의 최후였다. 이로써 세계 최강을 자랑하는 미 해군의 시대가 열리게 되었다.

미드웨이

어느 조종사가 겪은 태평양 함대항공전

초판 1쇄 발행 2019년 12월 23일
초판 3쇄 발행 2024년 1월 15일

지은이 프레더릭 미어스 | 옮긴이 정탄 | 감수 권성욱

편집 신소희 이희연 이고호 | 디자인 윤종윤 이정민 | 마케팅 김선진 배희주
브랜딩 함유지 함근아 고보미 박민재 김희숙 박다솔 조다현 정승민 배진성
저작권 박지영 형소진 최은진 서연주 오서영 | 모니터링 양은희
제작 강신은 김동욱 이순호 | 제작처 한영문화사

펴낸곳 (주)교유당 | 펴낸이 신정민
출판등록 2019년 5월 24일 제406-2019-000052호

주소 10881 경기도 파주시 회동길 210
전화 031.955.8891(마케팅) | 031.955.2680(편집) | 031.955.8855(팩스)
전자우편 gyoyudang@munhak.com

인스타그램 @gyoyu_books | 트위터 @gyoyu_books | 페이스북 @gyoyubooks

ISBN 979-11-90277-20-4 03900